W0061417

Horst Bielfeld

Prachtfinken

Ihre Haltung und Pflege

4., verbesserte Auflage
75 Farbfotos
9 Schwarzweißfotos

VERLAG
EUGEN
ULMER

Umschlagbild vorn: Gemalter Astrild, Gouldamadine, Amarant (alles Männchen)
Umschlagbild hinten: Zebrafink, Gouldamadine, Spitzschwanzamadine

CIP-Kurztitelaufnahme der Deutschen Bibliothek

Bielfeld, Horst:
Prachtfinken : ihre Haltung u. Pflege / Horst
Bielfeld. – 4., verb. Aufl. – Stuttgart : Ulmer,
1986.
  ISBN 3-8001-7164-3

Das Werk einschließlich aller seiner Teile ist urheberrechtlich geschützt.
Jede Verwertung außerhalb der engen Grenzen des Urheberrechtsgesetzes ist ohne
Zustimmung des Verlages unzulässig und strafbar.
Das gilt insbesondere für Vervielfältigungen, Übersetzungen,
Mikroverfilmungen und die Einspeicherung und Verarbeitung
in elektronischen Systemen.

© 1973, 1986 Verlag Eugen Ulmer GmbH & Co.
Wollgrasweg 41, 7000 Stuttgart 70 (Hohenheim)
Printed in Germany
Umschlagentwurf: A. Krugmann, Stuttgart
Alle Fotos Horst Bielfeld
Satz: Setzerei Lihs, Ludwigsburg
Druck: Offsetdruckerei Karl Grammlich, Pliezhausen

Vorwort und Dank

Warum gerade Prachtfinken? Irgendwie schaffen sie es, unsere Aufmerksamkeit auf sich zu lenken und uns mit ihren hübschen Farben, ihrem munteren Wesen, ihrer Lebhaftigkeit, ihren winzigen Gestalten und feinen Stimmen zu bezaubern. So ist es allen Prachtfinkenliebhabern ergangen – und so ergeht es jeden Tag neuen Vogelfreunden. Ehe sie es sich versehen, stehen sie mit einem Pärchen Prachtfinken in der Faltschachtel vor der Tür des zoologischen Geschäftes.

Gut, wenn ein fachkundiger Verkäufer auch wirklich ein Pärchen ausgesucht hat, wenigstens aber zwei Vögel verschiedener Arten, die gut zusammenpassen. Leider habe ich auch Prachtfinken in Einzelhaltung gesehen. Doch diese Vogelzwerge können ohne ihresgleichen kaum gedeihen. In kleinen Schwärmen oder paarweise leben sie in der Natur. Sie brauchen die Nähe ihrer Artzugehörigen. Unter ihnen suchen sie sich ihren Partner fürs Leben. Als Paar halten sie treu zusammen, schmiegen sich eng aneinander, kraulen sich gegenseitig im Gefieder und suchen gemeinsam Futterplatz, Bad und Schlafplatz auf. Vielleicht ist es auch dieses innige Zusammenleben, das uns die Prachtfinken so sympathisch macht.

Möchten wir Prachtfinken pflegen, werden wir den Wunsch haben, diese Vögel in ihren Eigenarten und in ihren Verhaltensweisen zu beobachten. Zwar können sie auch als Paar oder Gesellschaft recht zutraulich werden, finden aber nie zu einer Anhänglichkeit uns gegenüber, wie etwa ein allein gehaltener Wellensittich oder Kanarienvogel. Ihr „Herz" ist vom Partner besetzt, ihm gilt alle Aufmerksamkeit. Nehmen wir ihm den oder wollen nur einen einzelnen Prachtfinken halten, haben wir nur einen „halben" Vogel! Er wird nie seine ganze Liebenswürdigkeit, Munterkeit und Eigenart entfalten können, sondern vegetieren, im Wesen verkümmern.

Leider fehlt es meistens an den elementarsten Voraussetzungen und Kenntnissen für die Haltung von Prachtfinken. Eine Tüte trockenes Körnerfutter wird beim Kauf der Vögel miterstanden, und die Tiere werden in ein allseitig verdrahtetes, winziges Bauer gesperrt. Leider werden sie meistens allzu schnell begraben – und mit ihnen eine der schönsten Freizeitbeschäftigungen und Aufgaben: der Umgang mit den reizendsten kleinen Vögeln, die wir uns denken können. Sie sind im allgemeinen anspruchslos, doch müssen wir uns die Mühe machen, etwas über ihre richtige Haltung und Pflege zu lernen. Dabei soll dieses Buch helfen.

Es ist mehr als 30 Jahre her, daß ich meine ersten Prachtfinken erwarb, ein Pärchen Zebrafinken. Meinen Eltern möchte ich an dieser Stelle danken, daß sie Verständnis für mein Hobby hatten und mir damals gestatteten, ein schönes Südzimmer mit zwei großen Fenstern zur Vogelstube umzuwandeln. Es war zu der Zeit kein kleines Opfer. Mit Rat und Tat haben mir Liebhaber, Züchter und Importeure geholfen. Sie haben mir ihre Vögel zur Verfügung gestellt, um sie fotografieren und beobachten zu können. Mein Dank gilt ganz besonders den Herren Rudolf Brauer, Dietrich Höhenberger (Fa. G. Höhenberger – Zoo), Alfred Richter, Wolfgang Loose, Friedrich Kuhlmann, Eckart Meyer, Joh. König (Vogelhof Bramstedt), Dr. R. Pensold, Theo Pagel, Harry Steitz, Reinhard Ehmke, Theo Kleefisch und Günter Enderle.

Nach den ersten beiden Auflagen 1973 und 1977 ist nun die dritte Auflage erschienen. In dieser waren wieder viele Änderungen nötig. Es ist eine Reihe weiterer Arten erstmals importiert worden. Auch etliche Erstzuchten sind in den letzten Jahren gelungen. Diese und neue Erkenntnisse bei der Haltung und Zucht sind hier berücksichtigt worden. Der Artenteil ist vollkommen neu überarbeitet und nach Dr. Hans E. Wolters systematischer Liste „Die Vogelarten der Erde" geordnet. Für seine Erläuterungen und Hinweise möchte ich Herrn Dr. Wolters, Forschungsinstitut und Museum Alexander Koenig in Bonn, ganz besonders herzlich danken.

Herrn Roland Ulmer gilt mein Dank für die nun vollkommen mit Farbbildern ausgestattete neue Auflage. Das Buch hat jetzt nicht nur als Nachschlagewerk und Ratgeber seinen Wert, sondern auch als Bestimmungsbuch. Besonders die vielen neu importierten Prachtfinkenarten sind den meisten Liebhabern gänzlich unbekannt und werden unter allen möglichen Phantasienamen im Handel angeboten. Mit Hilfe der Farbfotos ist es nun leicht, die Vögel zu erkennen und sich im Text über ihre Pflege und Zuchtbedingungen zu informieren. Das Buch soll mit seinen ausführlichen Beschreibungen und den Farbbildern helfen, eine gute Wahl beim Kauf zu treffen, zum Wohle der Vögel und zur Freude des Liebhabers.

Hamburg im Winter 1981   Horst Bielfeld

Inhaltsverzeichnis

Gattungen und Arten

Die Prachtfinken in der Natur

Ihre Stellung im Vogelreich

Die Prachtfinken gehören zur großen Ordnung der Sperlingsvögel *(Passeriformes)* und bilden innerhalb der Unterordnung der Singvögel *(Oscines)* eine Familie für sich, die *Estrildidae.* Ihr früher häufiger gebrauchter Name „Webefinken" zeigt uns ihre nahe Verwandtschaft mit den Webervögeln *(Ploceidae),* von denen sich die Prachtfinken jedoch durch innere und äußere Merkmale recht klar unterscheiden. Es gibt etwa 131 Prachtfinken-Arten, die in 49 Gattungen zusammengefaßt sind. Die Zahl der Arten ist deshalb noch nicht ganz fest zu benennen, weil manche als verschiedene Arten bestimmte Vögel nur Rassen einer Art, wiederum manche bisher nur als verschiedene Rassen erkannte Vögel doch verschiedene Arten sind. Auch könnte es vielleicht noch möglich sein, eine uns bisher unbekannte Art zu entdecken, besonders in der pazifischen Inselwelt. Ebenso wie die Artzugehörigkeit bei manchen ist die Einteilung in Gattungen noch nicht restlos geklärt.

Lebensraum und Klima

Die Prachtfinken sind nur über die Alte Welt verbreitet. Afrika beheimatet die meisten Arten. Ferner kommen Prachtfinken in Süd- und Südostasien, in Australien, auf den Inseln Neuguineas, Indonesiens, der Philippinen und auf den vielen kleinen Inseln des Westpazifiks vor.
Den Lebensraum der Prachtfinken bilden vor allem die Steppen, Savannen und lichten Waldrandgebiete. Einige Arten haben sich sogar Halbwüsten angepaßt, während andere zu Waldbewohnern wurden. Für weitere Arten sind die Ufer, Schilf- und Bambusdickichte der bevorzugte Lebensraum. Andere bevölkern dagegen die Felder, Weideflächen und Parkanlagen menschlicher Siedlungen. Wie bei uns die Spatzen unterm Dach, brüten zum Beispiel Amaranten in Afrika, Reisfinken in Asien und Zebrafinken in Australien an und in Gebäuden.
Alle Prachtfinken leben in tropischen oder subtropischen Gebieten. Sie sind Wärme gewohnt und fühlen sich im allgemeinen bei Temperaturen von 20–30 °C am wohlsten. Die Gouldamadine aus dem heißen Norden Australiens scheint es erst bei 28–40 °C richtig behaglich zu finden. Wenn alle anderen Vögel längst im Schatten

Kühlung suchen, wird sie erst lebhaft. Sie schreitet in ihrer Heimat nur bei solch extremen Temperaturen zur Brut.

Manche Arten, besonders die Tropenwaldbewohner, leben ganzjährig unter ziemlich konstaten Temperaturen und klimatischen Bedingungen. Die Luft ist feucht und fast keimfrei. Steppen- und Halbwüstenbewohner sind dagegen oft jahreszeitlich starken Abkühlungen und nächtlichen Temperaturstürzen ausgesetzt. Diese sind von Natur weitaus widerstandsfähiger, zumal sie auch mit Stürmen, Staub und Trockenheit fertig werden müssen.

Die Nahrung

Die Hauptnahrung der Prachtfinken besteht vor allem aus den halbreifen und frisch-reifen Samen der zahlreichen Gräser, die in den Savannen und Steppen in über-schwenglicher Fülle vorkommen. Auch die Samen mancher Korbblütler und anderer Pflanzen werden gern genommen, ferner Knospen, zartes Grün, keimende Samen.

Während Wald- und Uferbewohner unter den Prachtfinken fast ganzjährig ein reiches Angebot frischreifer Samen vorfinden, müssen die in Halbwüsten und Steppen leben-den Arten über längere Zeiträume der Dürre mit harten, trockenen Samen auskom-men, die sie vor allem vom Boden auflesen. In dieser Zeit schließen sich die Vögel zu oft großen Schwärmen zusammen und durchstreifen das Land. Sie werden dabei vor allem von der Suche nach Wasserstellen geleitet, von denen im Verlaufe der Dürrezeit immer mehr eintrocknen.

Sobald Regenfälle das dürre Land grünen und erblühen lassen, beginnen Termiten und geflügelte Ameisen in unvorstellbaren Schwärmen über das Land zu fliegen. Diese und andere dann in großer Zahl auftretende Insekten sind für die meisten Prachtfinken ein wichtiges Futter, besonders zur Aufzucht ihrer Jungen. Sie sammeln die Kerfe nicht nur vom Boden und den Gräsern ab, sondern fangen sie auch geschickt im Fluge.

Wie unter den Vögeln anderer Familien, gibt es auch unter den Prachtfinken Nah-rungsspezialisten. So ist zum Beispiel die Lauchgrüne Papageiamadine reiner Vegeta-rier und zieht sogar ihre Jungen ausschließlich mit Sämereien auf. Andere wiederum, so Wienerastrild und Ameisenpicker, füttern nicht nur ihre Jungen mit Insekten, sondern benötigen auch außerhalb der Brutzeit täglich viel tierische Kost. Wir erken-nen auch unter den Prachtfinken die Insektenfresser an ihrem langen Schnabel.

Balz und Brut

Während die meisten Prachtfinken jahreszeitlich ziemlich geregelte Brut- und Ruhe-perioden einhalten, müssen besonders die Bewohner von Steppen und Savannen auf die oft sehr unregelmäßigen Niederschläge warten. Dann haben sie es eilig, denn halbreife Sämereien, zartes Grün und Insekten sind oft nur für kurze Zeit im Überfluß vorhanden. In solchen Zeiten der Fülle können zwei oder gar drei Bruten hintereinander folgen. Bei der Gouldamadine helfen die knapp zwei Monate älteren Geschwister mit, die jüngeren zu füttern. Schwärme und Trupps lösen sich mit Beginn der Brutzeit auf, und jedes Paar sucht sich einen passenden Nistplatz. Meistens wird nur dieser gegen andere Paare der eigenen Art verteidigt, oft auch gegenüber artfremden Vögeln. Zur Verteidigung eines Reviers kommt es beim australischen Sonnenastrild. Doch auch gesellig brütende Prachtfinken gibt es. Oft brüten mehrere Paare recht dicht nebeneinander im Gras (Schilffinken), oder sie beziehen nahe beieinander gelegene Baumhöhlen (Gouldamadine). Die Paare „treffen" sich sogar mit ihren Nachbarn auf bestimmten Zweigen zu „sozialen Zusammenkünften". Auch die Rotkopfamadine brütet gesellig, und zwar in Siedelwebernestern.

Die Balz ist bei den Prachtfinken interessant und vielgestaltig. Der Gesang, das Zeigen und Sträuben besonders farbschöner oder auffällig gezeichneter Gefiederpartien, das Tanzen und Hüpfen vor dem Weibchen, oft mit einem Halm im nach oben gerichteten Schnabel, sollen ein Weibchen erobern helfen.

Hat sich ein Paar zusammengefunden, sitzen die Partner meistens eng aneinander geschmiegt, kraulen sich gegenseitig das Gefieder und sind fortan unzertrennlich. Sie halten meist ihr ganzes Leben lang zusammen. Es gibt auch Arten, die nicht einen so engen Kontakt pflegen, sich nie dicht aneinander setzen und keine soziale Gefiederpflege betreiben. Beispiele dafür sind die Gouldamadine und die Lauchgrüne Papageiamadine.

Ist das Weibchen paarungswillig, fordert es das Männchen zur Kopulation auf, indem es sich eng an den Zweig drückt und mit dem Schwanz auf und ab vibriert. Beim Schmetterlingsfinken und nahe verwandten Arten zeigt das Weibchen seine Brutlust auch mit Gesang und Halmbalz, wie sie sonst meistens nur vom Männchen vorgetragen werden. Viele Weibchen lassen vor und während der Paarung leise wimmernde Laute hören.

Den Nistplatz sucht meistens das Männchen, das Weibchen entscheidet über dessen Annahme oder Ablehnung. Das Nest ist kugel- oder birnenförmig, überdacht und oft besitzt es eine Einschlupfröhre. Es wird meistens freistehend gebaut, einige wählen Baumhöhlen als Nistplatz, andere bevorzugen leere Nester, meistens die von Webervögeln, die sie nach ihren Bedürfnissen ausbauen. Als Nistmaterial dienen grüne und trockene Gräser, kleine Zweigstücke und Pflanzenfasern. Zur Auspolsterung werden Federn, Haare, Wolle, Moose und Flechten verwendet.

Die meisten Prachtfinkennester werden in einer Höhe von 1–4 m in dichten Büschen oder Bäumen angelegt, einige viel höher. Besonders Nonnen- und Schilffinken flechten ihr Nest zwischen dicht beisammen stehende Schilf- und Grashalme. Wachtel-, Heuschreckenastrild und einige andere setzen ihr Nest direkt auf den Boden.

Am Nestbau beteiligen sich beide Partner. Das Männchen trägt vor allem das Nistmaterial herbei, während das Weibchen es verarbeitet. Der Nestbau ist meistens in wenigen Tagen beendet.

Auch nach Fertigstellung des Nestes bringt das Männchen häufig einen Halm, eine Feder oder ein Wollbüschel als „Geschenk", später als „Symbol" bei der Brutablösung mit. Sie werden dem Nest sorgfältig hinzugefügt.

Das Gelege besteht zumeist aus 4–6 Eiern. Alle Prachtfinkeneier sind weiß. Sie werden von beiden Eltern abwechselnd bebrütet. Nachts sitzen das Weibchen oder beide Vögel auf dem Gelege, während sie sich am Tag etwa alle 1–2 Stunden ablösen. Manche Männchen beteiligen sich sehr wenig am Brüten. Die Brutdauer beträgt bei den meisten Arten zwei Wochen.

Die Jungen sind anfangs blind und mit spärlichen Dunen bewachsen, die einiger Arten sogar ganz nackt. Sie werden während der ersten Woche fast ständig von einem der Altvögel gewärmt. Im Alter von einer Woche öffnen sich die Augen, und die ersten Federkiele an Flügeln und Schwanz werden sichtbar. Mit 18–20 Tagen verlassen die Jungen einiger kleiner Arten das Nest, mit 22–25 Tagen die übrigen. Während manche nicht mehr in das Brutnest zurückkehren, fliegen andere zuerst nur für kurze Zeit aus und übernachten noch lange darin. 2–3 Wochen nach dem Ausfliegen sind die Jungen völlig selbständig. Die meisten jungen Prachtfinken haben im Alter von drei Monaten ihre Jugendmauser beendet und sehen dann wie ihre Eltern aus. Vorher haben sie ein unscheinbareres, zumeist graues, braunes oder grünliches Federkleid.

Bemerkenswert sind die Rachenzeichnungen und das sonderbare Betteln der jungen Prachtfinken. Bei fast allen Arten besitzen die Jungen im gelb, rot, weißlich oder hellblau gefärbten Rachen dunkle Flecken oder Striche, oft auch auf der Zunge. Diese Rachenzeichnungen dienen den Eltern als „Zielscheibe" beim Füttern und lösen wahrscheinlich erst den Fütterungstrieb aus. Der Kopf wird von den Jungen beim Betteln hin und her bewegt, die mit Punkten gezeichnete Zunge in entgegengesetzte Richtung ebenfalls, so daß alles zusammen ein eindrucksvolles „Winken" nach Futter ist.

Außer den Rachenzeichnungen tragen die Jungen vieler Prachtfinken auffallende, hirsekorngroße Warzen in den Schnabelwinkeln, die sogenannten Papillen. Sie sind zu zweit oder dritt angeordnet, blau, gelb oder weiß und stehen oft in starkem Farbkontrast zu ihrer Umgebung. Die Papillen der Gouldamadinen und der Papageiamadinen reflektieren das ins Nest einfallende Licht. Sie leuchten dadurch indirekt und sind für die Eltern besonders auffallende Wegweiser in die Rachen. Bei manchen Prachtfinken haben die Jungen nur stark verdickte Schnabelrandwülste von gelber, weißer oder blauer Farbe. Im Gegensatz zu den Rachenzeichnungen, die meistens für das ganze Leben erhalten bleiben, schrumpfen die Papillen und Wülste mit dem Selbständigwerden der Jungen.

Einige junge Prachtfinken (Wachtelastrilde, Elsterchen) heben einen oder beide Flügel beim Betteln empor, die meisten halten die Flügel jedoch still und an den Körper gelegt. Sie drücken den Hals herab, drehen den Kopf seitwärts und bewegen ihn bei aufgesperrtem Schnabel hin und her.

Die Prachtfinkeneltern stehen bei der Fütterung der Nestlinge breitbeinig über ihnen, würgen das im Kropf herbeigetragene und vorgeweichte Futter hoch und pumpen es in deren Rachen. Diese halten dabei den Schnabel des Altvogels mit dem eigenen umklammert. Alle Jungen werden bei jeder Fütterung versorgt. Selbst etwas später geschlüpfte und darum kleinere Jungen werden nicht vergessen, solange sie betteln. Sind die Jungen etwa 14 Tage alt, füttern die Eltern manchmal schon vom Nesteingang aus, ohne jedesmal hineinzuschlüpfen. Bei der Fütterung der flüggen Jungen sitzen die Vögel nebeneinander auf einem Zweig oder voreinander auf dem Boden.

Der Gesang

Im Gegensatz zum Gesang vieler anderer Singvögel ist der der Prachtfinken im allgemeinen nicht gerade als schön, abwechslungsreich und ausdauernd zu bezeichnen. Er besteht meist aus kurzen Flöt-, Zwitscher-, Zirp- oder Klingelreihen, bei manchen aus schleifenden oder quäkenden Lauten. Ausnahmen sind auch hier eine Reihe von Arten, so der Dybowskis Tropfenastrild mit seinem wunderbaren und vielseitigen Gesang.

Bei den Prachtfinken ist der Gesang kein Mittel zur Revierverteidigung und -abgrenzung gegenüber anderen Männchen der gleichen Art. Er ist vielmehr Teil der Balz und ein Stimulans für das Weibchen, in Paarungs-, Lege- und Brutstimmung zu kommen. Ferner dient er der Stimmfühlung mit dem Weibchen und außerhalb der Brutzeit mit Schwarmmitgliedern. Bei einigen (Gouldamadine, Muskatfink) hat ein Sänger sehr bald „Zuhörer", die dicht an ihn heranrücken, ihm den Kopf entgegenrecken und oftmals konzentriert und hingegeben die Augen schließen. Sie scheinen vom Gesang wie verzaubert. Meistens sind die Zuhörer junge Männchen, manchmal auch Weibchen, obwohl diese dabei nichts lernen können, da sie nicht singen. Bei einigen Arten singt aber auch das Weibchen.

Prachtfinken als Brutwirte

Die Rachenzeichnungen und Papillen sind nur den Prachtfinken eigen. Doch wie überall in der Natur gibt es auch hier Ausnahmen. Die Witwen, eine Unterfamilie der Webervögel und daher nahe verwandt, sind Brutschmarotzer bei Prachtfinken. Sie haben sich so genau den Wirtsvögeln angepaßt, daß die Jungen die gleichen Rachenzeichnungen und Papillen besitzen, wie die jungen Prachtfinken. Auch im Gefieder, mit den Bettelbewegungen und -lauten gleichen sie den Kindern ihrer Pflegeeltern so weitgehend, daß diese sie nicht von ihren eigenen zu unterscheiden vermögen. Bei den erwachsenen Witwen können wir an Gesang und Rufen hören, von welcher Prachtfinkenart sie aufgezogen wurden. Sie nehmen den Gesang des Pflegevaters stets an. Nur die Dominikaner- und Glanzwitwen haben ihren arteigenen Gesang nicht mit Wirtsvogelstrophen angereichert.

Meistens nur auf eine, manchmal auch auf zwei oder drei ganz nah verwandte Pracht-finkenarten ist jede Witwenart als Brutschmarotzer spezialisiert. Es soll jeweils nur ein Ei zu denen der Prachtfinken ins Nest gelegt werden. Es gleicht ihnen völlig. Zum Glück werden die Prachtfinkenjungen nicht von der jungen Witwe aus dem Nest gedrängt, wie wir es von unserem Kuckuck her kennen. Sie wachsen vielmehr gemein-sam mit ihrem Stiefgeschwister auf.

Die prächtigen Paradieswitwen mit Mittelschwanzfedern bis zu 35 cm Länge legen ihre Eier in die Nester von Buntastrild, Wienerastrild, Auroraastrild und Rotmasken-astrild. Die Atlaswitwen, als einzige ohne lange Schwanzfedern, sind ausnahmslos Brutschmarotzer bei den verschiedenen Amaranten. Die Dominikanerwitwen legen ihre Eier zu denen der Wellen- und Grauastrilde. Elfen- und Feenastrilde müssen als Pflegeeltern für Glanzwitwen herhalten. Die Stroh- und Königswitwen wiederum lassen ihre Jungen von Veilchen- und Granatastrilden aufziehen.

Es wäre für Liebhaber mit sehr großen Volieren hochinteressant, es mit der Haltung und Zucht von Prachtfinken mit den „dazugehörigen" Witwen zu versuchen.

Die Lebenserwartungen der Prachtfinken in freier Natur …

Es ist unwahrscheinlich, daß von Prachtfinken, die selbständig werden, viele mehr als zwei Jahre erreichen. Sie sind in der Natur allzuvielen Gefahren ausgesetzt. Bei schwe-ren Unwettern, die in den Tropen und Subtropen viel gewaltiger sein können als bei uns, werden unzählige Vögel dahingerafft. Unter den jagenden Tieren ist eine große Zahl, die ihnen nachstellt: Greife, Säugetiere, Echsen und Schlangen, die letzten bei-den vor allem als Eier- und Jungvögelräuber. Viele Bruten werden auch von Ameisen und anderen räuberischen Insekten vernichtet. Ein großer Feind sind auch Parasiten: Bakterien, Kokzidien, Pilze, Würmer, ferner Milben und andere Außenschmarotzer.

… und in unserer Pflege

Daß Prachtfinken, die wir sorgfältig in Bauern und Volieren pflegen, viel länger leben können als in der Natur, ist viele Male bewiesen worden. Ein Alter von 5–6 Jahren wird sehr oft erreicht. Die Vögel sind bis zu diesem Alter meistens sogar noch gute Zuchttiere. Einige dieser Vogelzwerge bringen es auf 8–10 Jahre, und wenige Ausnah-men sind sogar 12–14 Jahre alt geworden.

Haltung und Pflege

Prachtfinken als Hobby und Aufgabe

Wir halten Prachtfinken zu unserer Freude. Wie allen Tieren, die wir uns ins Haus nehmen, lassen wir ihnen die beste Pflege angedeihen. Die Vögel danken uns indirekt dafür, indem sie gesund und lebhaft sind. Vielen von uns wird diese Haltung der Freude wegen genügen.

Da viele Arten der Prachtfinken bei optimaler Pflege brüten und ihre Jungen aufziehen, wird mancher Liebhaber unverhofft zum Züchter. Ihm sind dann viele neue Einblicke in das Verhalten während der Balz und Brutpflege möglich. Hier kann nun das Hobby zur Aufgabe werden. Durch genaues Beobachten und Notieren aller Lebenäußerungen kann ein wichtiger Beitrag zum besseren Kennenlernen der von ihm gepflegten Arten geleistet werden. Auch die kleinste Veröffentlichung in Fachzeitschriften von Neuem aus dem Leben der Prachtfinken hilft mit, unser Wissen über diese Vögel zu erweitern.

Es müssen nicht gerade Prachtfinken sein, die erst in letzter Zeit zur Ersteinfuhr kamen oder in Liebhaberkreisen überhaupt noch nicht bekannt sind. Selbst an längst vertrauten Arten gibt es immer wieder Neues zu beobachten.

Mit dem Wissen um das Verhalten, die Brutgewohnheiten und den Nahrungsbedarf erlangen wir nicht nur die Fähigkeit, unsere Pfleglinge länger am Leben zu erhalten, sondern es werden auch immer mehr Liebhaber erfolgreiche Bruten mit ihnen erzielen. Das ist wichtig, damit die Vögel nicht mehr in so riesigen Zahlen gefangen und importiert werden müssen. Nach Australien werden auch andere Länder sich gezwungen sehen, den Export ihrer Wildvögel zu verbieten. Durch Pflanzenschutzmittel, Veränderungen und Verwüstungen der Lebensräume in ihren Heimatländern können viele Vogelarten, auch Prachtfinken, von der Ausrottung bedroht werden. Durch die Haltung und Zucht können wir zu ihrer Erhaltung beitragen, und unser Wissen kann mithelfen, gefährdete Arten vor dem Aussterben zu bewahren. Obwohl schon seit dem Jahre 1960 keine Prachtfinken mehr von Australien zu uns kommen, sind die meisten der dort lebenden Arten bei uns in gesicherten Beständen. Das ist eine große Leistung der Liebhaber, die sich dieser Vögel angenommen haben. Es zeigt, daß wir nicht die Wildbestände ständig zehnten müssen. Vielmehr könnten die von uns gezüchteten Vögel gefährdete Populationen wirksam auffüllen. Hoffen wir aber, daß dies nie nötig sein wird, und Prachtfinken in freier Natur weiterhin gedeihen werden.

Bauer, Vitrine, Zimmervoliere

Prachtfinken sind winzige Vögel von knapp 9–14 cm Größe. Sie in einem Bauer von 30 oder 40 cm Länge zu halten, ist dennoch ein Fehler, der leider von sehr vielen Vogelhaltern begangen wird. Wir berauben uns damit selbst der schönsten Möglichkeiten, die Vögel während des Fluges und in ihren lebhaften, mannigfaltigen Bewegungen zu erleben. In einem so kleinen Bauer müssen sich alle Bewegungen den beschränkten Verhältnissen anpassen. Sie werden einförmig. Bald zeigen die Vögel kaum noch etwas von ihrem arteigenen, grazilen Wesen, sondern stumpfen ab. Sie sitzen lustlos herum oder hüpfen stereotyp von einer Stange zur anderen. Daß einige Züchter Japanische Mövchen und Zebrafinken, die bescheidensten aller Prachtfinken, in solchen „Käfigen" halten und vermehren, soll für den wahren Vogelfreund kein Grund zum Nachahmen sein.

Wir halten Prachtfinken, selbst ein einziges Pärchen der kleinsten Arten, in einem Bauer von mindestens 70 cm Länge, 40 cm Breite und 50 cm Höhe. Erst in einem Bauer mit diesen Abmessungen können die Vögel ihre Flügel richtig gebrauchen. Ich habe die besten Erfahrungen mit Bauern gemacht, die etwa ebenso hoch wie lang sind. Die Vögel haben dann nicht nur die Bewegungsmöglichkeit von einer Seite zur anderen, sondern auch von unten nach oben, was ihren Gebrauch der Flügel und damit ihr Wohlbefinden noch wesentlich steigert. In einem Bauer von 70 × 70 × 40 cm können wir auch 2–3 Paare zusammen halten, bei Zuchtabsichten jedoch immer nur ein Paar für sich. Je größer wir das Bauer wählen können, desto besser ist es für die Vögel – und um so mehr Freude werden wir an ihnen haben.

Prachtfinken brauchen ein Bauer, in dem sie sich sicher fühlen können. Ein rundherum und oben verdrahtetes kleines Bauer, wie die meisten käuflichen es leider sind, ist kaum geeignet, ihnen dieses Gefühl der Sicherheit zu geben. Wer ein größeres Drahtbauer besitzt, sollte wenigstens die Rückseite und eine Seitenwand mit Sperrholz- oder Plastikplatten auskleiden. In der entstandenen Ecke werden die Vögel geschützte Plätze für ihr soziales Beisammensitzen und zum Schlafen finden.

Für Prachtfinken ist das Kistenbauer ideal, das ganz aus Sperrholz, Hartfaser- oder Spanplatten zusammengefügt und nur vorn und vielleicht noch an einer der beiden Seitenwände verdrahtet ist. Leider wird diese Art Bauer nur von wenigen Herstellern angeboten. Wir können es aber nach unseren eigenen Wünschen und dem vorhandenen Platz leicht selbst anfertigen. Es wird innen mit einer nicht glänzenden, abwaschbaren Farbe (Fassadenfarbe) in ganz hellen Pastelltönen gestrichen. Die notwendige Schublade mit einem Rand von 6–10 cm Höhe kann aus Zinkblech, Hartplastik oder kunststoffbeschichtetem Holz ebenfalls leicht hergestellt werden. Eine Klappe vor der Schublade verhindert das Hinausschlüpfen der Vögel, während die Schublade zwecks Reinigung herausgezogen ist. Um das Herauswirbeln von Sand, Samenhülsen und Federchen zu verhindern, sollten über der Schublade an den „offenen" Bauerseiten Glas- oder Plexiglasscheiben von etwa 15–20 cm Höhe angebracht werden. Bei mir lassen sich diese Scheiben in Plastikführungen schieben. Dadurch habe ich Zugang zu

Zwei kleinere, durch Mittelschieber teilbare Zimmervolieren. Sie haben Plastik-Schiebetüren zum bequemen Füttern und keine Schubladen. Die Gittertüren sind aufschwingbar. Jede Abteilung hat Beleuchtung. Diese Volieren sind Teil der selbstgebauten Anlage des Verfassers.

allen Teilen des Bodens. Außerdem gestatten diese Schiebetüren bequemes Hantieren mit den Futter-, Trink- und Badegeschirren.

Viel Sonnenlicht und frische Luft sind für unsere kleinen Exoten lebensnotwendig. Mit dem hellen Standort in der Nähe des Fensters ist leicht die Gefahr der Zugluft verbunden. Vor dieser sind die Vögel im Kistenbauer am besten geschützt.

Eine Vitrine ist ein Kistenbauer, bei dem das Gitter der Vorderseite durch eine Glas- oder Plexiglasscheibe ersetzt wird. Der Ästhet mag eine Vitrine bevorzugen. Kein Gitter stört den Anblick der Vögel. Eine Vitrine ist noch verschmutzungssicherer. Sie darf sogar im Wohnzimmer stehen. Besonders empfindliche Vögel sind in der Vitrine gänzlich vor Zugluft und weitgehend vor Temperaturschwankungen geschützt. Manchmal wird sogar eine eigene Heizung mit Thermostat eingebaut.

Bei einer kleineren meiner Volieren ist das Gitter der Vorderseite gegen eine Glas- scheibe austauschbar. Das gibt mir die Möglichkeit, den Arten, die besonders viele lebende Kerbtiere verzehren und sie für die Aufzucht ihrer Jungen unbedingt brau- chen, diese in Form von Mehlwürmern, Wachsmotten, Wachsmottenlarven und „Wiesenplankton" (s. Seite 62) in größeren Mengen zu reichen. Ich brauche dabei nicht (mehr) zu befürchten, allerlei Raupen, Motten, Hautflügler und Spinnen in der Wohnung herumkrabbeln und -schwirren zu finden. Diese Voliere ist also nach Bedarf in eine Vitrine umwandelbar. Bei ihr bestehen eine Seitenwand und die Ober- seite aus Plastikgaze. Dadurch ist für gute Belüftung gesorgt. Viele Vitrinen besitzen an beiden Seitenwänden kleine Schlitze oder Löcher, die den Vögeln leider oft nicht genügend Frischluftzufuhr gewähren, jedoch leicht Zugluft verursachen können. Richtiger ist, oben und an einer Seite ausreichend große Belüftungsöffnungen anzu- bringen. Um Freude an der Vitrine zu haben, sollte sie so gebaut werden, daß die Glasscheibe nicht senkrecht steht, sondern zum oberen Ende leicht zurückgeneigt ist. Das schützt die Scheibe weitgehend vor Beschmutzung durch die Vögel, vor allem, wenn wir die Sitzäste nicht zu dicht an sie heranführen. Außerdem vermindert die geneigte Lage die sonst sehr störenden Spiegelungen auf der Scheibe. Für das Putzen der Glasscheibe sollte diese aus ihren Führungen herausziehbar sein. Das Putzen wird sehr häufig nötig sein, denn beim Baden und vor allem beim Abtrocknen spritzen die Vögel alles naß. Das gibt schnell unzählige weiße Flecke, die bald die Sicht behindern. Um die Vögel nicht dauernd zu beunruhigen, ist die beste Lösung, bei einer Vitrine eine Doppelführung und zwei Scheiben zu haben. Zuerst wird die saubere Scheibe hineingeschoben, dann die verschmutzte herausgezogen. Die Vögel merken diesen Wechsel kaum, und die Sicht wird nie durch Flecke beeinträchtigt.

Als Zimmervolieren werden größere Bauer von mindestens ½ m³ Rauminhalt bezeichnet. Ein Bauer von 120 × 80 × 50 cm Größe können wir also schon eine Voliere nennen. Ideal für Prachtfinken sind Volieren von etwa 1,50–2,50 m Länge und Höhe und etwa 0,70–1 m Breite. Darin können nicht nur große und bunte Prachtfinken-Gesellschaften gehalten werden, sondern 2–4 Zuchtpaare finden in einer solchen Voliere die besten Bedingungen für eine erfolgreiche Brut und ein Schwarm Jungvögel hervorragende Entwicklungsmöglichkeiten.

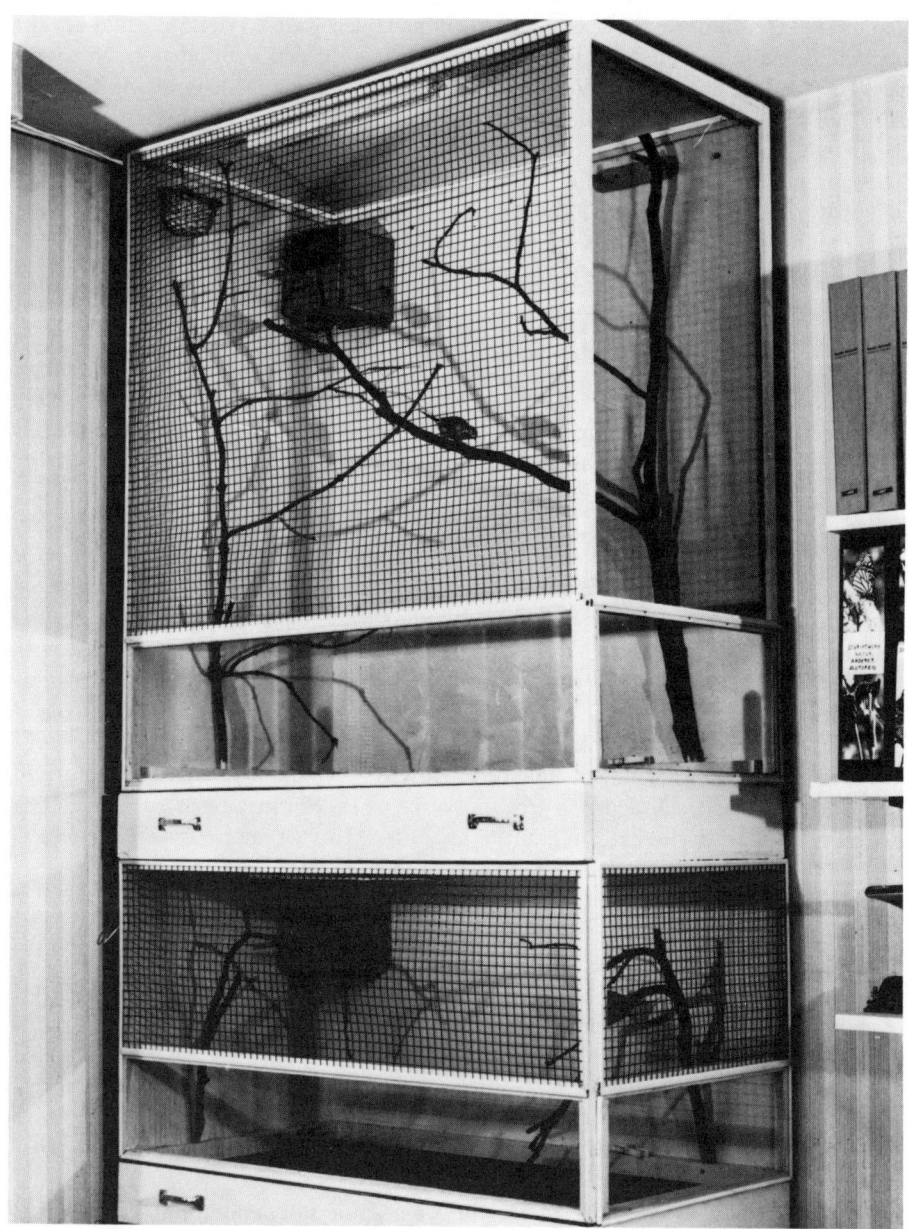

Zwei größere Zuchtbauer für Prachtfinken mit zwei „offenen" Seiten. Sie besitzen Draht- und Plastik-Schiebetüren und vor den Schubladen Holzklappen. Die Maße der Bauer sind: unten 90 × 55 × 50, oben 90 × 110 × 50.

Zimmervolieren können in Größe und Form ganz den Raumverhältnissen angepaßt werden. Sie können von der Zimmerdecke bis ganz auf den Fußboden geführt werden. Für die Beobachtung der Vögel am Futter ist es jedoch angenehmer, die Volieren auf etwa 80 cm hohe Füße zu stellen. Das erleichtert auch die Reinigung der Volieren, denen wir nach Möglichkeit Schubladen geben. Der Zimmerfußboden kann bei Volieren auf Füßen selbst in allen Winkeln mühelos staubgesogen oder feucht aufgewischt werden. Der Unterbau kann natürlich auch aus Schränken bestehen, in denen Futter und Geräte Platz finden. Beim Bau der Volieren ist sehr darauf zu achten, daß nirgends schwer zu reinigende Ecken entstehen. Für die Vögel wie für die Wohnung und die Menschen schädliches Ungeziefer kann sich sonst leicht einnisten, ferner Schmutz und Geruch.

Es sollte darauf geachtet werden, daß alle Bauer und Volieren zweckmäßig angebrachte und genügend große Türen oder Klappen für das Hereinreichen des Futters und Badehäuschens, zur Kontrolle der Nistkästen und zum mühelosen Herausfangen der Vögel besitzen. Oft ist das leider nicht der Fall, und Beunruhigungen unserer Pfleglinge und täglicher Ärger beim Hantieren sind die Folge. Auch sind die meisten Bauer und Volieren so gebaut, daß sie nicht leicht und gründlich gesäubert werden können. Auf unnötige Schnörkel und Verzierungen sollten wir verzichten. Am besten ist, wenn für die Reinigung die ganze Vorderseite aufgeschwungen oder herausgezogen werden kann. Für ganz besonders wertvoll halte ich bei größeren Bauern wie bei Vitrinen und Volieren einen Mittelschieber aus Blech oder Hartfaserplatte, der es gestattet, eine Hälfte zu säubern, während die Vögel ohne nennenswerte Beunruhigung in der anderen Hälfte verbleiben. Das hat sich besonders bei Zuchtvögeln bewährt, auch bei Nestkontrollen, von denen sie dann nichts mehr merken. Schließlich sind die so teilbaren Vogelheime beim Absetzen der Jungvögel und bei zeitweise sehr starken Vogelbeständen von großem Nutzen. Das Herausfangen eines einzelnen Vogels geht ohne erschrecktes Herumflattern aller Mitbewohner vor sich, wenn dieser zuvor durch Benutzung des Mittelschiebers abgesondert wird.

Vogelstube, Gartenvoliere, Vogelhaus

Mancher Prachtfinkenliebhaber, der ein ganzes Zimmer für seine Vögel zur Verfügung hat, möchte ihnen auch den gesamten Raum ungeteilt überlassen. Sie sollen soviel Bewegungsfreiheit haben, wie irgend möglich. Es ist wohl die ideale Unterbringung für die Vögel, wenn der Raum hell und die Fensterseite nach Süden, Südost oder Südwest gelegen ist. Ein großes und buntes Prachtfinkenvolk kann sich in der Vogelstube tummeln.

Sorgfältige Auswahl der Vögel ist für die Vogelstube notwendig, um Frieden und Harmonie in der großen Schar zu haben. Zwar eignen sich die meisten Arten für eine gemeinsame Haltung, doch selbst unter solchen, die als ausgesprochen friedlich bekannt sind, gibt es streitsüchtige Individuen. Kommen die Vögel in Brutstimmung,

Diese Voliere mit den Abmessungen 160 × 180 × 60, zum Reinigen durch Mittelschieber teilbar, wird zur Zeit von zwei Zuchtpaaren Gouldamadinen bewohnt.

beginnt ohnehin ein Treiben und Zanken und eine ständige Unruhe, besonders unter Vögeln der gleichen Art und nahen Verwandten, ferner wenn die Besetzung der Vogelstube zu groß ist. Dann ist der Pfleger froh, hat er noch Volieren oder Bauer zur Verfügung. Auch wenn Jungvögel selbständig geworden sind, werden sie von ihren Eltern oft ständig gejagt. Oder sie stören in ihrer Verspieltheit andere Paare bei der Brut.

Ich habe auch einmal mit einer großen Vogelstube angefangen. Bald hatte ich den Raum jedoch in der Mitte geteilt und schließlich waren 4 Volieren von je 1 m Breite, 2 m Tiefe und 2,30 m Höhe daraus geworden. Nun konnte ich die Vögel so zusammensetzen, daß ihr Zusammenleben (fast) immer harmonisch verlief. Ein breiter Gang mit Tisch für die Zubereitung des Futters und mit einer bequemen Sitzgelegenheit für längeres Beobachten der Vögel war bei der Änderung außerdem entstanden.

Das ist nämlich ein Nachteil der Vogelstube: Es bietet sich meistens kein Platz, von dem aus Vögel in Ruhe, und ohne sie zu stören, beobachtet werden können. Nicht jeder kann es so machen, wie ein Bekannter von mir. Er hat die Vogelstube neben dem Wohnzimmer und den größten Teil der Zwischenwand durch eine Glasscheibe ersetzen lassen. Bei nur „wenigen" Prachtfinken und einem Urwald an tropischen Pflanzen hat er eine herrliche „Natur im Heim". Das Beobachten geht auch recht gut, wenn eine Tür mit großer Glasscheibe für die Vogelstube vorgesehen wird.

Diese Beispiele sollen aufzeigen, wann eine Vogelstube angebracht ist. Die Vogelstube wird immer das Ziel des schönheitsliebenden Prachtfinkenfreundes bleiben, der seinen Vögeln ein „Paradies" schaffen möchte. Sie bietet ihm ständige Anregung der Phantasie, viel Arbeit, doch auch ebensoviel Entspannung und Freude. Er wird nicht in erster Linie Zuchterfolge anstreben (obwohl sich die unerwartetsten Erfolge gerade hier einstellen), sondern vielmehr den Wunsch haben, die Vögel und ihr Verhalten in so viel Freiheit und Natürlichkeit gründlich zu beobachten und sich daran zu erfreuen. Wer planmäßig züchten möchte, kommt dagegen ohne Volieren und größere Bauer nicht aus.

Bei der Einrichtung einer Vogelstube sind keine großen Arbeiten nötig. Der Raum darf, um keine Ungeziefer-Schlupfwinkel zu bieten, nicht tapeziert sein. Die Wände werden mit waschfester und beständiger Fassadenfarbe in hellen, natürlichen Farbtönen gestrichen. Die Fenster erhalten abnehmbare Rahmen, die mit Drahtgeflecht bespannt sind. Die Vögel können dann nicht entweichen, wenn einmal eine Scheibe kaputtgeht. Auch können die Fenster bei günstiger Witterung wieder geöffnet werden, so daß die Vögel direkte Sonnenbestrahlung und frische Luft genießen können. Für Sitzgelegenheiten werden vor allem in den Ecken, größere, schön verzweigte Äste angebracht. Sie können, an den Wänden festgeschraubt, tief in stein- und sandgefüllte Kübel gesteckt oder auch auf schwere Sonnenschirmfüße gesetzt werden. Die Äste sollten nicht zu weit in die Zimmermitte reichen, damit den Vögeln viel Flugraum erhalten bleibt. Ebenfalls an den Zimmerseiten können lebende Pflanzen wie verschiedene Philodendronarten, Bambusstauden, Cissus, Efeu, Buchsbaum, Lebensbaum, Wacholder, Zwergfichten und andere Nadelhölzer aufgestellt bzw. aufgehängt werden. Sie werden von den Vögeln kaum beknabbert, vor allem dann nicht, wenn für genügend Grünfutter gesorgt wird.

Die Pflanzen verhelfen dem Raum zu einem schönen Aussehen, zu besserer Luft und, durch häufiges Absprühen, zu einer höheren Luftfeuchtigkeit, was vor allem in geheizten Zuchträumen sehr wichtig ist.

Besonders in den dichten Büschen und in Ginstergestrüpp werden gern die kugelförmigen Nester geflochten. Manche Arten brüten nur in „Dickichten" und bei so viel Raum und Wärme in der Vogelstube wie nur möglich. Ein „Schilfwald" für Nonnen und Schilffinken, Grasbulte für Rebhuhn- und Wachtelastrilde und weitere naturnahe Bedingungen können wir den Vögeln nur in der Vogelstube oder einer sehr großen Voliere bieten.

Wer ein eigenes Haus mit Garten besitzt, kann die Vogelstube oder große Zimmervolieren mit angebauten Frei- und Gartenvolieren verbinden. Zwar wird ein solcher, dem Wind und Wetter ausgesetzter Außenraum fast nur während des Sommerhalbjahres ausgenutzt werden können, doch sind seine Vorteile dann für die Vögel so wesentlich, daß ich jedem nur dazu raten kann. Die frische Luft, in der sich die Vögel nach Belieben aufhalten können, ist von oft nicht geahnter Wichtigkeit. Manche Prachtfinken, die in Bauern oder Innenvolieren „Glatzen" oder ein nur spärliches Federkleid bekommen haben, befiedern wieder prächtig, sobald sie einige Zeit draußen waren. Sie können im Sonnenlicht baden, wann immer die Sonne scheint und sie den Wunsch danach haben. Die ultravioletten Strahlen der Sonne können wir in unsere Innenvolieren und Bauer nur dann bekommen, wenn die Fenster geöffnet sind und der Standort der Vogelheime günstig ist. In die Außenvoliere kommt dagegen alles Sonnenlicht, so daß wir auch für schattige Plätze sorgen müssen. Für manche Prachtfinken kann ständige Sonne auch zuviel des Guten sein. Wie wohltuend und lebenswichtig Sonnenlicht und frische Luft für unsere Prachtfinken sind, sehen wir an diesen Beispielen: Manche Prachtfinken, vor allem Goldbrüstchen und Tigerfinken, bekommen in Innenräumen bei zu wenig Licht ein schwärzliches Gefieder. Diese Vögel erstrahlen nach der nächsten Mauser wieder in ihren natürlichen Farben, wenn sie zuvor längere Zeit in Außenvolieren gehalten wurden. Junge Gouldamadinen, die drinnen bei hohen Temperaturen (um 25 °C) aber wenig Licht nicht durchmausern wollten, wechselten schnell und reibungslos in ihr Erwachsenenkleid, sobald sie in einer Außenvoliere bei nur 18–23 °C frischer Luft und Sonne ausgesetzt waren. Die Nächte verbrachten sie bei etwa 22 °C in Innenvolieren.

Gartenvolieren sollten möglichst groß, jedoch nicht höher als etwa 2–2,5 m sein. Eine mehr quadratische Form ist für Prachtfinken günstiger, als eine sehr langgestreckte schmale. So ist eine Voliere von 2 × 3 m besser, ale eine von 1 × 6m. Wer viele Prachtfinken züchtet und sogar ein Vogelhaus mit mehreren Innenvolieren besitzt, baut die einzelnen Abteile innen und außen häufig zu schlauchartig schmal. Dadurch berauben wir uns vieler Beobachtungsmöglichkeiten, und die Vögel gewöhnen sich an, fast immer nur in Längsrichtung der Voliere hin und her zu fliegen. Bei einer Form von 2 × 3 m können rundherum Sitzgelegenheiten angebracht werden. Die Vögel haben dann Flugmöglichkeiten nach allen Seiten, und in dem freien Raum der Mitte kommen sie gern auf den Boden. In der breiten Voliere können sie sich viel besser ausweichen. Es kommt fast nie zum Jagen, wie in der schmalen Voliere, wo der Schwächere notgedrungen immer wieder in den Weg des Stärkeren gerät und dadurch meistens dessen Aggression herausfordert. Auch selbständig werdende Jungvögel werden in einem breiteren Raum, wie man festgestellt hat, viel länger von den Eltern geduldet.

Wie schon erwähnt, kommen viele Prachtfinkenzüchter nicht mit einer Vogelstube mit angeschlossener Gartenvoliere aus. Sie bauen sich oftmals ein Vogelhaus mit einer ganzen Reihe von Innen- und Außenvolieren. Da solch ein Haus, ob massiv aus Stein oder gut isoliert aus Holz, recht teuer wird, entstehen oft recht winzige, ungenügend helle und unpraktische Innenvolieren. Wir sollten aber davon ausgehen, daß Prachtfinken gut ein halbes Jahr lang fast ausschließlich in geheizten Innenräumen leben müssen und auch im Sommer meistens drinnen übernachten werden. Bedingt durch konstante Wärme und Witterungsunabhängigkeit in Innenvolieren gelingt die Zucht in dort aufgehängten Nistkästen und -körbchen am besten. Den Innenräumen kommt also in jeder Hinsicht ebensoviel Bedeutung zu wie den Außenvolieren. Um bei dem Beispiel der Außenvoliere von 2 × 3 m Größe zu bleiben, würde ich die dazugehörige Innenvoliere 2 × 1,5 m groß wählen. Die hier genannten Größen beider Räume finde ich für Prachtfinken ideal.

Wie das Vogelhaus aussehen sollte, wird weitgehend von den baulichen Gegebenheiten und Vorschriften und vom Geschmack des Besitzers abhängen. Es sollte aber mit seiner Fensterseite etwa in südliche Richtung weisen. Die Fenster sollten so groß wie möglich sein. Sonst wäre zusätzliches Oberlicht zu empfehlen, das durch Plexiglaskuppeln Einlaß findet. Ein Gang verläuft im Gebäude hinter den Volieren, von dem aus die Vögel versorgt und beobachtet werden können. An der Fensterseite angeschlossen befindet sich die Außenvoliere. Die Vögel können durch eine Luke von etwa 20 × 20 cm Größe von einem zum anderen Raum gelangen. Die Luke wird am zweckmäßigsten ins Fenster eingebaut. Auf beiden Seiten sollte sie ein Anflugbrett von etwa 15 cm Breite besitzen. Um die Luke jederzeit ohne Störung für die Vögel öffnen und schließen zu können, sollte eine Falltür mit Seilzug vom Futtergang aus leicht zu bedienen sein. Die Wände zwischen den einzelnen Abteilen der Innenvoliere sollten höchstens zu einem Drittel aus Drahtgeflecht bestehen. Der übrige Teil kann aus Holz oder anderem festen Baumaterial sein, an dem die Nistkästen angebracht werden. Würden sich Vögel der gleichen Art bei Sicht vom Brutgeschäft zu sehr ablenken, werden durchgehend geschlossene Trennwände angebracht. Manche Vögel kommen dagegen erst in Brutstimmung, wenn sie andere Paare der gleichen Art balzen sehen.

Die Außenvoliere muß solide gebaut werden, soll sie jahrelang in tadellosem Zustand bleiben. Der Rahmen kann aus gutem, gegen Fäulnis und Schädlingsbefall imprägniertem Holz bestehen, oder aus Winkeleisen oder Metallrohren. Die Bespannung wird am besten mit punktgeschweißtem, quadratischem und kunststoffüberzogenem

Drahtgeflecht vorgenommen. Die Maschenweite sollte 12,5 mm betragen, die Außenstärke des Drahtes 0,9 mm. Der Draht fällt wegen des grünen Kunststoffüberzuges wenig auf, sieht vielmehr der Natur angepaßt aus, behindert die Sicht auf die Vögel kaum und ist vor Rost geschützt. Das übliche Sechseckgeflecht ist meistens verzinkt, damit es nicht zu schnell rostet. Dadurch sind in den Winkeln oft sehr scharfe Zinkrückstände, die schon manche Zehe, ja ganze Füße der Prachtfinken abgerissen haben. Auch glänzt, besonders bei Sonnenschein, das verzinkte Gitter so stark, daß die Sicht auf die Vögel sehr beeinträchtigt wird. Wer dieses Gitter hat oder verwenden möchte, muß scharfe Ränder sorgfältig abfeilen und das Geflecht gleich mit flüssigem Kunststoff schwarz oder dunkelgrün streichen. Es wird hier und da geraten, einige Zentimeter um die eigentliche Volierenbespannung ein zweites, etwas grobmaschigeres Gitter anzubringen, damit Katzen und anderes Raubzeug nicht zu den Vögeln hineinlangen können. Doch erstens ist dies sehr teuer, zweitens leidet die Sicht auf die Vögel erheblich. Mein Rat ist, Sitzgelegenheiten in der Außenvoliere nicht zu dicht an das Gitter heranzuführen. Auch Büsche und Bäumchen sollten so gepflanzt und beschnitten werden, daß sie wenigstens 15 cm Abstand vom Gitter haben. Das dem Innenraum nächste Drittel der Außenvoliere sollte mit transparenter Wellplastik oder mit Drahtglas abgedeckt und an den Außenseiten ebenso verkleidet sein. Das bietet hier Schutz vor Raubzeug und vor heftigen Regengüssen und Stürmen. Manche Prachtfinken brüten in diesem geschützten Teil der Außenvoliere lieber als im Innenraum.

Jede Außenvoliere braucht ein stabiles Fundament. Um vor Mäusen und Ratten sicher zu sein, sollte es nicht nur einen halben Meter tief in die Erde eingelassen werden, wie vielfach als ausreichend empfohlen wird, sondern es muß schon einen ganzen Meter tief hinabreichen. Drahtgeflecht, gut eingeteert, Steine und Glasscherben bieten einen ebenso guten Schutz wie eine tief eingegossene Betonwand oder ein gemauertes Fundament.

Manche Prachtfinkenliebhaber geben der ganzen Außenvoliere einen Betonfußboden oder legen ihn mit schweren Platten aus. Dann ist vollständige Sicherheit vor Eindringlingen gegeben. Erde, Grassoden und Sand können hin und wieder leicht ausgeräumt und erneuert werden. Betonsockel und häufige Erderneuerung finden vor allem in folgender Tatsache ihre Begründung. Im Spätsommer und Herbst, besonders wenn diese feucht sind, hören wir leider allzu oft von Massensterben der Prachtfinken, die in Außenvolieren leben. Das ist darauf zurückzuführen, daß sich das feuchtwarme Erdreich mit unzähligen Krankheitserregern angereichert hat, Kokken und Wurmeier zumeist. Die Vögel nehmen diese in immer größerer Zahl auf. Die Vogelbestände sind in dieser Zeit meistens durch viel Nachwuchs sehr stark. Bei einigen schwachen, abgebrüteten Vögeln bricht die Krankheit aus und ergreift seuchenartig oft den ganzen Bestand. Diese Krankheiten treten fast nur dort auf, wo das Erdreich lange verschmutzt liegen bleibt. Die Auffassung, der winterliche Frost würde alle Krankheitserreger abtöten, ist irrig. Die Eier mancher Parasiten können selbst Kälte von −20°C überstehen.

Bei einem Betonsockel ist der Boden jedoch trocken, werden etwas Gefälle und ein Abfluß beim Bau berücksichtigt. Die ganz ausbetonierte Voliere kann nur mit lebenden Pflanzen in Kübeln versehen werden. Sonst müssen große runde oder viereckige Pflanzenlöcher freigelassen werden, die dann mit schweren dichten Metallgittern oder mit Maschendraht und Steinen abgedeckt werden. Das Gefälle kann auf diese Pflanzlöcher ausgerichtet werden. Dann erhalten die Büsche und Bäume genügend Feuchtigkeit und gedeihen darin gut.

Wer einen lebenden Naturboden in der Voliere bevorzugt, sollte die Erde zweimal im Jahr total wechseln, und zwar spatentief. Bei einer dicken Sandschicht ist ebenfalls zweimaliger Wechsel und öfters Ausharken des Vogelkots notwendig.

Die Außenvoliere müssen wir jederzeit betreten können, ohne dabei Gefahr zu laufen, daß einer der Vögel durch die gerade geöffnete Tür entfliegt. Wir bauen darum eine Eingangsschleuse davor. Dies ist ein mit Maschendraht bespannter oder aus Brettern gefertigter Vorbau, in den wir treten, dessen Tür hinter uns zuziehen, um dann erst die Tür zur eigentlichen Voliere zu öffnen. Bei kleineren Anlagen mit 2–4 Volieren genügt es, nur vor einer eine Schleuse anzubringen. Durch Verbindungstüren gelangen wir dann von einer Voliere zur anderen. Sind jedoch eine größere Anzahl von Volieren nebeneinander gelegen, wird die Schleuse als Gang an allen entlanggeführt. So brauchen wir nicht die Vögel in allen Volieren zu beunruhigen, wenn wir etwa nur in der letzten Reihe etwas zu tun haben.

Futter reichen wir am besten nur in der Innenvoliere, wo die Arbeit schnell und übersichtlich durch Schiebetüren oder Klappen erfolgen kann. Auch Trinkwasser, besonders wenn mit Zusätzen versehen, wird drinnen gegeben. In der Außenvoliere dürfen zusätzlich flache Betonbecken sein, die täglich mit frischem Wasser zum Trinken und Baden gefüllt werden. Manche Vogelfreunde haben Wasserleitungen zu diesen Becken geführt. Sie werden alle durch Betätigung eines Haupthahnes gefüllt und durch starken Wasserstrahl und Überlauf sogar selbsttätig gesäubert. Diese flachen, rutschfesten Becken sind bei den Vögeln sehr beliebte Trink- und Badestellen.

Bei einigen Liebhabern konnte ich sehen, daß diese Becken durch ständig nachlaufendes Wasser gespeist und zum Überlaufen gebracht wurden. Das gibt den Vögeln zwar immer sauberes Wasser, doch ist es meistens viel zu kalt. Der ständige Nachfluß gechlorten Wassers ist auch nicht das beste für die Gesundheit der Vögel. Dann halte ich, im Verhältnis zur Vogelbesetzung, sehr große, flache Becken für angebrachter. Sie werden abends durch Wasserfluß oder Auswaschen gereinigt und dann per Wasserleitung gefüllt. Das Wasser kann über Nacht abstehen, erwärmt auf Umgebungstemperatur, und das Chlor entweicht bei der großen Oberfläche in dieser Zeit vollständig. Wenn die Wasserbecken nicht gerade unter Sitzplätzen, Büschen und Hauptflugwegen der Vögel aufgestellt werden, verschmutzen sie kaum.

Einrichtung des Prachtfinkenheims

Zuerst werden wir uns um Sitzgelegenheiten für die Vögel bemühen. Ich bin für Naturzweige mit Rinde, ganz gleich, ob die Vögel im Bauer, in der Voliere oder in der Vogelstube gehalten werden. Die käuflichen Holzstangen sind zu hart und meistens alle von gleicher Stärke, ebenso die in letzter Zeit häufig angebotenen Plastikstangen, die zudem noch in unnatürlichen, grellen Farben hergestellt werden. Naturzweige sollen sehr verschieden dick sein, damit die Vögel ihre Zehe naturgemäß gebrauchen und beweglich halten können. Auch sollte die Rinde möglichst weich sein. Zweige von Weide, Pappel, Holunder, Ahorn und Obstbäumen eignen sich am besten. Werden sie häufig gewechselt, besitzen sie immer ihre natürliche Elastizität.

Einigen Prachtfinken, vor allem Nonnen und Schilffinken, wachsen die Krallen sehr lang. Das ist der Ausgleich für die starke Krallenabnutzung an den Schilfhalmen, an denen diese Prachtfinken in ihrer Heimat viel herumklettern. Ihnen geben wir einige Schilfstengel oder Ginsterzweige als Sitzgelegenheiten und legen vor die Futter- und Trinknäpfe Bimssteine, Schamotteplatten oder andere rauhe Steine. Die Krallen schleifen sich dann auf natürliche Weise ab. Im Bauer werden wir die Schilfhalme waagerecht anbringen. In der großen Voliere und der Vogelstube können wir diesen Vögeln ein „Schilfdickicht" aufrechtstehender Halme bieten. Wir brauchen dafür zwei maschendrahtbespannte Holzrahmen, die mit einem Abstand von etwa 30–40 cm übereinander auf 30 cm hohe Füße geschraubt werden. Durch die beiden Drahtgitter stecken wir die Schilfhalme, die dann nicht umfallen oder alle zusammenschieben können.

Auf ähnliche Weise können wir dünne Zweige und Nistgestrüpp befestigen. Sonst werden Äste und dickere Zweige mit Federstahlklammern befestigt, die es als Werkzeughalter zu kaufen gibt. Auch können Holzklötze mit verschiedenen Bohrungen an geeigneten Stellen in Kistenbauern und Volieren angebracht werden. Die Zweige werden in die passenden Löcher hineingesteckt und mit einer Schraube befestigt. In sehr großen Volieren und Vogelstuben können schwere Betonsockel die oft sehr ausladenden Äste sicher tragen. Als nächstwichtiges sind Futter- und Trinkgefäße zu nennen. Wir brauchen mehr Näpfe als wir denken, denn wir reichen den Vögeln außer einer Körnermischung meistens auch Keimfutter, Weich- oder Eifutter und manchen auch ständig Lebendfutter. Die etwa 10 cm langen ovalen, weißen Porzellan- oder Plastiknäpfe eignen sich am besten für Körner-, Weich- und Lebendfutter. Auch die ein- oder zweiteiligen, 17 cm langen „Weichfressernäpfe" sind für genannte Futterarten sehr brauchbar. Wer die verschiedenen Samen gern getrennt gibt, wird mehrere Rundnäpfe von 5 cm Durchmesser benötigen. Diese nur aus Porzellan nehmen, da solch kleine Plastiknäpfe von den Vögeln leicht umgeworfen werden.

Für Keimfutter sind all diese Näpfe jedoch nicht zu verwenden, weil es darin im Laufe des Tages muffig wird. Das liegt an den hohen Rändern der Näpfe, die keine Frischluftzufuhr zulassen. Am besten haben sich für Keimfutter bei mir die flachen

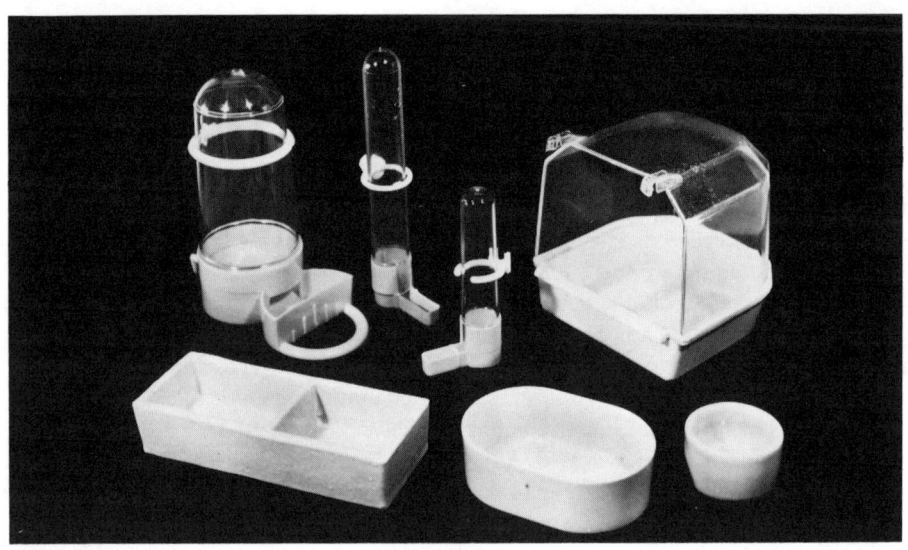

Praktisches Geschirr für den Prachtfinkenliebhaber. Der Automat links kann sowohl für Futter wie für Wasser in größeren Anlagen verwendet werden.

Glasdeckel von Einmachgläsern bewährt. Es gibt sie in verschiedenen Größen, so daß ganz nach Vogelzahl das Keimgut stets in dünner Schicht locker darauf ausgebreitet werden kann.

Bei größeren Vogelbeständen und Fütterung von Einzelsaaten benutzen manche Vogelfreunde Futterautomaten. Ihr Zweck soll sein, Futterverschwendung und -verschmutzung zu verhindern, Arbeitszeit bei der Fütterung zu sparen und auch einmal ein paar Tage außer Haus sein zu können. Automaten sollten die Größe haben, daß sie nur einmal in der Woche gefüllt zu werden brauchen. Es gibt recht verschiedene Modelle, bei denen jedoch gleich ist, daß das Futter aus „Silos" in eine darunterliegende Rinne nachläuft. Nun funktionieren die wenigsten so, wie wir es uns wünschen. Bei einigen verstopft der Körnernachfluß, bei anderen ist er so stark, daß das Futter gleich vor dem Automaten liegt, sobald die Vögel nur ein bißchen mit dem Schnabel „wühlen". Ein Bekannter von mir hat ein ganzes „Museum" an Futterautomaten – er reicht das Futter jedoch wieder in offenen Näpfen. Prachtfinken lieben es, die Körner im Napf vor sich ausgebreitet zu sehen und davon auszuwählen. Sie verstreuen wenig und lesen die meisten Körner, die vorbeigefallen sind, aus dem Sand auf.

Wenn in die offenen Futternäpfe auch mal ein Kotkrümel fällt, so bleibt er doch trocken und richtet keinen Schaden an. Anders ist es bei offenen Trinknäpfen. Gerät dort Kot hinein, wird sogleich das ganze Wasser verschmutzt und evtl. infiziert. Darum sollten wir uns der Trinkröhren aus Plastik bedienen, in deren unterem Napf stets genügend frisches Wasser bereitsteht. Auch wenn eine größere Wassermenge in den Trinkautomaten Platz findet, geben wir das Trinkwasser jedoch täglich frisch.

Offene Trink- und Badebecken in Außenvolieren sollten von einer solchen Größe sein, daß etwas hineingeratener Kot nur zu einer sehr geringfügigen Beeinträchtigung der Wasserqualität führen kann. Prachtfinken baden leidenschaftlich gern. Sie sollten täglich die Gelegenheit zu einem Bad bekommen. In Vogelstuben und Außenvolieren können sehr große Schalen oder Becken dazu dienen. In Volieren und Bauern eignen sich die käuflichen Badehäuschen am besten. Da die Vögel beim Baden sehr stark spritzen, sind durch die Plastikkuppeln der Badehäuschen drei Seiten vor dem Naßwerden geschützt.

Badehäuschen können außen an Bauer oder Volieren gehängt werden, und zwar vor dafür passende Türöffnungen. Noch lieber werden sie von den Vögeln angenommen, wenn wir sie in eine Bauerecke direkt auf den Sand stellen. In käuflichen Bauern sind Halterungen für Futter- und Trinknäpfe vorgesehen. Zusätzliche Näpfe stellen wir so daneben, daß sie nicht leicht verschmutzt werden können. In größeren Kistenbauern und kleinen Volieren sind die Näpfe am besten entlang der Vorderseite aufgereiht. Dort sind meistens keine Sitzgelegenheiten darüber angebracht. Die Vögel können gut bei der Futteraufnahme beobachtet werden, und sie können selbst dabei gut Ausschau halten.

In Volieren, die bis auf den Boden reichen, und in Vogelstuben werden meistens Futtertische aufgestellt. Vögel, die sich viel auf dem Boden aufhalten und auch dort ihr Futter suchen (Wachtelastrild, Rebhuhnastrild), brauchen natürlich keinen Futtertisch. Manche Prachtfinken kommen nicht so gern auf den Boden. Von ihnen werden Futtertische gern angenommen. Diese können, je nach Arten, 30–80 cm hoch sein. Sie bieten auch dem Pfleger mehrere Vorteile: Bessere Beobachtungsmöglichkeiten der Vögel am Futter sind durch die mehr waagrechte Sicht gegeben. Durch einen etwa 3 cm hohen Leistenrand am Futtertisch fällt kaum Futter auf den Volierenboden. Das Futter wird sogar von den leeren Hülsen getrennt, denn diese wirbeln beim An- und Abflug der Vögel vom Futtertisch herab.

Während Grit, zerstoßene Eierschalen, Vitakalk und Vogelkohle zusammen in einen normalen Futternapf kommen oder über den Sand ausgestreut werden, verwenden wir für Sepiaschale den praktischen Halter aus Draht. Auch die kleinen Grünfutter- und Nistmaterialraufen sind brauchbar und helfen uns, immer wieder Ordnung bei den Vögeln zu schaffen.

Sehr wichtig für Bauer und Voliere ist eine gute Beleuchtung. Dabei steht nicht so sehr der Wunsch im Vordergrund, die Vögel in ihrer ganzen Farbenpracht sehen zu können, als vielmehr die Erkenntnis, daß sie sehr viel Licht einfach brauchen. Zumindest im Winterhalbjahr kommen wir nicht ohne künstliche Verlängerung des Tages aus. Die Prachtfinken benötigen immer zwischen 12 und 14 Stunden lang helles Licht. Ist das Licht zu schwach oder zu kurzzeitig, wird es nicht nur bei der Aufzucht der Jungen Schwierigkeiten geben, sondern der Bruttrieb oft nicht einmal ausgelöst. Auch Gefiederschäden treten bei zu wenig Licht häufig auf.

Nun kann im Raum, in dem sich die Vögel befinden, eine starke Glühlampe oder Leuchtstofflampe verhältnismäßig einfach für das nötige Licht sorgen. Sind jedoch Kistenbauer in verschiedener Höhe darin aufgestellt, werden lange Schattenwinkel nicht zu vermeiden sein.

Ich habe darum in jedem Bauer und jeder Voliere vorn unter der Decke Leuchtstofflampen (Röhren) angebracht. Es sind sehr schwache Lampen, bei Bauern und Volieren bis 1,10 m Höhe nur solche mit 4,6 und 8 Watt, bei höheren Volieren bis 16 Watt Leistung. Sie sind nur fingerdick, können mit einer dünnen Leiste gut verblendet werden, so daß sie für uns Betrachter nur indirektes Licht werfen. Der Farbton dieser Röhren ist normalweiß, sie flackern nicht und stören die Vögel in keiner Weise. Die Vögel erscheinen mir vitaler, lebhafter und der Zuchterfolg größer, seit ich diese Art von Beleuchtung eingebaut habe. Auch viele andere Prachtfinkenhalter benutzen Leuchtstofflampen seit vielen Jahren, ohne bemerkt zu haben, daß diese den Vögeln irgendwie schaden oder unangenehm sind.

Ein Wort über die Heizung soll hier folgen, denn sie gehört bei Prachtfinken zur notwendigen „Einrichtung". Wer seine Vögel in Wohnräumen hält, wird ihnen jederzeit genügend Wärme bieten können. Auch wer ein massives Vogelhaus besitzt, wird es an die Heizung des Hauses angeschlossen haben. Manche Liebhaber halten ihre Vögel jedoch in Bodenräumen, im Keller, in Garagen oder Schuppen, oder sie haben ungeheizte Schutzräume an ihren Außenvolieren. In allen diesen Fällen müssen wir mit Behelfsheizungen vorlieb nehmen. In besonders kleinen Räumen reichen oft schon Infrarot-Dunkelstrahler aus, um eine Mindesttemperatur von etwa 18 °C zu halten. Sonst sind die Kleinheizgeräte sehr zu empfehlen, die recht wirtschaftlich sind und eine große Heizkraft besitzen. Sie halten sogar mittels Thermostat die Raumtemperatur konstant auf dem eingestellten Wert.

Eine Heizung sollte auch zu allen Zeiten des Sommers in Reserve sein. Bei plötzlichen Temperaturstürzen, schweren Gewittern mit völligem Durchnässen des Gefieders und bei kalten Stürmen müssen sich die Vögel nach Belieben erwärmen können. Schwere Erkrankungen sind andernfalls oft die Folge.

Manche Vogelfreunde haben die Beleuchtung ihrer Volieren mit einer Schaltuhr gekoppelt, so daß die Lampen zu immer gleichen Zeiten automatisch ein- und ausgeschaltet werden. Das Nonplusultra in dieser Hinsicht ist eine Koppelung der Schaltuhr mit einem Dämmerungsautomaten, der Glühfadenbirnen ganz langsam zum Erlöschen bringt, für unsere Vögel am besten in 15–20 Minuten (dies ist jetzt auch bei Leuchtstofflampen möglich). So können die Vögel in natürlicher Ruhe ihre Schlafplätze oder Nester aufsuchen. Sie werden dann nicht an ihnen nicht zusagenden Plätzen von plötzlicher Dunkelheit überrascht. Dies passiert leicht bei abruptem Lichtabschalten. Abgestorbene Gelege oder verklammte Junge sind oft die Folge, wenn die Eltern nicht mehr auf ihr Nest finden. Vögel, die auf einem falschen Schlafplatz von der Dunkelheit überrumpelt werden, geraten nachts leicht in Panik, toben dann gegen die Wände und Gitter, so daß Verletzungen und Verluste nicht ausgeschlossen sind.

32

Tafel 1
Rotkopfamadine, Männchen (s. Seite 70).

Tafel 3 (Oben)
Buntastrild-Pärchen, links Männchen, rechts Weibchen (s. Seite 81).

Tafel 2 (Linke Seite)
Oben: Rotmaskenastrilde, zwei Männchen (s. Seite 72). *Unten links:* Bandfink (s. Seite 70).
Unten rechts: Auroraastrild (s. Seite 71).

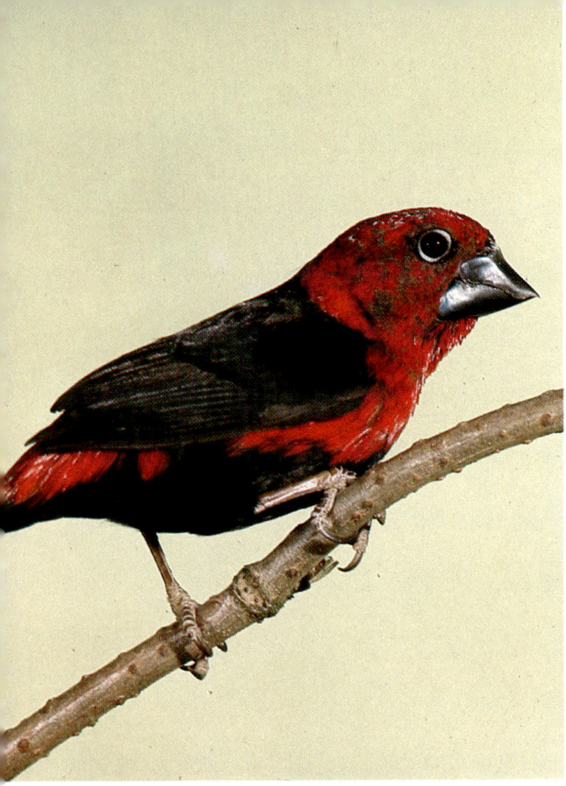
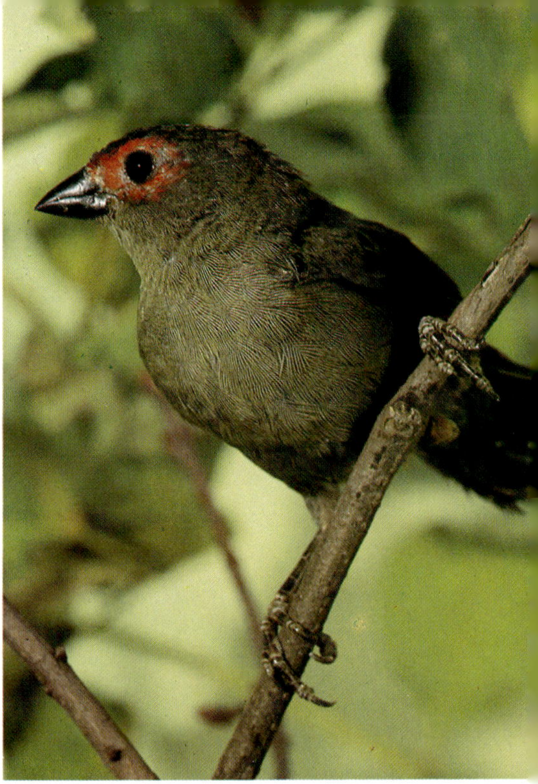
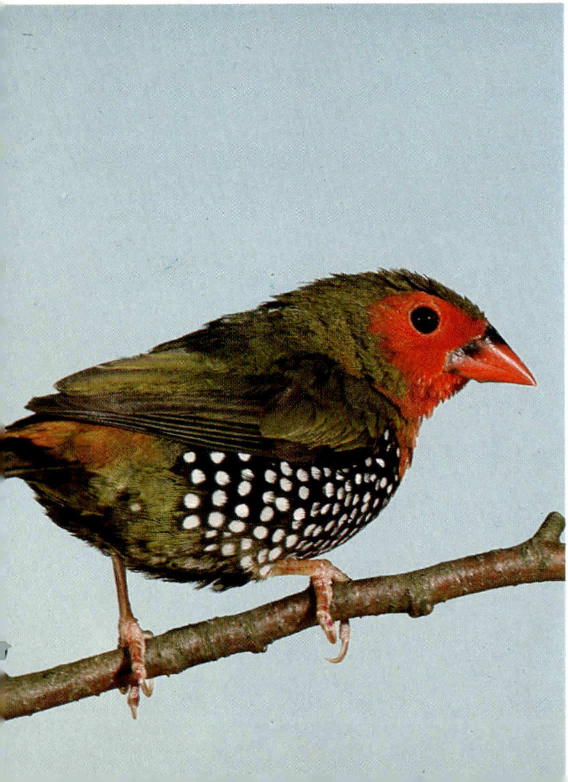
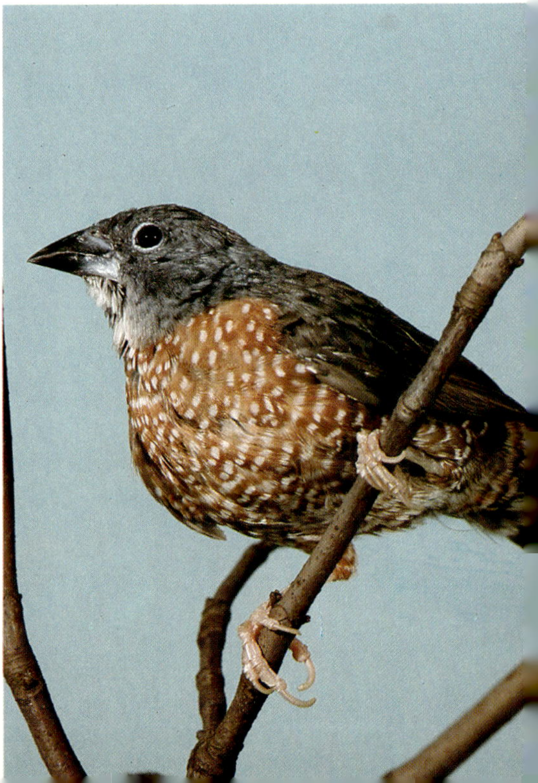

Tafel 5 (Oben)   Karmesinastrild, Weibchen (s. Seite 85).

Tafel 4 (Linke Seite)
Oben links: Purpurastrild (s. Seite 86). *Oben rechts:* Bergastrild (s. Seite 87). *Unten links:* Grüner Tropfenastrild, Männchen der Rasse M. n. schlegeli (s. Seite 88). *Unten rechts:* Monteiroastrild, Weibchen (s. Seite 121).

Tafel 7 (Oben)   Grüner Tropfenastrild, Männchen der Rasse M. n. nitidula (s. Seite 88).

Tafel 6 (Linke Seite)
Oben links: Grünastrild, Rasse Gelbbauchastrild (s. Seite 91). *Oben rechts:* Salvadoriastrild (s. Seite 88). *Unten links:* Orangebäckchen (s. Seite 92). *Unten rechts:* Grünastrild, Rasse Angola-Schwarzbäckchen (s. Seite 91).

Ich habe keinen Dämmerungsautomaten und keine Schaltuhr. Abends lasse ich bei Abschalten der Volierenbeleuchtungen eine nicht sehr helle Glühbirne im Raum brennen. Die Vögel begeben sich dann in die Nester oder auf ihre Schlafplätze. Nach etwa einer Viertelstunde (wenn Ruhe eingekehrt ist), schalte ich auf eine ganz schwache Nachtbeleuchtung um. Dieses „Notlicht" hilft nächtliche Panik zu vermeiden, die manchmal nur von einem nervösen Vogel ausgelöst wird und den ganzen Bestand in Raserei bringt.

Arten, die zusammenpassen

Wir können uns bei der Auswahl der Prachtfinken, die wir pflegen wollen, ganz unserem Geschmack überlassen. Bis auf wenige Ausnahmen sind alle recht verträglich und können unbedenklich zusammen gehalten werden. Von den meisten Arten dürfen nicht mehrere Vögel, sondern jeweils nur ein Paar zusammengesetzt werden. Auch sehr nahe verwandte Arten sind gegeneinander oft unduldsam. Einige Arten wiederum können als kleiner Schwarm gehalten werden, so der Zebrafink, der Reisfink, die Lauchgrüne Papageiamadine und die Gouldamadine. Es ist bei diesen aber darauf zu achten, daß nicht die Männchen oder Weibchen in der Überzahl sind, denn unverpaarte Einzeltiere geben oft Anlaß zu Streit.

Daß es bei einer gemischten Volierenbesetzung auch mal zu Plänkeleien kommt, ist kein Grund zur Besorgnis. Wenn ein Vogel jedoch ständig seine Mitbewohner hackt oder jagt, dann ist dieser aus der Gemeinschaft herauszunehmen. Selbst unter den friedlichsten Arten gibt es zänkische Individuen. Sorgfältiges Beobachten der Vögel in den ersten Wochen, möglichst aus einigem Abstand und von den Vögeln ungesehen, läßt uns schnell erkennen, ob die Vögel harmonisch zusammenleben oder nicht.

Die einträchtigsten Gemeinschaften erhalten wir, wenn wir verschiedene Paare aus dem gleichen Lebensgebiet zusammensetzen. Diese Vögel „verstehen" sich weitaus besser als etwa ein Paar aus Afrika, eins aus Indien, ein drittes von Borneo und ein viertes aus Australien. Zwar lernen auch diese Vögel schnell, miteinander gut auszukommen, doch wird es kaum zu solch schönem Zusammenleben kommen, wie zwischen Vögeln aus dem gleichen Lebensraum. Die folgenden Vorschläge für harmonische Prachtfinken-Gesellschaften berücksichtigen darum auch die Herkunft der Vögel.

Tafel 8
Oben links: Streifenastrild (s. Seite 71). *Oben rechts:* Sumpfastrild (s. Seite 93). *Unten links:* Nonnenastrild (s. Seite 97). *Unten rechts:* Wellenastrild (s. Seite 96).

West-Afrika:	Amarant	Rebhuhnastrild
	Auroraastrild	Schmetterlingsfink
	Goldbrüstchen	Schönbürzel
	Grauastrild	Silberschnäbelchen
	Orangebäckchen	Sumpfastrild

Ost-Afrika:	Blaukopf-Schmetter-	Perlhalsamadine
	lingsfink	Silberschnäbelchen
	Braunrückenelsterchen	Veilchenastrild
	Elfenastrild	Wellenastrild
	Gelbbauchastrild	Zügelastrild
	Goldbrüstchen	

Süd-Afrika:	Angola-Schmetter-	Schwarzschwanz-
	lingsfink	Schönbürzel
	Goldbrüstchen	Wachtelastrild
	Granatastrild	Wellenastrild
	Schwarzbäckchen	

Indien:	Dreifarbennonne	Schwarzkopfnonne
	Malabarfasänchen	Spitzschwanz-Bronze-
	Muskatfink	männchen
	Olivgrüner Astrild	Tigerfink

Indonesien:	Lauchgrüne Papagei-	Reisfink
	amadine	Schildnonne
	Muskatfink	Weißkopfnonne

Australien:	Binsenastrild	Ringelastrild
	Braunbrust-Schilffink	Spitzschwanzamadine
	Gelber Schilffink	Weißbrust-Schilffink
	Gouldamadine	Zebrafink
	Maskenamadine	Zeresamadine

Das Japanische Mövchen ist ein domestizierter Vogel. Seiner Abstammung nach würde es zu den südchinesischen Bronzemännchen passen. Als äußerst friedlicher Vogel, der sich gegen andere Arten kaum verteidigt, sollte er nur mit kleinen und ruhigen Arten vergesellschaftet werden, wie etwa die unter „Indien" zusammengefaßten.

Es eignen sich noch weitere, hier nicht genannte Arten für die Gesellschaftsvoliere. Bei den meisten sind jedoch Erfahrung und Fingerspitzengefühl notwendig, ferner zusätzliche Volieren und Bauer als Ausweichquartiere. Manche Arten sind so wertvoll und selten, daß sie nur von ganz erfahrenen Züchtern so naturnah wie möglich und meistens als Paar für sich gepflegt werden dürften.

Unverträgliche Prachtfinken

Es gibt nur wenige Prachtfinken, die sich mit anderen Arten nicht vertragen. Der australische Sonnenastrild ist hierbei an erster Stelle zu nennen. Er läßt keinen anderen Vogel in Ruhe, außerhalb der Brutzeit oft nicht einmal sein Weibchen. Weil er in seiner Heimat ein sehr großes Revier beansprucht und es selbst gegen viel größere Vögel verteidigt, ist sogar in einer geräumigen Voliere seine gemeinsame Haltung mit anderen meistens unmöglich.

Bei den anderen Unverträglichen ist der Revieranspruch viel kleiner, so daß sie in einer großen Voliere mit vielen Schlupfwinkeln und Ausweichmöglichkeiten mit wenigen und nicht nahe verwandten Vögeln auskommen können. In einer engen Voliere oder bei zu vielen Vögeln kommt es früher oder später zu Streit. Später heißt hierbei meistens: sobald sich der Bruttrieb zu regen beginnt.

Einige der nachfolgend aufgezählten Vögel greifen ihre Mitbewohner regelrecht an, teilen Schnabelhiebe aus oder beißen sich im Nackengefieder des Opfers so fest, daß beide Vögel zu Boden fallen oder ganze Federbüschel ausgerissen werden. Andere jagen ihre Mitbewohner, bis diese sich erschöpft und verängstigt in einer Ecke verstecken. Einige greifen die Vögel selbst kaum an, plündern jedoch deren Nester. Nistmaterial, Eier und Junge werden herausgerissen, selbst wenn noch so viele Nistgelegenheiten und Baustoffe zur Verfügung stehen.

Sonnenastrild	Roter Tropfenastrild
Buntastrild	Gürtelamadine
Kleinelsterchen	Pünktchenamarant
Zwergelsterchen	Wienerastrild
Diamantfink	Reisfink
Rotkopfamadine	Zebrafink
Bandfink	

Die schlimmsten Raufbolde habe ich zuerst genannt, die nur gelegentlichen Unruhestifter am Ende. Nun ist eine solche Beurteilung immer subjektiv. Manche Vögel der hier aufgezählten Arten können äußerst friedlich sein. Wiederum werden manchmal Vögel sehr verträglicher Arten zänkisch.

Die regelmäßigen Pflegearbeiten

täglich:	füttern
	Futterautomaten kontrollieren
	frisches Trinkwasser reichen
	ebenso Badewasser
	bei Zuchtpaaren darauf achten, daß ausreichend Nistmaterial zur Verfügung steht
	auf richtige Temperatur und gegebenenfalls Luftfeuchtigkeit achten
	die Vögel beobachten
wöchentlich:	Bauer und Volieren säubern, besonders die Sitzäste und -zweige
	Sand erneuern
	ebenso Walderde
	lebende Pflanzen gründlich absprühen, große Blätter feucht abwischen
monatlich:	Vögel auf Ungeziefer nachsehen
	ebenso die Bauer, besonders die Schlafnester
	Krallen beschneiden, falls nötig
	Grassoden in Schalen oder in Außenvolieren mit Betonboden auswechseln
	den Boden der Außenvolieren gründlich säubern, bei Betonboden Sand und Erde auswechseln
vierteljährlich:	während einer gründlichen Reinigung eine Desinfektion vornehmen
	altes Nistmaterial aus den Schlafkästchen und -körbchen herausnehmen, sie säubern und nötigenfalls desinfizieren
	Äste und Zweige gegen frische austauschen

Sehen wir für die Arbeiten jeweils einen bestimmten Tag in der Woche vor, so passiert es kaum, daß sie vergessen oder hinausgeschoben werden. Für die täglichen Fütterungszeiten sollten wir ebenfalls immer eine bestimmte Stunde einhalten. Wahrscheinlich wird am frühen Morgen gefüttert, weil die meisten Vogelbesitzer anschließend zur Arbeit gehen. Wenn wir alltags nun regelmäßig um 6 oder 7 Uhr füttern, sollten wir diese Zeit in etwa auch sonnabends und sonntags einhalten, vor allem wenn Zuchtpaare Junge zu versorgen haben. Es wird für einen gewissenhaften Vogelhalter also nicht in Frage kommen, an diesen Tagen bis 10 oder 11 Uhr auszuschlafen und die Vögel warten zu lassen. Immer wieder habe ich staunend erlebt, daß Vögel, besonders solche, die Junge im Nest haben, das frische Keim-, Ei- und Lebendfutter zur gewohnten Fütterungszeit ungeduldig erwarteten. Ein Weibchen meiner Spitzschwanzamadinen flog schon auf den Rand des Futternapfes, bevor ich ihn im Bauer hingestellt hatte. Bei um Stunden verspäteter Versorgung kann es vorkommen, daß die Vögel ihre kleinen Jungen nicht mehr füttern.

Bei Vögeln, die Brutanstalten machen, brüten oder Junge im Nest haben, ist äußerste Vorsicht bei der Reinigung der Bauer und Volieren und selbst beim Hantieren in ihrer Nähe geboten. Bei empfindlichen Arten müssen bis auf das notwendige Reichen von Futter und Wasser alle anderen Arbeiten unterlassen werden. Bei weniger empfindlichen Vögeln werden sie auf das Notwendigste beschränkt und so schnell wie möglich ausgeführt.

Oft verzichten Prachtfinkenliebhaber darauf, in ihrem Urlaub zu verreisen. Sie widmen sich vielmehr ganz ihren Vögeln. Wer nur eine kleine Anzahl von Vögeln hat und keine Zuchterfolge anstrebt, wird seine Pfleglinge für die Zeit des Urlaubs Verwandten oder Bekannten mitsamt dem Bauer bringen können. Bei einigen kleinen Volieren wird sicher ein Nachbar das Füttern für die Zeit der Abwesenheit übernehmen. Bei einer großen Zuchtanlage wird es aber meist notwendig sein, auf längere Reisen zu verzichten. Von einigen Liebhaberzüchtern weiß ich, daß es keine Familien-Urlaubsreisen gibt, sondern Mann und Frau getrennt verreisen. Wem anders soll man auch die Verantwortung für 100 oder 200 Vögel aufbürden?

All diese Dinge bedürfen der Überlegung und Entscheidung, ehe das Hobby zu anspruchsvoll wird. Die Vögel sind schnell angeschafft, doch die täglichen und wöchentlichen Arbeiten wachsen mit der Zahl der Vögel. Diese dürfen in keinem Falle vernachlässigt werden. Wir sollten immer nur so viele Vögel halten, daß die Liebhaberei nicht zur Last wird.

Häufige Krankheiten und ihre Behandlung

Biß- und Platzwunden sind am Kopf und Flügelbug am häufigsten. Kleine Wunden heilen von selbst recht schnell. Nötigenfalls kann etwas Wundpuder draufgestreut werden. Größere Kopfwunden sollten wir vom Tierarzt nähen lassen, da sonst nach Heilung meistens eine „Glatze" zurückbleibt. Stark blutende Wunden, etwa abgerissene Krallen oder Zehen werden mit Eisenchloridwatte abgetupft, bis die Blutung aufhört.

Bein- und Flügelbrüche. Am häufigsten kommen Knochenbrüche dieser Art durch das Schlagen mit dem Fangnetz vor. Wird der Vogel dabei mit dem Drahtrahmen getroffen, sind Brüche fast unvermeidlich. So fachmännisch es auch aussehen mag, den fliegenden Vogel durch plötzliches Zuschlagen zu fangen, so risikovoll ist es auch. Sehr häufig passieren Knochenbrüche auch durch nächtliches Toben. Vorbeugend ist nachts stets ein Dämmerlicht brennen zu lassen.

Bei Flügelfrakturen wird der gebrochene Flügel in die Ruhelage gebracht und mit schmalen Gazebinden um den Körper und zwischen den Beinen hindurch fixiert. Der

Vogel kommt in ein kleines Bauer, in dem er gut 3 Wochen lang bleibt. Meistens heilt der Flügel gut zusammen, doch wird der Vogel selten seine volle Flugfähigkeit zurückerlangen. In einem nicht zu großen Bauer mit viel Gezweig wird er sich wenig behindert fühlen.

Gebrochene Ober- oder Unterschenkel können nicht geschient werden. Sie heilen meistens von selbst recht gut zusammen, wenn auch oft schief, was den Vogel nicht sonderlich stört. Ist der Lauf gebrochen, können wir mit einem aufgeschnittenen Stück Plastik-Trinkhalm schienen. Die Schiene wird mit einem Garn umwickelt und mit Gips oder Uhu bestrichen, damit der Vogel die Bindung nicht mit dem Schnabel aufzupfen kann. Nach spätestens 3 Wochen ist der Lauf zusammengewachsen. Sind Zehe gebrochen, heilen diese meistens von selbst gut aus. Wichtig bei allen Brüchen ist eine Unterbringung in kleinem Bauer und ganz ruhiger Standort, damit sich der Vogel nicht unnötig viel bewegen muß.

Zu lang gewachsenes Schnabelhorn und zu lange Krallen werden mit einer kleinen Schere oder Nagelzange behutsam zurückgeschnitten. Die Blutgefäße in den Krallen sind meistens als rote Linien deutlich zu sehen, wenn der Fuß gegen eine starke Lichtquelle gehalten wird. Nicht ganz bis zu den Blutgefäßen abschneiden, sondern 2–3 mm Abstand halten. Sollte es doch einmal bluten, Eisenchloridwatte draufhalten, was meistens nicht einmal eine Minute lang nötig ist.

Augenentzündungen der Prachtfinken kommen bei manchen Haltern fast nie, bei anderen dagegen häufig vor. Sie entstehen durch äußere Einflüsse, zum Beispiel durch Zugluft oder zu starkes Rauchen in dem Zimmer, in dem die Vögel untergebracht sind. Oft hilft allein schon das Abstellen dieser Ursachen. Sind die Lider und Bindehäute stark geschwollen oder verklebt, eitern oder wässern sie, dann ist mit lauwarmem Kamillentee oder einer 2%igen Borsäurelösung zu spüren. Eine Aureomycin- oder Tetramycin-Augensalbe hilft sehr gut bei infektiöser Augenentzündung.

Kahle Stellen an Kopf und Nacken treten bei einigen Prachtfinken häufig, bei anderen selten oder gar nicht auf. Oft sind sie bei Papageiamadinen, bei Schönbürzelchen, Amaranten, Goldbrüstchen und anderen nahe verwandten Arten zu finden. Über die Ursache gehen die Meinungen weit auseinander. Nach meinen Beobachtungen sind jedoch fast immer Antipathien zwischen den Partnern Schuld daran. Die soziale Gefiederpflege oder das Festhalten mit dem Schnabel beim Tretakt werden zu aggressiv betrieben, wenn die Partner nicht voll harmonieren. Haben die Vögel die Möglichkeit, ihren Partner aus einem kleinen Schwarm selbst auszuwählen, wird kein Federzupfen vorkommen. Auch Vögel, die zu eng untergebracht sind (vor allem auf dem Transport und bei Händlern) rupfen sich gegenseitig. Sie sind dann ängstlich und verstört und wollen jedem Artgenossen eine übermäßige Sympathie beweisen. Nur bei wenigen Arten kommt es vor, daß sie sich raufen und dabei die Federn ausreißen. In jedem Falle müssen die Vögel großzügiger untergebracht werden. Besteht dafür die

Möglichkeit, sind die Vögel mit kahlen Stellen im Sommer in eine Außenvoliere umzuquartieren. Das Sonnenlicht wirkt sich günstig auf die Wiederbefiederung aus. Sonst ist es gut, täglich eine Zeitlang mit Infrarotlicht zu bestrahlen. Die kahlen Stellen können zweimal wöchentlich dünn mit Perubalsam bestrichen werden. Bei paarweise untergebrachten Vögeln hilft oft nur der Austausch eines der beiden Vögel.

Durch *Grabmilben* verursachte kahle Stellen (meistens um Schnabel und Augen herum und in der Ohrgegend) werden vorsichtig mit Odylen bepinselt. Drei Behandlungen im Abstand von je 3 Tagen töten alle Grabmilben ab. Da Odylen unverdünnt nicht ganz ungefährlich ist, kann zur Bekämpfung von Grabmilben auch „Milbex" oder Paraffinum liquidum verwendet werden.

Die *Rote Vogelmilbe* ist der am häufigsten vorkommende Ektoparasit bei unseren Prachtfinken. Tagsüber zieht sie sich in dunkle Ritzen, in Sitzstangeneinkerbungen, in Nistkästen und Nistmaterial zurück, und nachts saugt sie das Blut der Vögel. Sie vermehrt sich ungeheuer schnell; der unaufmerksame Liebhaber findet plötzlich durch die Rote Vogelmilbe geschwächte oder gar eingegangene Vögel vor. Soweit brauchen wir es jedoch nicht kommen zu lassen, denn es gibt heute sehr gute und für die Vögel wenig gefährliche Bekämpfungsmittel. Bewegen sich die Vögel nachts unruhig auf ihren Schlafzweigen oder in den Schlafkörbchen ist dies ein sicheres Zeichen, daß sie von der Roten Vogelmilbe geplagt werden. Dann sind sofort alle von den Milben bevorzugten Winkel mit „404", „Ardap", „Bactazol" oder einem ähnlichen Mittel zu besprühen. Bei starkem Befall werden Nistkörbchen und -kästen in heißem Wasser ausgewaschen, dem 2% Soda hinzugefügt werden.Sämtliche Bauer und Volieren und auch der ganze Raum wird sorgfältig mit heißem Sodawasser gesäubert und mit einem Desinfektionsmittel ausgesprüht. Vögel und Futter entferne ich bei so gründlicher Behandlung bis nach dem Trocknen, auch wenn dies bei den oben genannten Mitteln nicht nötig sein soll. Sind Eier in den Nestern, dürfen diese auf keinen Fall besprüht werden. Nicht daß die Mittel für die Eier giftig wären, doch verstopfen die Poren der Schalen davon, so daß die Embryonen ersticken können.

Federlinge sind meistens die Ursache, wenn die Vögel auch tagsüber viel kratzen und unruhig im Gefieder herumpicken. Die Federlinge treten meistens erst dann in größerer Zahl auf, wenn die Vögel durch Krankheiten oder schlechte Ernährung und Haltung geschwächt sind. Sie leben von Hautschuppen und Federteilen im Untergefieder, wo sie an den Federschäften auch ihre Eipakete ablegen. Zur Behandlung wird „Bactazol" oder ein anderes verträgliches Mittel in das Gefieder gesprüht. Die Vögel werden dabei so gehalten, daß die Augen und der Schnabel vor dem Milbenmittel geschützt sind.

Darmentzündungen durch Kokzidien zeigen sich durch aufgeplustertes, lustloses Herumsitzen, viel Schlafen und durch Durchfall. Kotprobe beim Tierarzt oder einem

Veterinärmedizinischen Institut mikroskopisch untersuchen lassen! Die Behandlung von Sulfonamiden, „Davosin", „Supronal", bringt bei rechtzeitiger Verabfolgung meistens gute Erfolge. Ich hatte mit Davosin bei einer Kokzidiose, die meinen ganzen Vogelbestand bedrohte, innerhalb von 3 Tagen voll wiederhergestellte Vögel. Die Dosis war 1 Tropfen auf je 3 Vögel. Das Mittel wurde mit einem Multivitamin-Präparat zusammen im Trinkwasser gereicht und gern genommen. Bei einer Trinkwassermenge von etwa 7 ml pro Vogel war für eine fast restlose Aufnahme des Medikaments und der Vitamine gesorgt.

Nach einer 4–5 Tage langen Behandlung mit einem Sulfonamid muß eine Stoßbehandlung mit einem Multivitamin-Präparat folgen, da Sulfonamide Vitaminverzehrer sind und es sonst zu Avitaminosen kommen kann.

Die Kokzidiose wird vor allem durch schwächliche, aus engen Händlerbauern erworbene Vögel eingeschleppt. Die Zysten der Kokzidien werden vom unsauberen Boden in Bauer und Voliere in immer größerer Menge von den anderen Vögeln aufgenommen. Vor allem im feuchtwarmen Boden von Außenvolieren leben die Zysten lange und werden mit Zunahme des Vogelbestandes im Spätsommer so zahlreich, daß die Vögel oft seuchenartig erkranken. Die Vögel sind durch die hinter ihnen liegenden Bruten und durch die Mauser geschwächt, was den Ausbruch der Krankheit zur Folge hat. Der Boden ist spatentief zu erneuern.

Auch bei *Darmentzündungen* und *Entzündungen der Atemwege* durch Zugluft oder Temperaturstürze hat sich Sulfonamid bewährt. *Paratyphus* und ähnliche durch *Salmonellen* oder *Bakterien* hervorgerufene Erkrankungen können innerhalb weniger Tage ganze Vogelbestände vernichten. Für die Art der Übertragung und den Krankheitsverlauf gilt das bei der Kokzidiose Gesagte. Schnellmögliche Kotuntersuchung oder Sektion eines schon verendeten Vogels und eine Behandlung mit Antibiotika wie „Terramycin-Hen", „Aureomycin" oder einem ähnlichen können allein helfen, die Vögel zu retten. Auch nach der Behandlung mit Antiobiotika ist eine reichliche Zufuhr von Vitaminen notwendig.

Drehkrankheit, Taumelsucht und Krämpfe sind vor allem bei der Gouldamadine auftretende Vitamin-B-Mangelerscheinungen. Ein an Vitamin-B-Mangel leidender Vogel wirkt zuerst nur träge und schwach. Er ruht viel auf den Bauch gestützt und reckt seinen Kopf mit nach oben gerichtetem Schnabel in die Höhe. Bald wird der hochgereckte Kopf kreisend bewegt. Zu diesem Zeitpunkt fällt es dem Vogel auch schon schwer, auf einem Zweig sicher zu landen. Er stürzt schließlich bei jedem Versuch auf den Boden, wo er sich nur noch taumelnd bewegen kann. Krämpfe folgen und schließlich der Tod. Wird dem erkrankten Vogel bei den ersten Anzeichen ein Vitamin-B-Komplex täglich ins Trinkwasser gegeben, tritt schnell eine Heilung ein. Vögel, die schon Gehirnschäden davongetragen haben, werden selten gerettet, und wenn, behalten sie die Taumel- und Drehbewegungen oft zeitlebends zurück. Vor allem scheinen diese Nervenschäden durch den Mangel des Vitamin-B_1 zu entstehen.

Da aber die Vitamine der B-Gruppe in ihren Wirkungen ineinandergreifen und sich gegenseitig unterstützen, ist nicht nur Vitamin-B$_1$ in Form von „Betabion", sondern ein B-Komplex wie „BVK-Roche" oder ein ähnliches zu reichen.

Beinschwäche und Krämpfe habe ich auch bei Gouldamadinen erlebt, die mit Vitaminen ausreichend versorgt wurden, deren Eltern sie jedoch rein vegetarisch, ohne jedes tierische Eiweiß, aufgezogen hatten. Diese Vögel lernten es nicht, später selbst tierisches Eiweiß aufzunehmen. Das Vitamin-B$_1$ reguliert unter anderem den Eiweißstoffwechsel, und da bei genannten Vögeln das tierische Eiweiß fehlte, war auch die Wirkungsweise des B-Vitamins beeinträchtigt.

Auch bei anderen Prachtfinken können Krämpfe und Taumelsucht auftreten, wenn sie nicht mit Vitaminen der B-Reihe ausreichend versorgt werden.

Die durch Ferment-Schwäche hervorgerufene *„Vogeldarre"* tritt unter den Prachtfinken ebenfalls vor allem bei der Gouldamadine auf. Obwohl die hierunter leidenden Vögel reichlich Futter aufnehmen, magern sie im Laufe von einigen Wochen immer mehr ab, bis sie schließlich eingehen.

Das in den früheren Auflagen empfohlene Präparat „Intestiflor" ist leider nicht mehr im Handel. Seitdem habe ich mit verschiedenen anderen Medikamenten versucht, diese Erkrankung zu heilen. Am besten haben bisher die homöopathischen Mittel „Carduus marianus = Mariendistel-Urtinktur" und „Flor de Piedra D 4" geholfen. Als Dosierung habe ich 4–5 Tropfen pro 10 ccm genommen. Eine Langzeitbehandlung über mehrere Wochen scheint nötig zu sein. Diese ist nicht schädlich, da die homöopathischen Mittel keine Nebenwirkungen zeigen.

Leberschäden durch falsche oder einseitige Ernährung treten vor allem bei Papageiamadinen auf (s. auch bei der Artbeschreibung der Lauchgrünen Papageiamadine). Während bei dieser Art die Verfütterung von altem, gehaltlosem Paddy-Reis Schuld an der Leberentzündung ist, tritt sie bei anderen Prachtfinken durch die Gabe zu vieler fetthaltiger Sämereien auf. Rotköpfige Papageiamadinen nehmen oft sehr gern Negersaat oder gar Hanf, wodurch sie jedoch fast ausnahmslos Leberschäden bekommen. Nicht nur dieser Art, sondern allen Prachtfinken sollte Hanf entzogen, Negersaat nur in geringer Menge gereicht werden. Hohe Gaben eines Multivitamin- oder B-Komplex-Präparates helfen im Anfangsstadium der Erkrankung. Bei fortgeschrittener Leberentzündung wird die Leber deutlich als großer, dunkler Halbmond unterhalb des Brustkorbes sichtbar. Sie schwillt immer mehr an, so daß der Bauch schließlich kugelförmig hervortritt. Dann ist eine Heilung nicht mehr möglich. Der Vogel wird trotz großen Appetits und zeitweise normaler Lebhaftigkeit immer magerer und geht, oft erst nach vielen Monaten, federleicht geworden, ein. Hierin ähnelt eine Leberentzündung der Vogeldarre. Bei letzterer ist jedoch keine Schwellung des Leibes festzustellen.

Legenot tritt vor allem bei sehr jungen Prachtfinken-Weibchen auf, sonst meistens nur bei Vögeln, die in Außenvolieren plötzlichem Temperaturabfall ausgesetzt sind.

Die Legenot ist die Unfähigkeit, das sich entwickelte Ei auszustoßen. Bei jungen Weibchen kann sich beim ersten Ei die Kloake manchmal noch nicht weit genug öffnen. Der Vogel sitzt aufgeplustert und völlig kraftlos auf dem Boden. Meistens kann er nicht einmal mehr auffliegen. Der Hinterleib ist sehr gerötet und eine starke Schwellung zeigt den Sitz des Eies an. Wird die Kloake mit etwas lauwarmem Tafelöl eingerieben und ein Tropfen Öl mit einer Pipette vorsichtig eingeführt, tritt das Ei oft sofort hervor. Sonst hilft es, den Hinterleib über dem Ei leicht zu massieren und den Vogel anschließend in ein kleines Bauer zu setzen, und zwar in die Nähe einer Wärmequelle. Ein Infrarotstrahler ist am geeignetsten. Er sollte so aufgestellt werden, daß der Vogel einer Wärme von 32–35 °C ausgesetzt ist. Das Ei wird dann meistens innerhalb einer Stunde abgelegt. Manchmal kann das Ei auch noch erfolgreich ausgestoßen werden, wenn der mit Öl behandelte Vogel zwischen feuchtwarme Tücher gehalten wird. Zu spät erkannte Legenot hat immer den Tod des Weibchens zur Folge. Am besten ist es also, vorzubeugen. Vielseitige Fütterung, regelmäßige Gaben eines Multivitamin-Präparates und einiger Tropfen Lebertran auf das tägliche Keimfutter lassen die Legenot vergessen.

Richtige Ernährung

Das Hauptfutter

Das Hauptfutter für die meisten Prachtfinken sind vor allem Hirsesorten, ein recht guter Ersatz für die in der Natur aufgenommenen Samen verschiedener Grasarten. Es wird vor allem kleinkörnige und weichschalige Hirse bevorzugt. So sind für die zartschnäbeligen Astrilde vor allem Senegal-, Manna(Mohair)-, Japan- und Kolbenhirse richtig. Arten mit kräftigeren Schnäbeln, die Amadinen, bevorzugen meistens die etwas größeren Körner der Silber- und La-Plata-Hirse, die besonders weichschalig sind.

Alle Prachtfinken lieben die Kolbenhirse ganz besonders. Das liegt einmal daran, daß die Vögel das Herausklauben der Körner aus dem Fruchtstand als natürliche Futteraufnahme bevorzugen, zum anderen aber auch an dem höheren Nährstoffgehalt und dem besseren Geschmack, den Samen immer haben, die noch in der Ähre stecken.

Glanz (auch Spitzsaat und Kanariensaat genannt) wird ebenfalls von vielen Prachtfinken gern genommen. Er ist in verschiedenen Sorten klein- und großkörnig erhältlich. Sein Gehalt an Nährstoffen stimmt mit dem der Hirsesorten weitgehend überein. Es sind vor allem Kohlenhydrate und Proteine, die auch in Grassamen in ähnlicher Zusammensetzung vorhanden sind.

Von vielen Prachtfinken wird ferner Negersaat genommen. Diese ölhaltigen Samen sollten nur in kleinen Mengen verfüttert werden, da sie leicht zu Leberschäden führen können. Sie sind jedoch auch reich an Mineralien. Geschälter Hafer ist nur großen Arten wie Reisfinken und Lauchgrünen Papageiamadinen zu geben. Vorsicht ist wegen Verfettung angebracht. Nackthafer ist wertvoller, da er im Gegensatz zum gedarrten Schälhafer keimfähig ist. Leider ist der Nackthafer nicht immer und überall erhältlich.

Damit die Vögel eine große Futterauswahl haben, sollten wir stets verschiedene Gras- und Wildkrautsamen anbieten, am besten in Form eines guten Waldvogel-Mischfutters. Darin sind unter anderem Mohn-, Salat-, Distel-, Löwenzahn-, Königskerzen-, Wegerich-, Wegwarte-, Fichten-, Kiefernsamen, ferner Hanf und Leinsaat enthalten. Die Vögel suchen sich hiervon in geringer Menge das aus, wonach ihnen gerade verlangt.

Keimfutter einfach zubereitet

Die in der Natur aufgenommenen Samen befinden sich in unterschiedlichen Reifegraden. Nur die Prachtfinken, die in Steppen und Halbwüsten leben, sind während Dürreperioden oft für längere Zeit zur Aufnahme vollreifer, harter Samen gezwungen. Sonst werden vor allem halbreife, milchige Körner bevorzugt. Um unseren Vögeln ständig ein weiches, vitaminreiches Futter geben zu können, müssen wir Keimfutter ständig bereiten. Durch den Keimprozeß werden die Nährstoffe aufgeschlossen, das heißt, leichter verdaubar gemacht. Ferner werden Vitamine entwickelt, die für alle Prachtfinken unentbehrlich sind. Viele Arten ziehen ihre Jungen ohne Keimfutter nicht auf.

Keimfutter kann nach verschiedenen Methoden bereitet werden. Oft sind diese kompliziert und verlangen sehr viel Aufmerksamkeit, da andernfalls das Keimgut säuert und verdirbt. Ich bin nach vielem Ausprobieren zu folgender Bereitungsweise als der einfachsten und sichersten gekommen: In ein Plastiksieb (es gibt sie für jeden Vogelbestand in passender Größe in Haushaltgeschäften) fülle ich die benötigte Futtermenge. Dann hänge ich das Sieb in einen passenden Plastikeimer oder -topf, der soweit mit Wasser gefüllt wird, daß alle Samen davon bedeckt sind. Setze ich das Futter am Abend an, wird es am nächsten Morgen unter kaltem Wasserstrahl kurz aber kräftig durchgespült, danach das Wasser abtropfen gelassen und das Sieb in einen Haushalts-Durchschlag gehängt. So kann von allen Seiten Luft an das Keimgut im Sieb. Da es von der Oberseite abtrocknet, sollte es mehrmals mit einer Gabel im Sieb umgerührt werden. Dann ist es am nächsten Morgen, also nach 36 Stunden, fütterungsfertig. Es braucht auch nicht mehr durchgespült zu werden.

Keimfutter muß frisch aussehen, nicht faulig riechen und ist dann zu verfüttern, wenn die Samen gerade aufgeplatzt sind und die weiße Keimspitze zeigen. Zum Keimen eignet sich ein gutes Exoten-Mischfutter, das keine Zusätze wie Vitaminkapseln oder Biskuitkrümel enthält. Wer seinen Vögeln trocken Einzelsaaten gibt, kann ein gutes Keimfutter aus Senegalhirse, Silberhirse und Glanz zu gleichen Teilen selbst mischen. Da Glanz oft nicht so schnell keimt wie die Hirse, er auch nicht in so hohem Prozentsatz keimfähig ist, kann statt dessen auch Platahirse und Mannahirse als Keimfutter zugemischt werden. Kleinere Prachtfinken bekommen mehr Senegal- und Mannahirse, größere Prachtfinken mehr Silber- und Platahirse.

Grünfutter

An Grünfutter stehen uns Vogelmiere, Löwenzahn, Spinat und Salat zur Verfügung. Salat ist auch im Winter erhältlich, die anderen Grünpflanzen zumeist nicht. Darum bin ich dazu übergegangen, Salat, Gras, Kresse in flachen Blumentöpfen mit Walderde zu ziehen. Die Vögel bekommen die Töpfe mit dem zarten Grün in die Bauer

So bereite ich Keimfutter: Drei verschiedenfarbene Siebe werden in Plastikeimerchen gehängt. Während das Keimgut am 1. Tag ganz mit Wasser bedeckt ist, hängt das Sieb am 2. und 3. Tag nur mit dem unteren Rand ins Wasser. Bei wärmerem Standort genügt es, das Keimgut nur 12 Stunden im Wasser zu belassen und es mit dem Sieb danach luftig in einen Durchschlag zu hängen, also ganz ohne Wasser. Dann kann es nach 36 oder 48 Stunden ausreichend gekeimt sein, um verfüttert zu werden.

So einfach kann Grünfutter, hier Salat, in flachen Blumentöpfen auf Walderde herangezogen werden. Von links nach rechts: frisch gesät, 2, 4 und 6 Tage alt. Ein 5. Topf befindet sich jeweils bei den Vögeln. Im Winter reicht das Tageslicht für ein gutes Gedeihen der Pflanzen nicht aus. Dann muß etwa 30 cm darüber eine Gro-Lux- oder L-Fluora-Leuchtstofflampe angebracht werden.

bzw. Volieren gestellt. So haben sie jederzeit frisches Grün und nehmen außerdem viel Walderde auf. Die Vögel stürzen sich begierig auf beides. Aus diesem Grund und wegen der Vergiftungsgefahr, die bei gekauftem Salat und gesammelter Vogelmiere besteht, verfüttere ich das selbstgezogene Grün ganzjährig. Wer allerdings einen Garten besitzt, kann natürlich Salat, Spinat und Vogelmiere dort anbauen und sie den Vögeln mit Wurzelballen reichen. Dann bleiben die Pflanzen viel länger frisch, als wenn sie gepflückt werden.

Guter Ersatz für Grünfutter sind Obst und Gemüse, die allerdings nicht bei allen Vögeln gleichen Anklang finden. Äpfel, Birnen, Bananen, Orangen, Gurken können in Scheiben in eine Klammer oder auf einen Dorn gesteckt werden. Aufgeweichte Feigen, Rosinen und Datteln werden von manchen Arten gern genommen. Geriebene Möhre, mit Weichfutter flockig vermischt, ist bei einigen Arten ein beliebtes Aufzuchtfutter.

Futterpflanzen

Vom Frühjahr bis zum Spätherbst steht uns eine Reihe heimischer Gräser und Wildkräuter in der Natur zur Verfügung, deren halbreife Samen von allen Prachtfinken heißhungrig aufgenommen und allem anderen Futter vorgezogen werden. Außer den Rispen und Ähren vieler Gräser sind vor allem Vogelmiere, Löwenzahn, Gänsedistel, Kreuzkraut, Hirtentäschel, Breitwegerich, Sauerampfer zu nennen. Von diesen finden wir in den Frühjahrs- und Sommermonaten stets einige in halbreifem Zustand. Bei Löwenzahn und Gänsedistel sollten vor dem Verfüttern die Flughaare an den noch geschlossenen Fruchtständen abgeschnitten werden, da diese sonst im ganzen Raum herumfliegen.

Wer einen Garten besitzt, kann verschiedene Hirsesorten und Glanz aussäen und hat dann im Sommer und Herbst besonders wertvolles und gern genommenes Futter. Wichtig ist, die Anbaufläche rechtzeitig mit einem Netz zu überspannen, da die Samen sonst restlos von den Spatzen weggefressen werden. Bei großem Ernteertrag können die halbreifen Hirsekolben, in Plastikbeutel verpackt, in die Tiefkühltruhe wandern, um dann im Winter und Vorfrühling als vitaminreiche Zukost verfüttert zu werden.

Tierisches Futter

Fast alle Prachtfinken nehmen in kleineren Mengen tierische Nahrung auf. In der Natur sind es kleine Insekten (vor allem Termiten und Ameisen) und Spinnen. Einige wenige Arten leben fast ausschließlich von tierischem Futter, eine große Anzahl von Prachtfinken benötigt dieses Futter zur Aufzucht der Jungen. Unser Angebot an Futtertieren muß sich nach den jeweiligen Bedürfnissen der Vögel richten und so vielseitig wie möglich sein.

Mehlwürmer (die Larven des Mehlkäfers) sind am bekanntesten und am leichtesten erhältlich. Am besten ist es, wenn nur die weißen, frisch gehäuteten Larven („Würmer") und die Puppen zerschnitten verfüttert werden. Dann werden sie gut ausgenutzt und leicht verdaut. Bei gelbbraunen, harten Mehlwürmern, die lebend gereicht werden, „kauen" die Prachtfinken diese meistens nur mangelhaft aus oder schleudern sie nach kurzem Versuch fort. Diese hartschaligen Mehlwürmer sollten mit kochendem Wasser übergossen und mindestens 2 Minuten darin gelassen werden. Schneiden wir sie dann in der Mitte durch, ist ihr Inhalt für die Vögel leicht aufzunehmen. Wer stets nur frisch gehäutete oder abgekochte Mehlwürmer füttert, wird seinen Vögeln damit keinen Schaden zufügen.

Frische Ameisenpuppen sind ein begehrtes und gutes Futter, das jedoch sehr schwer zu beschaffen ist. Für uns kommen nur die kleinen Puppen der verschiedenen Rasenameisen in Frage, da sie am liebsten genommen werden und die Rote Waldameise unter Naturschutz steht. Getrocknete Ameisenpuppen werden von manchen Arten recht gern verzehrt, wenn sie vor dem Verfüttern mit kochendem Wasser übergossen und etwa eine halbe Stunde lang zum Quellen darin gelassen werden.

In letzter Zeit werden oft tiefgefrorene Ameisenpuppen im Fachhandel angeboten. Diese sind so hochwertig wie frische und werden meistens auch ebenso gern von den Vögeln genommen. Eine Gefahr bilden diese Ameisenpuppen, wenn sie zwischendurch einmal auftauen, was beim Versand leicht passieren kann. So haben mehrere mir bekannte Züchter schmerzliche Verluste unter ihren Prachtfinken durch zugeschickte Tiefkühl-Ameisenpuppen zu beklagen gehabt. Dieses Futter zu kaufen kann ich darum nur denen empfehlen, die es schnell bekommen und innerhalb weniger Stunden in ihre eigene Tiefkühltruhe bringen können.

Manche Prachtfinken können nur zur Aufnahme tierischer Nahrung bewegt werden, wenn diese klein ist und sich bewegt. Hier bieten sich die Larven des Getreideschimmelkäfers und die der Kleinen und Großen Wachsmotte an. Beide können leicht gezüchtet werden, die Wachsmotte zu Tausenden aus wenigen Motten. Der riesige Überschuß an Larven sollte in noch jungem Stadium eingefroren werden, da sie sich sonst zur Verpuppung einspinnen. Wesentlich ist, daß die Larven nur auf alten Brutwaben der Bienen gezüchtet werden können, weshalb die Bekanntschaft eines Imkers notwendig ist.

Als kleine züchtbare Futtertiere stehen uns noch Heimchen (Hausgrillen), Essigfliegen (Taufliegen), besonders die stummelflügeligen, Enchyträen, ferner die Maden von Stuben- und Schmeißfliegen zur Verfügung. Die Fliegenmaden können allerdings nur in einer abgelegenen Ecke des Gartens oder in einem Schuppen gezüchtet werden, denn selbst bei einem Ansatz auf einem Kleie-Milch-Hefe-Brei entwickelt sich recht unangenehmer Geruch.

Besonders wertvoll sind Blattläuse und „Wiesenplankton", mit einem Kescher vom Gras abgestreifte kleine Insekten. Da unter den gefangenen Tieren viele kleine Hautflügler und andere flugfähige Insekten sind, können diese nur in Vitrinen, Vogelstuben und gazebespannten Volieren wirkungsvoll verabreicht werden.

Käufliches Lebendfutter, das allerdings nur von wenigen Prachtfinken beachtet wird, sind die den Aquarianern bekannten Tubifex, Roten Mückenlarven und Wasserflöhe. Sie werden in flachen Schalen mit ganz wenig Wasser verabreicht.

Ebenfalls zur tierischen Nahrung zählen hartgekochtes, fein zerdrücktes Ei, käufliches Ei- und (insektenhaltiges) Weichfutter.

Mit „Eierhirse" können Prachtfinken, die sonst kaum tierisches Futter aufnehmen, es aber dringend benötigen (Gouldamadine), dazu überlistet werden. Etwa 150 g geschälte Hirse (aus dem Reformhaus) wird mit einem ganz frischen Eigelb innig verrührt. Dann wird das Gemisch flach auf einem Tablett ausgebreitet und in der Sonne oder auf einer Heizung getrocknet. Die zusammenklebenden Körner können nun leicht auseinandergekrümelt werden. Kühl und trocken gelagert, hält sich die Eierhirse einige Wochen lang. Das der Hirse anhaftende Eigelb ist hervorragende tierische Nahrung.

Weiterhin sollen die als Babynährmittel bekannten „Nektarmil", „Milumil" und ähnlichen Fertigmilch-Produkte nicht unerwähnt bleiben. Sie enthalten etwa je 15 % tierisches Eiweiß und Fett, ferner viele Mineralien. Sie sind perliert etwa in hirsekorngroßen Stückchen erhältlich. Alle meine Vögel nehmen dieses hochwertige Futter „reißend" gern.

Vitamine

Die Prachtfinken finden in ihrer sonnenerfüllten Heimat eine reiche Auswahl an halb- und frischreifen Sämereien, zartem Grün, Knospen und Früchten vor, die alle außerordentlich reich an Vitaminen sind. Höchstens in den Sommermonaten können wir annähernd ihren Vitaminbedarf decken, indem wir täglich Gräser und Wildkräuter mit halbreifen Samen und frisches Grün reichen. Gekaufter Salat und anderes, nicht ganz frisches Grünfutter enthalten längst nicht die Vitamine, die unsere Prachtfinken brauchen, um gesund, widerstandsfähig, lebhaft, zuchtfreudig und fruchtbar zu bleiben. Es ist darum notwendig, den Vögeln täglich kleine Gaben eines Multivitamin-Präparates zukommen zu lassen. Beste Erfahrungen habe ich mit den auf den Vogelorganismus abgestimmten „Federvit" (Fa. K. Claus, 6703 Limburgerhof) und „Jokovin" (Fa. Vogelhof-Joko, 2830 Bassum 3, Ort Bramstedt) gemacht. „Federvit" wird am besten unter das Keim- und Weichfutter gemischt, „Joko-vin" ist wasserlöslich und kann dem Trinkwasser zugefügt werden.

Mineralstoffe und Spurenelemente

Zur Gesunderhaltung müssen wir den Prachtfinken auch Mineralstoffe und Spurenelemente zuführen. In besonderem Maße werden diese Wirk- oder Vitalstoffe zur Feder- und Eibildung benötigt. Damit die Vögel auch wirklich alle Mineralien und

Spurenelemente bekommen, geben wir ihnen ein möglichst vielseitiges Angebot. Die Schalen gekochter Hühnereier werden kleingestoßen gereicht. Von rohen Eiern sollten die Schalen im Backofen erhitzt werden, um zu vermeiden, daß Krankheiten von den Hühnern eingeschleppt werden. Ein käuflicher Vogelgrit enthält oft verschiedene Gesteine, Muschelschalen, verkalkten Seetang, Magenkiesel und andere mineralienreiche Stoffe. Sepiaschalen sind, wenn evtl. noch enthaltenes Salz gut ausgewässert wird, ebenfalls sehr wertvoll. Vitakalk wird von den Vögeln oft heißhungrig genommen, ebenso Laubwalderde, besonders vor dem Eierlegen und während der Jungenaufzucht.

Das Trink- und Badewasser

Das Trinkwasser sollte stets sauber und temperiert gereicht werden. Leitungswasser ist für die Prachtfinken nur dann bekömmlich, wenn es abgekocht oder wenigstens 12 Stunden abgestanden ist. Sonst ist die Aufnahme des Chlors, mit dem unser Trinkwasser keimfrei gehalten werden soll, nicht zu vermeiden. Manche Prachtfinkenfreunde geben ihren Vögeln ständig oder im Wechsel Mineralwasser (ohne Kohlensäure). Damit haben sie einwandfreies Wasser und gleichzeitig einen „Mineralienquell" für ihre Vögel. In Abwechslung kann dem Trinkwasser Honig, Traubenzucker oder Fruchtsaft beigegeben werden.

Viele Prachtfinken baden außerordentlich gern. Das Wasser fürs Bad muß ebenso sauber und keimfrei sein, wie das Trinkwasser, denn vor dem Baden werden fast immer einige Schlucke getrunken. Badet eine größere Vogelzahl im gleichen Wasser, ist es möglichst mehrmals täglich zu erneuern oder nach dem Baden aus der Voliere zu nehmen. Die Übertragung von Krankheiten ist sonst leicht möglich.

Die Zucht

Wir schaffen die Voraussetzungen für die Zucht

Wenn wir unseren Prachtfinken die Pflege, Ernährung und Unterbringung bieten, wie sie in den vorausgegangenen Kapiteln empfohlen wurde, sind die wichtigsten Voraussetzungen für die Zucht bereits erfüllt.

Prachtfinken sind meistens sehr frühreif und zeigen oft schon im Alter von 4–5 Monaten volle Brutbereitschaft und die Fähigkeit, Junge erfolgreich aufzuziehen. Legenot oder schwächliche Junge sind jedoch häufige Erscheinungen bei so frühen Bruten. Wir sollten den Vögeln nicht vor einem Alter von 10–12 Monaten Nistmöglichkeiten bieten.

Manche Arten lassen sich gut in einem Bauer von 80–100 cm Länge züchten. Sie werden darin als Paar, ohne weitere Mitbewohner, untergebracht. Die meisten Prachtfinken eignen sich besser für eine Zucht in Gemeinschaftvolieren. Dort haben sie weit mehr Flugraum, leben dadurch gesünder und zeigen uns viel besser ihr Wesen und Verhalten. Je ein Paar von 2–4 verschiedenen, aber untereinander verträglichen Arten können zusammen eine Voliere beziehen. Es wird für jedes Paar mindestens 1 Kubikmeter Volierenraum gerechnet, bei manchen scheuen oder stürmischen Arten wesentlich mehr.

Wenige Prachtfinken brüten am liebsten in Gesellschaft mit Artgenossen, so die Gouldamadine, auch Gelber-, Braunbrust- und Weißbrust-Schilffink, manche Nonnen und der Reisfink. Sie können, je nach Größe der Volieren, in Gruppen von 2–10 Paaren gehalten und zur Zucht gebracht werden. Solche Volieren können ganz den Bedürfnissen der Art angepaßt und mit Schilf und Ginster oder mit großem Teil Walderde-Boden und „Sozialviertel" ausgestattet werden.

Es gibt einige Prachtfinkenarten (Diamantfink, Gouldamadine, die Grasfinken, Schilffinken, Nonnen und andere), die nicht jeden gegengeschlechtlichen Vogel ihrer Art als Partner annehmen. Sie hegen Sympathien und Antipathien. Geben wir zwei Vögel einer solchen Art in den Zuchtraum, dann ist noch längst nicht sicher, ob sie sich zu einem erfolgreichen Zuchtpaar zusammenfinden werden. Am besten ist es, diese Arten vor der Brutzeit zu mehreren Paaren gemeinsam zu halten, damit sich die Partner finden und aneinander gewöhnen können. Wir merken es ihnen bald an, denn diese Vögel halten innig zusammen und unternehmen alles gemeinsam. Sie werden gute Zuchtvögel.

Nistgelegenheiten und Nistmaterial

Neben passendem Gezweig oder dichten Büschen, die wir auch schon für die Haltung ohne Zuchtabsichten in Bauer oder Voliere eingebracht haben, brauchen die Vögel jetzt Nistgelegenheiten und Nistmaterial. Viele Arten bauen am liebsten freistehende Nester in Gestrüpp, Büsche und Bäume. Ginster, Schilf, Buchsbaum, Lebensbaum, Wacholder, Zwergfichten und -kiefern sind am geeignetsten. Diese Pflanzen können in Kübeln in große Volieren gestellt werden. In kleineren Volieren und Bauern genügt es, sie büschelweise an Wänden oder in Ecken anzubringen. Sehr gern wurden bei mir Heidekrautbüschel als Nistplatz angenommen, die ich oben und unten zusammengebunden und zu einer „Tasche" geformt hatte. Für Bodenbrüter werden dichte Grasbülte in geschützte Ecken der Voliere gestellt.

Vier Nistgelegenheiten für Prachtfinken. Oben links: großer geschlossener Kasten (16 × 16 × 22) mit Einschlupfloch. Oben rechts: ein Kasten aus Korkeneichenrinde für sehr wählerische Arten. Unten links: halboffener Kasten (14 × 14 × 14), der bei den meisten Prachtfinken beliebteste Typ. Unten rechts: geflochtenes Körbchen von 11 cm Durchmesser. Kleinere sind als Nistkörbchen untauglich.

59

Zum Glück nehmen recht viele Prachtfinken künstliche Nistgelegenheiten in Form von Nistkästen und geflochtenen Körbchen an. Manche bevorzugen vorn halboffene Kästen, andere solche mit rundem Einschlupfloch. Den einen sind kleine Kästchen von etwa 12 × 12 × 12 cm recht, andere möchten große Kästen tüchtig voll Nistmaterial bauen, und diese sollten dann 16 × 16 × 16 cm, oder waagerecht 15 × 15 × 20 cm messen. Von den im Handel erhältlichen geflochtenen Körbchen sind die meisten leider zu klein für die Zucht. Sie müssen schon einen Durchmesser von 12 cm haben, sind dann allerdings bei vielen Arten als Kinderstube sehr beliebt.

Für jedes Paar bringen wir mindestens zwei Nistkästen in der Voliere an, damit der Streit um einen besonders beliebten nicht gar zu heftig entbrennt. Sie werden gut verteilt und in verschiedener Höhe aufgehängt, wenn von den meisten Arten auch die in der Nähe der Volierendecke bevorzugt werden. Solange wir nicht wissen, welchen Kastentyp unsere Vögel bevorzugen, werden möglichst verschiedene geboten. In Sträuchern und Büschen können wir flache Draht- oder Bastschalen (wie für Kanarienvögel erhältlich) als Nestunterlagen anbringen.

An Nistmaterial werden von den Prachtfinken je nach Art und Erfahrung vielerlei Gräser angenommen, lange, kurze, harte, weiche, fadenförmige, breitblättrige, frischgrüne, trockene, dunkelbraune, hellgelbe und solche mit Wurzelfasern daran. Kokosfasern, Sisalfasern (Agavefasern), Bast, Moos, Laub, Federn und Haare sind ebenfalls beliebte Nistmaterialien. Einige Arten errichten ihr Nest auf einem Unterbau (vor allem der Gemalte Astrild) und benutzen dafür Kiefernnadeln, kleine Stückchen Ginster- und Nadelbaumzweige, Steinchen, Erdklümpchen und Holzkohlestückchen. Vor der ersten Brut ist es ratsam, den Vögeln ein möglich reichhaltiges Angebot an Baustoffen anzubieten, denn selbst Vögel der gleichen Art bevorzugen Verschiedenes. Bei Nistmaterial-Spezialisten sind deren Wünsche in den Beschreibungen angegeben.

Die Balz

Bald nach der Eingewöhnung im Zuchtraum oder nach Einbringen von Nistgelegenheiten beginnen die Vögel zu balzen. Das Männchen singt viel häufiger, zeigt die Halbbalz oder auch nur ein Auf- und Abwippen auf einem Zweig bzw. auf dem Boden. Bei gutem Beobachten können wir bei völlig gleichgefärbten Partnern jetzt erst mit Sicherheit am unterschiedlichen Balzverhalten Männchen und Weibchen unterscheiden. Während Halbbalz mit Hüpfen und Singen fast immer Kennzeichen des Männchens sind, werden Kopfschütteln, Nicken, gegenseitiges Voreinander-Verbeugen und Umeinander-Tanzen oft von beiden Geschlechtern gezeigt. Bei einigen Papageiamadinen jagt das Männchen sein Weibchen oft wild, von dem jedoch fast immer die Aufforderung dazu ausgeht.

Neben der eigentlichen Balz dient auch das bald zu beobachtende Umhertragen von Nistmaterial und Zeigen eines Nistkastens durch das Männchen zur Festigung ihrer Bande. Das Männchen fliegt dann häufig zu einem von ihm erwählten Nistkasten, schlüft ein und läßt seinen Nestlockruf hören. Gefällt dem Weibchen der Nistplatz, folgt es dem Männchen, und beide sitzen dann oft eine halbe Stunde oder länger im Nistkasten. Mag das Weibchen den Platz nicht, werden vom Männchen andere Nistgelegenheiten „vorgeschlagen". Schließlich kommt es, meistens nach einer intensiven Balz, zum Befliegen. Die Kopulation findet bei den meisten Arten auf einem Ast statt, bei manchen auf dem Boden und bei recht vielen Prachtfinken fast immer im Nest.

Nestbau und Eiablage

Während manche Vögel nur spielerisch oder schleppend und mit längeren Unterbrechungen am Nest bauen, können andere ihr Nest innerhalb 2–3 Tagen fertigstellen. Es wird von einigen Arten sehr unordentlich und locker zusammengefügt, von anderen jedoch kunstvoll, oft dickwandig und mit einer Eingangsröhre versehen. Dann wird sehr viel Nistmaterial verbraucht. Geben wir es nicht in reicher Auswahl und Menge, kommt es vor, daß die Vögel es aus den Nestern ihrer Mitbewohner zupfen und diese dabei zerstören können. Manchmal legt das Weibchen schon das erste Ei, wenn das Nest noch nicht ganz fertig ist. Auch wird meistens nach Ablage des vollständigen Geleges in kleinerem Maße weitergebaut. Das Männchen bringt zur Brutablösung einen Halm oder eine Feder mit, und das oft noch während der ganzen Brutzeit.

Die Eiablage beginnt meistens 3–4 Tage nach der ersten Kopulation. Es wird täglich ein Ei gelegt und nach Ablage des 3. oder 4. Eies zu brüten begonnen. Oft halten sich schon nach Ablage des 1. Eies einer oder beide Partner stundenlang im Nest auf. Es wird dann jedoch noch nicht fest gebrütet.

Das Gelege kann aus 2–9 Eiern bestehen, meist werden es 4–6 sein. Die Brutzeit je nach Art 11–16 Tage, bei der Mehrzahl der Prachtfinken 13–14 Tage. Durch äußere Einflüsse, etwa durch häufige Störungen, kann die Zeit bis zum Schlüpfen der Jungen wesentlich verlängert werden. So sind Zebrafinken noch 24 Tage nach Brutbeginn geschlüpft.

Während der Brut

Recht viele Prachtfinken werden zur Brutzeit besonders scheu und vorsichtig. Das ist ein ganz natürliches Verhalten, denn sie wollen ihr Nest nicht verraten. Auch in unserer Pflege behalten nur wenige Prachtfinken ihre uns sonst vielleicht gezeigte zutrauliche Art bei. Störungen sind auf jeden Fall bei brütenden Vögeln auf das notwendige Minimum zu beschränken. Von Großreinemachen und Nestkontrollen sehen wir selbst bei Arten, die diese nicht verübeln, während der ersten Brut ab, auch wenn unsere Neugierde groß ist. Durch Beobachten ihrer Reaktionen während des Fütterns und anderer notwendiger Handreichungen merken wir bald, was unsere

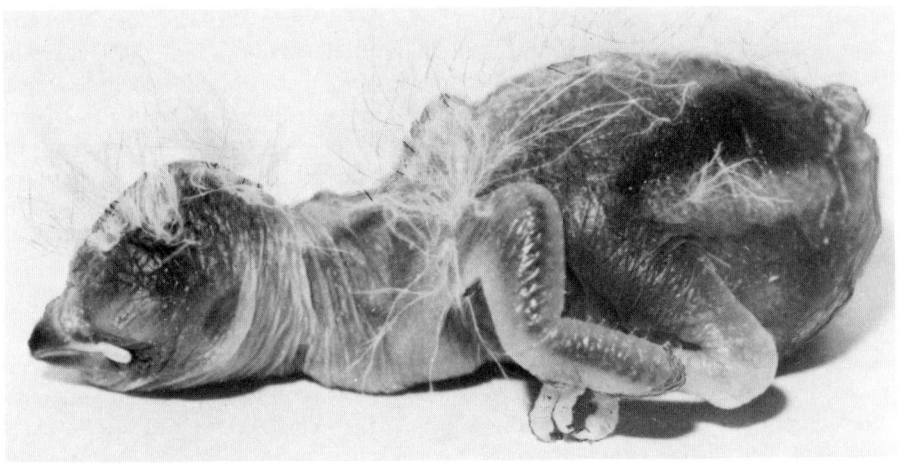

Spitzschwanzamadine, 4 Tage alt.

Vögel „aushalten". Bei sehr vielen Prachtfinken verbieten sich Nestkontrollen und größere Störungen von selbst, denn ein Verlassen des Geleges oder der Jungen wäre die Folge. Es gibt Arten, die schon das Nest verlassen, wenn wir uns ruhig bis auf 2 m nähern. Andere Prachtfinken, nicht nur Japanische Mövchen und Zebrafinken, lassen sich kaum von uns stören, wenn es gilt, ihr Gelege oder die Jungen zu betreuen. So lassen sich meine Spitzschwanzamadinen durch Handbewegungen direkt vor dem Nistkasten-Einschlupf und selbst durch Abnehmen des Kastens von den Haken nicht aus dem Nest bringen. Auch völlige Veränderung der Inneneinrichtung einer kleinen Voliere, Herausfangen einiger Vögel und Dazusetzen anderer konnten ein darin brütendes Gouldamadinen-Pärchen überhaupt nicht aus der Ruhe bringen. Sie zogen ihre Jungen zuverlässig wie immer auf. Solche „Experimente" sollten wir jedoch tunlichst vermeiden. Meine Vögel leben in meinem Arbeitszimmer und haben mich tagein tagaus in ihrer unmittelbaren Nähe. Nestkontrollen nehme ich auch nur dann vor, wenn ich sehe, daß keiner der Altvögel auf dem Gelege oder den Jungen sitzt.

Die Aufrechterhaltung einer bestimmten Temperatur, je nach Art zwischen 18 und 25 °C, bei einigen Arten auch einer Luftfeuchtigkeit von 55–75%, sind für die Entwicklung der Jungen im Ei und für den Schlupf wichtig.

Auf ein langsames, stufenloses Verlöschen des Lichtes (Dämmerungsautomat) oder ein Ausschalten in Stufen ist während der Brutzeit besonders zu achten. Bei plötzlichem Lichtabschalten kann leicht ein Brutweibchen von der Dunkelheit außerhalb des Nestes überrascht werden. Zwar sterben die Embryonen nicht unbedingt gleich ab, wenn die Eier eine Nacht lang unbebrütet bleiben, doch bei einer Wiederholung kann das Gelege verloren sein.

Schlupf und Entwicklung der Jungen

Wenn die winzigen Jungen geschlüpft sind, bleiben sie an den ersten 7–10 Tagen ständig von einem, zeitweise sogar von beiden Eltern bedeckt und werden gewärmt. Dieses „Hudern" ist nötig, denn die Jungen einiger Arten sind zuerst nackt, sonst mit wenigen Daunen auf der Oberseite bedeckt. Während die Jungen vieler Arten fleischfarben sind, besitzen andere eine ganz dunkle, fast schwarze Haut. Manche Junge lassen während der ganzen Nestlingszeit kaum Bettellaute hören, doch bei vielen Arten sind diese schon am 1. oder 2. Tag ganz zart zu vernehmen und werden mit dem Heranwachsen immer lauter und anhaltender. Erst mit 7–10 Tagen brechen die ersten Federkiele durch. Die Augen öffnen sich ebenfalls mit gut einer Woche. Jetzt richten sich die Jungen im Nest so aus, daß sie nebeneinander hocken und ihre Schnäbel zum Einschlupf weisen. Sie lernen ihre Eltern dann auch schon optisch kennen. Denn während sie als blinde Nestlinge unsere berührenden Finger noch anbetteln, weichen sie ihnen nun aus. Sie haben unterscheiden gelernt und drücken sich bei etwas Fremdem ängstlich in die Nestmulde.

Nachdem die Augen geöffnet sind und die Federn zu sprießen beginnen, geht die Entwicklung rapide voran. Mit durchschnittlich 22 Tagen verlassen die Jungen mit gut entwickeltem Gefieder und meistens voll flugfähig das Nest.

Prachtfinken halten ihr Nest nicht sauber. Die Jungen beginnen aber mit dem 4. oder 5. Tag, sich rückwärts an die Nestwände zu schieben und den Kot daran abzusetzen.

Junge Spitzschwanzamadinen, 20 Tage alt, im Nest.

Der klebt und trocknet dort fest. Je größer die Nestlinge werden, desto höher „reichen" sie hinauf, so daß am Ende der Nestlingszeit das Nest fast vollständig von hartem Kot ausgekleidet ist.

Vom Flügge- bis zum Selbständigwerden

Nach dem Ausfliegen kehren die Jungen einiger Arten nicht wieder in das Nest zurück. Sie übernachten auch gleich auf einem Zweig oder in einer Ecke des Volierenbodens. Es ist nun ganz besonders darauf zu achten, daß die Temperatur im Zuchtraum konstant bleibt oder sogar um einige Grade erhöht wird. Haben die Vögel Zugang zu einer Außenvoliere, müssen die gerade flügge gewordenen Jungen unbedingt in den warmen, geschützten Innenraum gebracht werden. Einer kühlen Nacht oder einem Regenschauer fallen sonst viele der Jungen zum Opfer.

Die Jungen der meisten Prachtfinken verlassen das Nest zuerst nur stundenweise und werden für die Fütterungen von den Eltern ins Nest zurückgelockt, ebenso zum Übernachten. Erst im Laufe von Tagen oder Wochen lockert sich die Bindung ans Nest und es wird schließlich auf einem Zweig übernachtet oder in einem anderen Nest, denn eine Reihe von Prachtfinken bleiben ihr Leben lang „Nestschläfer". Diese sind natürlich gegenüber Witterungsunbilden und Temperaturschwankungen weit besser geschützt als die „Astschläfer".

Im Laufe von 1–3 Wochen werden die jungen Prachtfinken selbständig. Sie lernen selbst Futter aufzunehmen, während sie von den Altvögeln allmählich immer seltener gefüttert werden. Bei vielen Arten werden wir nicht umhin können, die Jungen von ihren Eltern zu trennen, sobald sie selbständig sind, da diese sich häufig schon auf die nächste Brut vorbereiten und die Jungen heftig zu jagen beginnen. Wenn die Eltern ihre Jungen jedoch dulden und der Platz es erlaubt, sollten wir sie so lange wie nur möglich zusammen lassen. Je länger die Jungvögel bei den Alten bleiben, desto mehr artspezifisches Verhalten lernen sie kennen und prägt sich ihnen ein. Sie erleben die Balz und Paarung mit, sehen das neue Gelege und vielleicht auch das Füttern ihrer jüngeren Geschwister. Prachtfinken, die so aufwachsen können, werden später gute Zuchtvögel sein.

Die Jugendmauser

Im Alter von 4–8 Wochen färbt sich der schwarze, bei einigen Papageiamadinen gelbe Schnabel um und erhält sein endgültiges Aussehen. Etwa ab der 6. Woche beginnt die Jugendmauser und dauert 4–8 Wochen an. Zuerst färbt das Kleingefieder um, beginnend an Bauch und Unterschwanzdecken und sich in der Reihenfolge Brust, Bürzel, Oberschwanzdecken, Rücken und Flanken fortsetzend. Erst dann werden Schwingen, Flügeldecken und Schwanzfedern gewechselt und zum Schluß das Kopfgefieder.

Die Mauser stellt eine erhöhte Beanspruchung des Stoffwechsels dar. In dieser Zeit sind die Jungvögel besonders empfindlich. Sie müssen es warm haben und vor allem keine plötzlichen Abkühlungen erleben. Diese können eine Unterbrechung oder Verlangsamung der Mauser zur Folge haben. Wir haben es dann mit einer „Stockmauser" zu tun. Auch zu einseitige, gehaltlose Ernährung kann den reibungslosen Ablauf der Mauser gefährden. Mineralien und Spurenelemente in Form von Eierschalen, Grit und Vitakalk sind dann besonders wichtig. Keimfutter, Grünes sowie Zugaben von Vitaminen fördern ein schnelles Durchmausern. Ungefiltertes Sonnenlicht (ohne Fensterscheiben dazwischen) ist für die Mauser von unschätzbarem Wert. Leider können wir den Vögeln dies nicht zu allen Jahreszeiten bieten, oft wegen Platzmangel und ungünstigem Standort überhaupt nicht. Eine helle Beleuchtung in jedem Bauer und in jeder Voliere hilft teils über diesen Mangel hinweg. Am besten für das Wohlbefinden und eine glatt ablaufende Mauser sind Lumilux 11 = Tageslicht oder True-Lite-Lampen, die in der Spektralzusammensetzung dem Sonnenlicht am nächsten kommen.

Eine Bestrahlung mit Höhensonne ist noch besser, doch sollte sie vorsichtig angewandt werden. Für die kleinsten dieser UV-Lampen (80 Watt) sollte ein Mindestabstand von 1 m eingehalten werden und mit täglichen Bestrahlungszeiten von einer Minute begonnen werden. Diese können im Laufe von zwei Monaten auf 8–15 Minuten erhöht werden. Es gibt jedoch auch Geräte, bei denen täglich immer nur 30 Sekunden lang bestrahlt wird und ein Abstand von 2 m und mehr erforderlich ist, darum stets auf die Anleitungen für das betreffende Gerät achten.

Auch Infrarot-Bestrahlungen sind für den mausernden Vogel sehr nützlich. Diese Strahlen fördern die Durchblutung des Gewebes und intensivieren damit auch den Stoffwechsel. Sie regen Federbildung und Federwuchs an und machen den Vogel widerstandsfähiger. Da diese Strahlen völlig unschädlich sind, können sie unbeschränkt angewandt werden. Es ist nur darauf zu achten, daß die Temperatur an der Stelle der Bestrahlung nicht über 30 °C hinausgeht und die Vögel eine Ausweichmöglichkeit haben. Ob Rotlicht oder Dunkelstrahler zum Einsatz kommen, spielt für die Infrarot-Wirkung keine Rolle.

Zur Mischlingszucht

Es werden von näher und auch von weitläufiger verwandten Prachtfinken manchmal Mischlinge gezüchtet. Oft kommt es durch Zufall dazu, dann nämlich, wenn Männchen und Weibchen zweier verschiedenen Arten keine arteigenen Partner haben. Mischlinge werden aber auch absichtlich gezüchtet, und zwar, um den Grad der Verwandtschaft zweier Arten zu erforschen. Hierzu werden viel Zeit und eine Anzahl von Zuchtbauern bzw. Volieren benötigt. Denn nur Paarungen der Mischlinge mit Vögeln beider Elternarten lassen erkennen, ob die Bastarde fruchtbar sind. Das ist oft nicht der Fall. Diese Vögel, keiner Art ganz zugehörig, in ihrem Verhalten und Wesen zerrissen, sind bedauernswert. Die Mischlingszucht sollte daher unterbleiben.

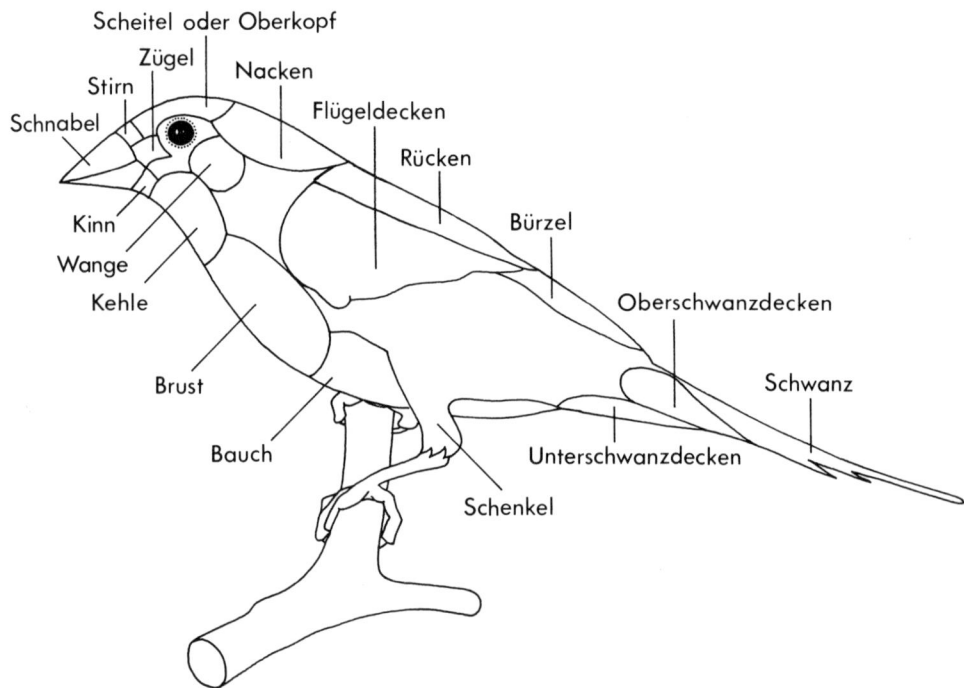

Scheitel oder Oberkopf

Zügel

Stirn

Nacken

Schnabel

Flügeldecken

Rücken

Kinn

Bürzel

Wange

Kehle

Oberschwanzdecken

Brust

Schwanz

Bauch

Unterschwanzdecken

Schenkel

Bezeichnung der Gefiederpartien bei Prachtfinken, hier am Beispiel einer Lauchgrünen Papageiamadine.

Gattungen und Arten

Amadina
Rotkopfamadine
Bandamadine

Pytilia
Auroraastrild
Rotmaskenastrild
Wienerastrild
Buntastrild

Parmoptila
Ameisenpicker

Percnopis
Mantelschwärzling

Nigrita
Zweifarbenschwärzling
Blaßstirnschwärzling
Graunackenschwärzling

Pyrenestes
Karmesinastrild
Purpurastrild
Kleiner Purpurastrild

Crytospiza
Rotmantelastrild
Jacksonastrild
Bergastrild
Salvadoriastrild

Mandingoa
Grüner Tropfenastrild

Nesocharis
Weißwangenastrild
Halsbandastrild
Meisenastrild

Neisna
Grünastrild

Estrilda
Orangebäckchen
Sumpfastrild
Ockerastrild
Anambra-Astrild
Zügelastrild
Jemenastrild
Grauastrild
Wellenastrild

Krimhilda
Nonnenastrild
Kappenastrild

Brunhilda
Elfenastrild
Feenastrild

Glaucestrilda
Cinderella-Schönbürzel
Schwarzschwanz-Schönbürzel
Schönbürzel

Lagonosticta
Schwarzkehlamarant
Larvenamarant
Rosenamarant
Dunkelamarant
Landana-Amarant
Schwarzbauchamarant
Senegalamarant
Pünktchenamarant
Großer Pünktchenamarant

Hypargos
Perlastrild
Roter Tropfenastrild

Spermophaga
Grantsamenknacker
Rotbrustsamenknacker
Rotkopfsamenknacker

Euschistospiza
Schieferastrild
Dybowskis Tropfenastrild

Clytospiza
Monteiroastrild

Granatina
Granatastrild
Veilchenastrild

Uraeginthus
Blauastrild
Schmetterlingsfink
Blaukopfastrild

Stictospiza
Olivastrild

Ortygospiza
Wachtelastrild

Paludipasser
Heuschreckenastrild

Sporaeginthus
Goldbrüstchen

Amandava
Tigerfink

Aegintha
Dornastrild

Zonaeginthus
Feuerschwanzamadine
Rotohramadine

Stagonopleura
Diamantfink

Oreostruthus
Bergamadine

Emblema
Gemalter Astrild

Neochmia
Sonnenastrild

Bathilda
Binsenastrild

Aidemosyne
Zeresamadine

Stizoptera
Ringelastrild

Taeniopygia
Zebrafink

Poephila
Maskenamadine
Gürtelamadine
Spitzschwanzamadine

Reichenowia
Bambuspapageiamadine

Ervthrura
Manila-Papageiamadine
Lauchgrüne Papageiamadine

Amblynura
Forbespapageiamadine
Buntkopf-Papageiamadine
Dreifarbige Papageiamadine
Papua-Papageiamadine
Rotköpfige Papageiamadine
Peales Papageiamadine
Kurzschwanz-Papageiamadine
Königspapageiamadine
Kleinschmidts Papageiamadine

Chloebia
Gouldamadine

Padda
Reisfink
Timor-Reisfink

Heteromunia
Weißbrust-Schilffink

Munia
Dickkopf-Schilffink
Schwarzbrust-Schilffink
Bergschilffink
Höhenschilffink
Braunbrust-Schilffink
Hadesschilffink

Gelber Schilffink
Blaßkopfnonne
Weißkopfnonne
Schildnonne
Schwarzbauchnonne
Dickschnabelnonne
Arfaknonne
Graukopfnonne
Weißscheitelnonne
Hunsteinnonne
Mohrennonne
Forbesnonne
Prachtnonne
Fünffarbennonne

Lonchura
Perlenbronzemännchen
Trauer-Bronzemännchen
Muskatfink
Weißbauch-Bronzemännchen
Wellenbauch-Bronzemännchen
Java-Bronzemännchen
Spitzschwanz-Bronzemännchen
Borneo-Bronzemännchen
Bergbronzemännchen

Lepidopygia
Zwergelsterchen

Spermestes
Kleinelsterchen
Glanzelsterchen
Riesenelsterchen

Odontospiza
Perlhalsamadine

Euodice
Silberschnäbelchen
Malabarfasänchen

Gattung Amadina, Amadinen

Rotkopfamadine *(Amadina erythrocephala)*
Abb. Seite 33

Rassen: A. e. dissita, A. e. erythrocephala
Kennzeichen: 13 cm, Schnabel und Füße hell fleischfarben, Zügel graubraun. Augen dunkelbraun mit hellblauen Lidringen. Kopf, Gesicht, Kinn rot. Rücken, Flügel, Oberschwanzdecken graubraun, Kehle, Brust und Bauchseiten braun, dicht mit großen weißen Flecken bedeckt, von denen jeder schwarz umrandet ist. Bauchmitte weißlich, Unterschwanzdecken mehr grau, mit schwarzen Querstreifen, Schwanz schwarzbraun. Dem Weibchen fehlt das rote Kopfgefieder. Es ist stattdessen graubraun. Junge Männchen haben gleich von Beginn wenigstens teilweise rotes Kopfgefieder. Der Gesang ist ein bauchrednerisches Schnurren und Zwitschern. Der Schnabel wird dabei leicht geöffnet, der Kopf fast ruckartig hin und her gewendet und das Bauchgefieder gesträubt. Rufe sind spatzenhaftes Schilpen.
Herkunft und Lebensweise: Süd-Afrika, nordwärts bis Angola und Natal. Baut nur selten ein eigenes Nest, sondern bezieht die verschiedener Webervögel, besonders Einzelabteile unter den großen Dachbauten der Siedelweber.
Haltung: Wird stets nur in kleiner Zahl angeboten. Ist anfangs etwas empfindlich und sollte bei mindestens 20 °C eingewöhnt werden. Später sehr hart, anspruchslos und ausdauernd. Eignet sich für sehr große Bauer und für Volieren, im Sommer auch für Freivolieren. Ist nicht immer friedlich gegenüber Mitbewohnern.
Zucht: Schreitet bereitwillig zur Brut und zieht die Jungen zuverlässig auf. Bei Beunruhigungen werden Gelege bzw. Junge jedoch leicht verlassen. Kann, ähnlich dem Bandfinken, Eier und Junge anderer Vögel aus den Nestern werfen, das Baumaterial herausreißen oder ein fremdes Nest für sich beanspruchen. Am besten wird diese Art für die Zucht in einem großen Bauer paarweise gehalten.
Ernährung: Siehe Bandfink.

Bandamadine *(Amadina fasciata)*
auch Bandfink genannt
Abb. Seite 34

Rassen: A. f. alexanderi, A. f. candida, A. f. contigua, A. f. fasciata, A. f. furensis, A. f. meridionalis
Kennzeichen: 12 cm, Schnabel und Füße hell fleischfarben. Von Wange zu Wange läuft ein breites rotes Band um die Kehle. Kopf und Nacken schwarzbraun und beige geschuppt. Übriges Gefieder braun, Rücken, Flügel, Brust mehr oder weniger dunkel geschuppt, auf der Brust weiße, schwarzgerandete Flecke. Kastanienbrauner Bauchfleck, schwarzgrauer Schwanz. Augen braun, mit blaßblauen Lidringen. Das Weibchen besitzt kein rotes Kehlband, sondern ist am ganzen Kopf und Hals graubraun

gefärbt. Junge Männchen sind schon im Nistkasten durch rote Federn im Wangen-
und Kehlbereich zu erkennen. Der Gesang ist leise flötend und zwitschernd, wobei der
Vogel sein Gefieder sträubt und Kopf wie Oberkörper hin und her dreht. Die Rufe
sind einfaches Schilpen.

Herkunft und Lebensweise: Südlich der Sahara von West-Afrika bis zum Roten Meer
verbreitet, in Ost-Afrika südwärts bis zum südlichen Tansania. Ferner in Moçambique, Rhodesien, Botswana und Transvaal. Bewohnt Steppen und Wüstenrandgebiete,
aber auch Grasland, Feldränder, Hecken an Wegen und Gärten. Baut sein Nest in
Bäume und Gebüsch, doch bevorzugt der Bandfink alte oder auch bewohnte Weber-
vogel-Nester. Außerhalb der Brutzeit in oft kopfstarken Flügen.

Haltung: Nach der Eingewöhnungszeit sehr hart und ausdauernd. Eignet sich vor
allem für paarweise Unterbringung in sehr großen Bauern oder kleineren Volieren, da
in Gesellschaft mit anderen Prachtfinken meistens unverträglich. Wenn in Brutstimmung, kann er alle anderen Vögel tyrannisieren, zumindest deren Nester, Eier und
Junge vernichten. Es ist seine natürliche Vorliebe für anderer Vögel Nester, die ihn zu
diesen Übergriffen veranlaßt. Selbst in sehr großen, gut bepflanzten Volieren vergreift
er sich meistens an den Nestern der Mitbewohner.

Zucht: Die Vögel dürfen nicht zu jung zur Brut angeregt werden, da das Weibchen
dann oft an Legenot leidet, das Paar die Jungen nicht füttert oder sie aus dem Nest
wirft. Sonst sind Bandfinken zuverlässige Zuchtvögel, die Brut nach Brut großziehen,
lassen wir ihnen Nistgelegenheiten. Es werden gern Nistkästen angenommen, in die
wir schon Nistmaterial zu einem Nest hineingedreht haben, doch sollten zusätzlich
Gräser, Kokos-, Agavefasern, Bast und Federn gereicht werden. Brut und Aufzucht
verlaufen normal.

Ernährung: Neben kleinen auch größere Hirsesorten und Glanz, alles auch gekeimt.
Viel Grünes ist notwendig, wenn erreichbar auch halbreife Grasrispen. Einige frisch
gehäutete und zerschnittene Mehlwürmer, ferner hartgekochtes, fein zerdrücktes Ei,
das mit einem käuflichen Eifutter flockig vermischt wird, sind für die Aufzucht der
Jungen notwendig.

Gattung Pytilia, Streifenastrilde

Auroraastrild *(Pytilia phoenicoptera)*
Abb. Seite 34 und 40

Rassen: P. p. lineata, P. p. phoenicoptera
Kennzeichen: 12 cm, ein insgesamt mausgrau aussehender Vogel, der unterseits eine
weiße Querbänderung aufweist. Äußere Flügeldecken, Handschwingen, Bürzel und
Oberschwanzdecken rot, teils mit braun vermischt. Weibchen an Rücken und Unterschwanzdecken bräunlicher, das Rot auf den Flügeln weniger leuchtend und ausgedehnt. Schnabel schwarz, bei der Rasse Streifenastrild *(Pytilia p. lineata)* rot, Augen

und Füße rotbraun. Junge noch bräunlicher, auch das Rot. Die Querwellung ist weniger markant. Gesang ist abwechslungsreich und hübsch flötend.

Herkunft und Lebensweise: Von West- bis fast Ost-Afrika in einem schmalen Verbreitungsgebiet quer durch Zentral-Afrika. Bewohnt die Trockensteppen und kommt an Feldrändern, Wegen und in Gärten vor. Wenig, außer zur Nahrungsaufnahme, auf dem Boden anzutreffen. Lebt sonst und ernährt sich wie Buntastrild (s. dort).

Haltung: Muß sorgfältig bei mindestens 22 °C eingewöhnt werden, wenn auch nicht ganz so empfindlich wie Buntastrild. Weit weniger angriffslustig als Buntastrild, so daß gut mit anderen Prachtfinken in einer Gemeinschaftsvoliere zu halten.

Zucht: Gelingt am leichtesten von allen Arten der Gattung Streifenastrilde. Die Vögel brüten sehr fest und nehmen Nestkontrollen nicht übel. Die Einzelheiten der Zucht gleichen denen des Buntastrilds fast völlig.

Ernährung: Auch hierin bestehen keine Unterschiede zu der des Buntastrilds.

Rotmaskenastrild *(Pytilia hypogrammica)*
Abb. Seite 34

Kennzeichen: 11 cm, von der Stirn bis zur Kehle einschließlich der Augenumgebung rot, ebenso die Augen. Schnabel scharz. Hinterkopf, Rücken und Flügel bräunlich, äußere Flügeldecken und Handschwingen gelblich. Bürzel und Oberschwanzdecken rot, der Schwanz schwarz mit wenig rot. Unterseits steht auf weißem Grund eine graue Querbänderung. Weibchen fehlt die rote Gesichtsmaske. Junge haben ein bräunlicheres Gefieder, die Querbänderung ist noch undeutlicher. Gesang flötend und trillernd.

Herkunft und Lebensweise: Von Sierra Leone bis Kamerun in schmalem Verbreitungsgebiet entlang der Atlantikküste und ostwärts etwas über die Ostgrenze Kameruns hinweg. Lebt wie Auroraastrild in Gebüschen in halboffenem Kultur-Grasland und in Savannen.

Haltung: Ist einige Male mit anderen Arten der Gattung Streifenastrilde nach Europa gelangt. Wurde meistens für Wienerastrild gehalten, von dem er evtl. auch nur eine Rasse darstellt. In der Haltung wie Buntastrild.

Zucht: Diese Art ist 1973 erstmals von Herrn Gustav Eckl, Schondorf, und 1974 von Herrn Josef Schweers, Krefeld, gezüchtet worden. Danach haben auch andere Liebhaber Zuchterfolge gemeldet. Wichtig ist tierisches Aufzuchtfutter, wie beim Buntastrild beschrieben.

Besonderes: Es gibt eine rotflügelige Mutation dieser Art, die *„lopezi"* genannt wird. Dabei handelt es sich nicht um eine Rasse, denn diese Farbvariante lebt von der gelbflügeligen geographisch nicht getrennt. Es könnte sich bei den rotflügeligen Vögeln auch um in der Natur vorkommende Bastarde zwischen Rotmasken- und Auroraastrild handeln.

72

Tafel 9
Rosenamarant, Rasse Jamesonamarant (s. Seite 103).

Tafel 11 (Oben)
Rotbrust-Samenknacker, links Weibchen, rechts Männchen (s. Seite 110).

Tafel 10 (Linke Seite)
Oben: Schwarzschwanz-Schönbürzel (s. Seite 100). *Unten links:* Elfenastrild (s. Seite 98).
Unten rechts: Senegalamarant (s. Seite 105).

Tafel 13 (Oben) Dybowskis Tropfenastrild, Männchen (s. Seite 112).

Tafel 12 (Linke Seite)
Oben links: Schwarzbauchamarant (s. Seite 105). *Oben rechts:* Weinroter Amarant, Männchen (s. Seite 102). *Unten links:* Perlastrild, Männchen (s. Seite 108). *Unten rechts:* Pünktchenamarant (s. Seite 107).

Tafel 15 (Oben)   Granatastrilde, links Männchen, rechts Weibchen (s. Seite 122).

Tafel 14 (Linke Seite)
Oben links: Schmetterlingsfinken, Pärchen (s. Seite 124). *Oben rechts:* Roter Tropfenastrild, Männchen (s. Seite 109). *Unten links:* Rotkopf-Samenknacker (s. Seite 111). *Unten rechts:* Blaukopf-Schmetterlingsfink, junges Weibchen (s. Seite 126).

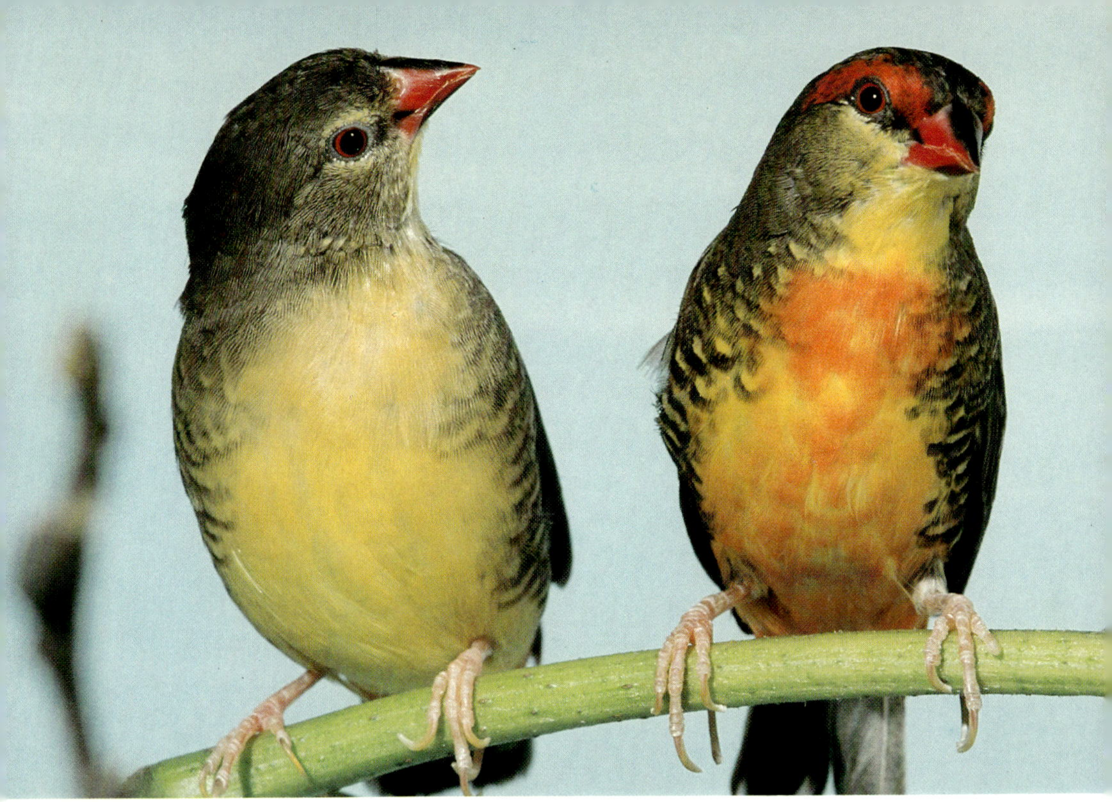
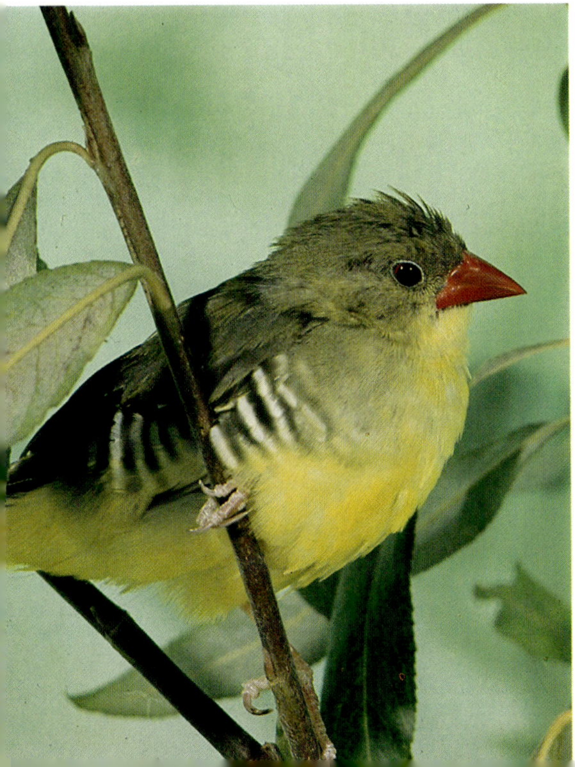
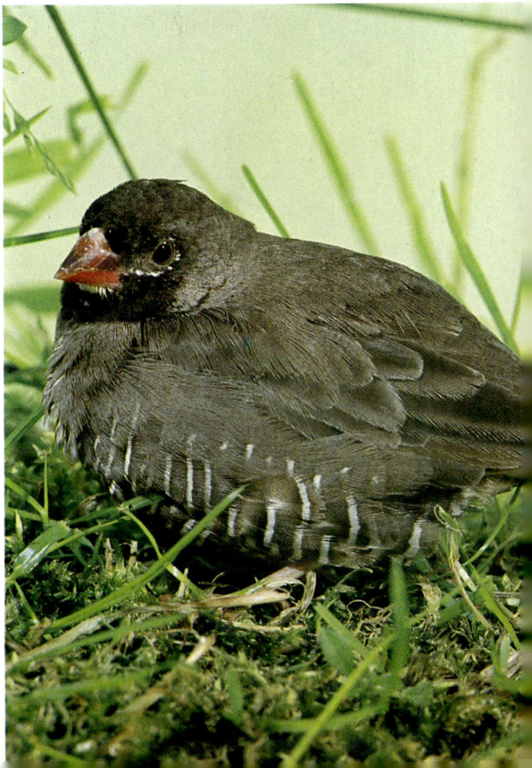

Wienerastrild *(Pytilia afra)*

Kennzeichen: 12 cm, Schnabel, Kopf bis in die Ohrgegend und Kinn rot, Zügel, Kehle und Nacken grau. Rücken und Flügel gelblichbraun, Bürzel und Oberschwanzdecken rot, der schwarzbraune Schwanz mit wenig rot. Vorderbrust dunkel olivgrün, restliche Brust, Bauch und Unterschwanzdecken gelblichweiß und dunkelgrau quergesperbert. Die Augen sind rotbraun, die Füße gelblich fleischfarben. Dem Weibchen fehlt die rote Gesichtsmaske und das Gelbgrün an Brust und Bauch. Jungvögel ähnlich Weibchen, doch bräunlicher.

Herkunft und Lebensweise: Große Gebiete Ost-Afrikas, angrenzende Teile des Kongos und Angolas. Lebt wie die anderen Arten der Gattung Streifenastrilde in halboffener Busch- und Graslandschaft. Meistens paarweise.

Haltung: Wie Buntastrild.

Zucht: Wie beim Buntastrild ist viel animalische Nahrung zu bieten, auch wenn diese Art mehr halbreife und gekeimte Sämereien an die Nestlinge verfüttert.

Buntastrild *(Pytilia melba)*
Abb. Seite 35

2 Rassengruppen:
1. *P. m. affinis, P. m. citerior, P. m. clanceyi, P. m. elegans, P. m. jubaensis, P. m. kirki, P. m. soudanensis*
2. *P. m. belli, P. m. damarensis, P. m. grotei, P. m. hygrophila, P. m. jessei, P. m. melba, P. m. percivali, P. m. thamnophila*

Kennzeichen: 13 cm, Schnabel, Stirn und Kehle rot, bei einigen der vielen Rassen auch die Zügel und die Augenumgebung rot. Sonst Zügel, Wangen, Halsseiten und Nacken grau. Vorderbrust goldgelb bis grünlichgelb, Brust, Bauch und Unterschwanzdecken dunkel braungrau und weiß quergewellt. Flügel, Rücken und Bürzel grünlich mit gelbem oder braunem Ton. Oberschwanzdecken und obere Schwanzfedern rot. Augen rotbraun, Füße graubraun. Beim Weibchen ist das rote Kopfgefieder durch graues ersetzt. Jungvögel sind insgesamt bräunlicher und zeigen auch noch keine Querwellung. Schnabel noch schwarz. Der Gesang ist einer der schönsten und andauerndsten aller Prachtfinken. Er besteht aus flötenden, pfeifenden, trillernden Lauten, die meistens einige Male wiederholt werden. Er wird nicht häufig vorgetragen, aber

Tafel 16
Oben: Goldbrüstchen, Pärchen (s. Seite 129). *Unten links:* Olivastrild (s. Seite 126). *Unten rechts:* Rebhuhnastrild (s. Seite 127).

außer bei der Balz auch bei der Nistplatzwahl gebraucht. Auch das Weibchen singt, wenn auch nicht so ausdauernd und klangreich wie das Männchen.

Herkunft und Lebensweise: Von West-Afrika (Senegal) ostwärts bis ans Rôte Meer, in Ost-Afrika südwärts bis Transvaal und Natal und in Südwest-Afrika und Angola wieder bis an die Westküste vordringend. Der Buntastrild meidet die tropischen Urwaldgebiete und lebt hauptsächlich in buschreichem Gras- und Farmland, an Wegen und Wasserläufen und in Trockensteppen, wo er sich vor allem in Dornbüschen aufhält und in diesen auch brütet. Das Nest wird wenig sorgfältig gebaut und besteht vor allem aus Gräsern und wird mit Federchen gepolstert. Außer von Grassamen ernährt sich der Buntastrild zu einem großen Teil von Insekten und zieht mit diesen auch die Jungen auf.

Haltung: Ist sorgfältig einzugewöhnen, wozu die Haltung in einer mit Versteckmöglichkeiten versehenen Innenvoliere bei über 24°C und ein sehr vielseitiges Futter gehören. Übersteht der Buntastrild das erste Vierteljahr gesund, zeigt er sich fortan recht widerstandsfähig. Er sollte aber nie unter 20°C gehalten werden. Eine Zimmervoliere mit sonnigem Standort (nimmt gern Sonnenbäder) ist für ihn am besten geeignet. Eine Außenvoliere mit dichter Bepflanzung ist nur dann vorteilhaft, wenn jederzeit ein warmer Innenraum aufgesucht werden kann. Leider ist der Buntastrild sehr streitbar. Nicht nur gegen Artgenossen, sondern auch gegen andere Volierenbewohner wird er sehr bösartig. Nur in einer sehr großen Voliere können evtl. entfernt verwandte Prachtfinken gehalten werden. Am besten ist es, Buntastrilde paarweise für sich zu halten, aber nie in einem Bauer.

Zucht: Verläuft selten erfolgreich, wenn die Vögel auch leicht zur Brut schreiten und zuverlässig die Jungen erbrüten. Doch werfen sie diese meistens an deren ersten Lebenstagen aus dem Nest. Wahrscheinlich fehlt ihnen zusagendes Aufzuchtfutter (s. Ernährung). Bei der Balz auf dem Volierenboden hüpfen Männchen und Weibchen umeinander. Das Männchen hält dabei einen Halm im Schnabel und singt. Bei der Nistplatzsuche vibriert das Männchen mit dem Schwanz auf und ab, wie sonst die Prachtfinkenweibchen vor der Begattung. Das Nest wird meistens in dichte Büsche gebaut. Die ersten der 3–4 Eier werden schon abgelegt, wenn das Nest noch nicht fertig ist. Brutzeit, Nestlingsdauer, Selbständigwerden und Jugendmauser wie bei den meisten Prachtfinken üblich.

Ernährung: Ein Gemisch kleiner Hirsesorten und kleinkörnigem Glanz sollte vor allem gekeimt angeboten werden, ferner Kolbenhirse. Solange zu beschaffen, sollten Grasrispen mit halbreifen Samen und Vogelmiere angeboten werden. Von diesem pflanzlichem Futter wird unterschiedlich viel aufgenommen, zeitweise sehr wenig. Darum ist täglich tierische Nahrung notwendig. Nur Mehlwürmer zu verfüttern reicht nicht aus, auch wenn nur frisch gehäutete gegeben werden. Puppen der Wiesenameisen werden besonders gern genommen, sowohl frisch wie tiefgefroren. Die als Wiesenplankton in einem Kescher gefangenen kleinen Insekten und grüne Blattläuse sind sehr begehrt. Enchyträen, Wasserflöhe, Tubifex, Rote Mückenlarven, Wachsmottenlarven und stummelflügelige Essigfliegen werden unterschiedlich gern genommen. Ebenso sind Weichfutter und hartgekochtes Ei nur von einigen Buntastrilden aufgenommen worden. Als Aufzuchtfutter werden nur Ameisenpuppen, ganz kleine, frisch gehäutete Mehlwürmer, kleine Wachsmottenlarven und auch Fliegenmaden voll anerkannt. Ohne diese Nahrung gelingt die Brut kaum.

Gattung Parmoptila, Ameisenpicker

Ameisenpicker *(Parmoptila woodhousei)*

Rassen: P. w. ansorgei, P. w. jamesoni, P. w. rubrifrons, P. w. woodhousei
Kennzeichen: 11 cm, Oberseits grünlichbraun, Unterseite weißlich mit grüngrauen Flecken in Querbinden. Stirn, Scheitel und Nacken braun, an der Stirn mit roten, sonst mit hellbraunen Federspitzen. Wangen, Kinn und Kehle rotbraun. Der sehr schlanke Schnabel ist schwarz, Augen rotbraun, Füße rötlich. Dem Weibchen fehlen die roten Federspitzen an der Stirn. Jungvögel sind unterseits rötlichbraun und matt dunkel quergewellt.
Herkunft und Lebensweise: West-Afrika von Ghana bis zum oberen Kongo und Kassai und bis Nord-Angola. Waldbewohner, lebt von Insekten, vor allem von Ameisen. Ist sehr selten und nur paarweise oder in Familientrupps auf dem Boden und im Gebüsch anzutreffen. Nest aus Laub, Gräsern, Fasern und Moos dicht über dem Boden.
Haltung: Bisher ist nur ein einziges Exemplar 1968 lebend nach Holland gekommen. Wegen einer Verletzung konnte es nicht lange am Leben erhalten werden. Ferner berichtet H. Mitsch 1973 über die Haltung von 6 Ameisenpickern, die leider ebenfalls nach kurzer Zeit eingingen.

Gattung Percnopis, Mantelschwärzlinge

Mantelschwärzling *(Percnopis fusconata)*

Rassen: P. f. fusconata, P. f. uropygialis
Kennzeichen: 11 cm, beide Geschlechter haben vom Schnabel bis zum Hinterkopf, auch die Augen einfassend, eine schwarzblau glänzende Kopfplatte. Nacken und Flügeldecken schwarz, Flügel, Rücken und Bürzel braun, letzterer bis gelblichbraun. Oberschwanzdecken schwarzblau, Schwanz schwarz. Von Kinn und Wangen bis zu den Unterschwanzdecken weiß bis hellgrau. Schnabel schwarz, Augen dunkelbraun, Füße grau. Bei Jungen ist das Kopfgefieder dunkelbraun. Gesang trillernd, am Ende schilpend.
Herkunft und Lebensweise: Afrika von Ghana bis Uganda und Nord-Angola. Lebensweise wie Graunackenschwärzling.
Haltung: Wurde vor rund 40 Jahren einmal nach England eingeführt. Seitdem nicht wieder.

Gattung Nigrita, Schwärzlinge

Zweifarbenschwärzling *(Nigrita bicolor)*

Rassen: N. b. bicolor, N. b. brunnescens
Kennzeichen: 12 cm, oberseits grau bis graubraun, Flügel schwarzbraun, Schwanz schwarz. Zügel und Stirn dunkel rotbraun. Von Kinn und Wangen bis einschließlich Unterschwanzdecken rötlich braun. Schnabel schwarz, Augen rot bis rotbraun, Füße braun. Das Braun der Stirn ist beim Weibchen weniger breit, die Unterseite heller. Jungvögel sind insgesamt graubrauner.
Herkunft und Lebensweise: Afrika, von Sierra Leone bis Nord-Angola und westwärts bis Uganda. Gesang und Ernährung wie beim Graunackenschwäzling, brütet jedoch in Gebüschen und niedrigen Bäumen. Lebt mehr an Waldrändern, auf Lichtungen und in jungem Wald.
Haltung: Wie die anderen Schwärzlinge bisher nur vor Jahrzehnten nach England gekommen, wo sich die Vögel aber nicht lange hielten. 1972 sind einige Zweifarbenschwärzlinge nach Holland gekommen.

Blaßstirnschwärzling *(Nigrita luteifrons)*

Rassen: N. l. alexanderi, N. l. luteifrons
Kennzeichen: 11 cm, Oberseite grau, Flügel, Schwanz und Unterseite schwarz, ebenso der Schnabel. Augen rot, Füße fleischfarben. Das besondere Kennzeichen ist ein blaßes gelbbraunes Stirnband, das beim Weibchen kleiner ist oder ganz fehlt. Unterseits ist das Weibchen dunkel blaugrau, die Augenfarbe gelb. Jungvögel sind ähnlich grau gefärbt. Ruft leise „du".
Herkunft und Lebensweise: West-Afrika von Nigeria bis zum östlichen Kongo/westlichen Uganda und südwärts bis Nord-Angola. Bewohnt Waldgebiete, lebt vor allem von Insekten, Früchten, Beeren. Altvögel lassen stets Gesang hören, bevor sie ins Nest schlüpfen. Sie warten erst das prompt folgende Betteln der Jungen ab. Es ist eine Sicherheitsvorkehrung!
Haltung: Die Ersteinfuhr einiger Vögel erfolgte 1972 nach Holland.

Graunackenschwärzling *(Nigrita canicapilla)*

Rassen: N. c. angolensis, N. c. candida, N. c. emiliae, N. c. diabolica, N. c. sparsimguttata
Kennzeichen: 13 cm, Männchen und Weibchen oberseits düster grau, unterseits fast schwarz. Schnabel, Stirn, Oberkopf schwarz. Weißliche Einfassungen am Schwarz des Kopfes und weiße Flecke an den Schultern. Die Augen sind rot, die Füße dunkel graubraun. Junge düster graubraun. Der Gesang besteht aus einer Reihe langgezogener Pfeiflaute.

Herkunft und Lebensweise: Afrika, von Sierra Leone im Westen bis zum Süd-Sudan im Osten und Tansania und Nord-Angola im Süden. Bewohnt Wälder, oft auch im Hochland, brütet meistens hoch in Baumwipfeln. Außer Insekten, Früchten und Sämereien bilden die Schalen der Ölpalmenfrüchte ihre Nahrung, wie auch die aller anderen Vertreter der Gattung Schwärzlinge.

Haltung: Wurde zweimal im Londoner Zoologischen Garten für sehr kurze Zeit am Leben gehalten, zuletzt vor 25 Jahren. Ab 1974 mehrfach eingeführt und erfolgreich gehalten.

Gattung Pyrenestes, Purpurastrilde

Karmesinastrild *(Pyrenestes sanguineus)*
Abb. Seite 37

Rassen: P. s. coccineus, P. s. sanguineus
Kennzeichen: 14 cm, Kopf, Nacken, Kehle, Brust, Oberschwanzdecken, mittlere Schwanzfedern und teils die Flanken rot, sonst grünlich rotbraun gefärbt. Schnabel sehr stark und breit, von blaugrauer Färbung. Augen schwarzbraun, von einem fast weißen Lidring eingefaßt, Füße dunkelbraun. Das Weibchen hat nur die vordere Gesichtshälfte, die Kehle und die mittleren Schwanzfedern rot gefärbt. Das restliche Gefieder ist grünlich rotbraun. Die Jungen sind schlicht rotbräunlich gefärbt. Nur die Schwanz- und Oberschwanzfedern zeigen schon etwas Rot. Der Schnabel ist grauschwarz. Als Warnruf läßt er ein lautes „schack" hören. Gesang laut flötend „tatüdlatüla". Das Weibchen singt „tütlatüttüt".

Herkunft und Lebensweise: West-Afrika von Gambia bis zur Elfenbeinküste. Lebt in Sümpfen, Lagunen an der Küste und an den Ufern von Binnengewässern in Gebüsch und Schilf. Hat einen hohen Balzflug, bei dem das Männchen hinter dem Weibchen her fliegt und singt. Baut ein großes Nest in dichtes Gebüsch und nimmt als Baumaterial breite Gras- und Schilfblätter sowie Schilfhalme. Polstert es mit weichen Fasern und Gräsern aus. Ernährt sich von großen, harten Grassamen, auch von Reis.

Haltung: Wurde in letzter Zeit mehrmals angeboten, vor allem in Holland, doch auch von deutschen Importeuren. Da recht stürmisch, ist eine Unterbringung in einer großen, möglichst dicht mit Pflanzen ausgestatteten Voliere ratsam. Die Nahrung sollte auf einem recht hoch angebrachten Futtertisch geboten werden, da die Vögel nicht gern auf den Boden kommen.

Zucht: Ist 1976 Herrn Hubert Fritz, Saarlouis, erstmals gelungen.
Ernährung: Vor allem Silberhirse und Glanz, auch gekeimt. Gern werden auch Mehlwürmer und ein gutes, insektenhaltiges Weichfutter genommen. Genaues ist über den Nahrungsbedarf dieser und der verwandten Arten nicht gekannt, weshalb ein möglichst reichhaltiges Futter geboten werden sollte. In der Eingewöhnungszeit hilft Honigwasser mit dem Zusatz eines Antibiotikums (vom Tierarzt) gegen die sonst häufigen und gefährlichen bakteriellen Darminfektionen.

Purpurastrild *(Pyrenestes ostrinus)*
Abb. Seite 36

Rassen: P. o. frommi, P. o. ostrinus, P. o. rothschildi
Kennzeichen: 13 cm, wie Karmesinastrild, nur sind dessen braune Gefiederpartien
beim Purpurastrild schwarz. Die Weibchen dieser beiden Arten gleichen sich so sehr,
daß sie kaum zu unterscheiden sind. Der Schnabel kann recht unterschiedlich stark
sein.
Herkunft und Lebensweise: In West-Afrika von der Elfenbeinküste bis Nord-Angola,
ostwärts bis zum Süden des Sudans und durch das Kongogebiet bis Tansania. Bevorzugt wie die beiden anderen Arten dieser Gattung als Lebensraum dichtes Gebüsch an
Urwaldlichtungen und -rändern sowie Gras- und Schilfbestände in Gewässernähe
oder in Sümpfen. Ernährt sich vor allem von großen, harten Grassamen.
Haltung: Wurde nur selten, in letzter Zeit etwas häufiger, auf dem Vogelmarkt ange-
boten. Ist nicht zu schwer einzugewöhnen und vor allem für eine Voliere mit viel
Deckung geeignet.
Zucht: Ist noch nicht gelungen.
Ernährung: Siehe Karmesinastrild.

Kleiner Purpurastrild *(Pyrenestes minor)*

Kennzeichen: 14 cm, Gesicht, Stirn, Kehle, Vorderbrust, Oberschwanzdecken und
mittlere Schwanzfedern rot, übriges Gefieder dunkel grünlichbraun. Schnabel
schwarz, Augen und Füße braun. Das Weibchen hat nur die vordere Gesichtshälfte
und in geringerer Ausdehnung die Kehle rot. Übriges Gefieder wie beim Männchen.
Herkunft und Lebensweise: Ost-Afrika von Tansania bis Moçambique. Lebt an den
Rändern und auf Lichtungen der Bergwälder und in halboffener Graslandschaft, gern
in der Nähe von Gewässern.
Haltung: Gelangte 1966 erstmals nach Europa, und zwar in die Schweiz und nach
Deutschland.

Gattung Cryptospiza, Bergastrilde

Rotmantelastrild *(Cryptospiza shelleyi)*
auch Shelleys Bergastrild genannt

Kennzeichen: 14 cm, vom Kopf bis zum schwarzen Schwanz rot, Flügel und Unterschwanzdecken schwarzbraun. Vom Kinn bis zu den Unterschwanzdecken gelbgrün.
Der Schnabel ist im Gegensatz zu denen der anderen Bergastrilde rot, sehr groß und
bauchig. Die Augen sind dunkelbraun, ebenso die Füße. Das Weibchen hat statt Rot
ein dunkles Grüngelb am Kopf.

Jacksonastrild *(Cryptospiza jacksoni)*
auch Jacksons Bergastrild genannt

Kennzeichen: 12 cm, Stirn und Kopfseiten rot, ebenso Rücken, Bürzel, Oberschwanz-decken und die Flanken. Übriges Gefieder dunkelgrau bis schwarz (Flügel und Schwanz). Auch der Schnabel ist schwarz. Die Augen sind dunkelbraun, ebenso die Füße. Weibchen zeigt nicht so viel Rot am Kopfgefieder, Jungvögel sogar keines. Sind allgemein bräunlicher.
Herkunft und Lebensweise: Zentrales Afrika. Lebt, wie sein Name sagt, im Hochland bis über 3000 m. Als Bergwaldbewohner ist er meisenhaft flink und gewandt. Zur Nahrungssuche in Grasbeständen der Waldränder und Lichtungen, wo er Grassamen, Kerb- und Weichtiere aufnimmt.
Haltung: Bisher nur selten nach Europa gekommen. In der Voliere mit dichtem Pflanzenwuchs fühlen sie sich wohl und sind dann wenig scheu.
Zucht: Ist bisher noch nicht gezüchtet worden. Eine Halmbalz wurde beobachtet.
Ernährung: Nimmt kaum trockenes Körnerfutter an. Die Hirse muß stets gekeimt gereicht werden. Solange erhältlich sollten frische Grasrispen gegeben werden, ebenso Vogelmiere. Vor allem sind Insekten nötig. Ameisenpuppen, Mehlwürmer, Essigflie-gen wurden angenommen, ebenso ein Weichfutter, das viele Insekten enthält.

Bergastrild *(Cryptospiza reichenovii)*
auch Reichenows Bergastrild genannt
Abb. Seite 36

Rassen: C. r. australis, C. r. reichenovii
Kennzeichen: 12 cm, Schnabel schwarz, Zügel und Augenumgebung rot, auch Rük-ken, Flügeldecken, Bürzel, Oberschwanzdecken und Flanken. Übriges Gefieder grau-grüngelblich, am hellsten an der Kehle. Augen dunkelbraun mit blaßrotem Lidring, Füße schwarzbraun. Beim Weibchen ist die Augenumgebung nicht rot, sondern gelb-lichgrün. Jungvögel bräunlicher grün, auch auf dem Rücken. Nur die Oberschwanz-decken zeigen schon rote Färbung. Gesang zirpend und flötend.
Herkunft und Lebensweise: Kamerun bis Nord-Angola, östlicher Kongo, Uganda, Tansania und nördliches Moçambique. Bis über 2000 m Höhe in den Bergwäldern. Meistens in dichtem Gestrüpp und in Dornbüschen, in denen er auch sein Nest errichtet.
Haltung: Ist als Bergvogel nicht sehr kälteempfindlich, so daß er vom Frühjahr bis zum Herbst in einer Außenvoliere gehalten werden kann, wenn jederzeit ein mäßig warmer (18–20 °C) Innenraum aufgesucht werden kann. Wird bald zutraulich und ist anderen Prachtfinken gegenüber friedlich.
Zucht: Ist schon gelungen. Das Nest wird aus Gräsern und Kokosfasern in dichte Büsche gebaut. Männchen zeigt Halmbalz.

Ernährung: Neben einem trockenen auch gekeimtes Körnerfutter sowie gekeimte Kolbenhirse und gekeimten Nackthafer anbieten. Grünes wie Salat und Vogelmiere wird gern genommen. Sehr wichtig ist tierische Nahrung, besonders zur Aufzucht der Jungen. Es sollte so reichhaltig wie möglich angeboten werden, siehe darum das beim Buntastrild aufgezählte.

Salvadoriastrild *(Cryptospiza salvadorii)*
auch Salvadoris Bergastrild genannt
Abb. Seite 38

Rassen: C. s. kilimensis, C. s. ruwenzori, C. s. salvadorii
Kennzeichen: 12 cm, wie Reichenows Bergastrild, doch ohne rote Gesichtzeichnung. Insgesamt bräunlicher. Balzruf „zick", Gesang zwitschernd.
Herkunft und Lebensweise: Ost-Afrika von Äthiopien bis zum Osten des Kongos und dem Norden Tansanias. Lebt bis in noch höhere Berglagen als der Reichenows Bergastrild. Sonst wie die anderen Vertreter der Gattung Bergastrilde.
Haltung: In einer dicht bepflanzten Voliere halten sich die Vögel gern versteckt im Gezweig auf. Sie verlieren dort schnell ihre anfängliche Scheu und werden recht vertraut. Sie sind Mitbewohnern der Voliere gegenüber stets friedlich.
Zucht: Schon gelungen. Das Nest wurde in dichtes Gebüsch gebaut. Die Balz ist eine typische Halmbalz, wobei das Männchen einen langen Grasstengel an einem Ende im Schnabel hält.
Ernährung: Wie Reichenows Bergastrild.

Gattung Mandingoa, Glöckchenastrilde

Grüner Tropfenastrild *(Mandingoa nitidula)*
Abb. Seite 36 und 39

Rassen: M. n. chubbi, M. n. nitidula, M. n. schlegeli, M. n. virginiae
Vier Rassen, von denen besonders der west-afrikanische Schlegels Grüner Tropfenastrild *(Mandingoa n. schlegeli)* in Liebhaberkreisen bekannt wurde.
Kennzeichen: 10 cm, vom Kopf bis zum Schwanz moosgrün, Bürzel und Oberschwanzdecken hellrot bis orange, bei einigen Rassen auch auf dem Rücken viel Rot. Zügel, Kinn und vordere Gesichtshälfte rot, oft auch Kehle und Vorderbrust rot überhaucht. Hintere Brust und Bauch schwarz mit vielen kleinen weißen Tropfenflecken. Schnabel bis auf die rote Spitze schwarz, Augen dunkelbraun, Füße rötlich graubraun. Beim Weibchen fehlt die rote Gesichtsfärbung oder ist nur angedeutet da. Das Bauchgefieder ist grauschwarz mit Tropfenflecken, bei Jungvögeln ohne Tropfenflecken und grünlicher. Der Gesang besteht aus Trillern und Pfeiflauten. Nur das Männchen singt.

Herkunft und Lebensweise: Von Guinea und Angola im Westen erstreckt sich das Verbreitungsgebiet bis zum Süden Äthiopiens und von dort bis in den äußersten Süden Ost-Afrikas. Die Lebensgebiete sind nicht zusammenhängend, sondern auf die bewaldeten Teile beschränkt. Dort bewohnt der Grüne Tropfenastrild die Waldränder und Lichtungen und hält sich in Büschen und Grasdickichten auf. Auch im Bergwald und Hochland anzutreffen. Lebt von Sämereien, Grünem und Insekten.

Haltung: Sehr schwer einzugewöhnen. Braucht zuerst Temperaturen von 22–25 °C und ständig eine Vielfalt tierischer Nahrung. Später reicht eine Temperatur von etwa 20 °C, und die Vögel können bei günstiger Witterung auch in eine Außenvoliere. Die Haltung in einer mit Büschen ausgestatteten Zimmervoliere ist am günstigsten. Kann auch gut mit anderen Prachtfinken zusammen gehalten werden, da sehr friedlich. Für ein Pärchen reicht auch ein großes Bauer aus, zumal die Grünen Tropfenastrilde sehr vertraut werden.

Zucht: Ist in letzter Zeit mehrfach gelungen. Die typische Halmbalz wird auf einem Ast vorgetragen. Als Nistmaterial dienen alle möglichen Fasern und Gräser, und das Nest wird in Büsche oder halboffene Nistkästen gebaut. Die Jungen schlüpfen schon nach 12 oder 13 Tagen und verlassen mit 21 Tagen das Nest, in dem sie jedoch nachts weiterhin schlafen. Schon nach 7 bis 10 Tagen selbständig.

Ernährung: Neben Hirsemischfutter und Kolbenhirse, alles möglichst auch gekeimt, sollen viele halbreife Sämereien von Gräsern und Vogelmiere gereicht werden. Tierische Nahrung ist reichhaltig anzubieten (siehe Buntastrild). Der grüne Tropfenastrild nimmt außerdem Ameisen, und zwar am liebsten geflügelte, die im Sommer oft massenhaft zu finden sind.

Gattung Nesocharis, Meisenastrilde

Weißwangenastrild *(Nesocharis capistrata)*

Kennzeichen: 12 cm, weiße Wangen und Stirn geben dieser Art ihren Namen. Das Weiß ist von einem schmalen schwarzen Band eingefaßt, das in die schwarze Kinn- und Kehlpartie mündet. Der Schnabel ist ebenfalls schwarz. Scheitel und Nacken grau, Rücken und übrige Oberseite sowie die Flanken sind gelblichgrün. Unterseite grau, zur Mitte hin braungrau. Jungvögel haben graue Wangen.

Herkunft und Lebensweise: West- und Zentral-Afrika. Lebt in halboffener Landschaft an Gewässern und in Savannen. Samen, Früchte und kleine Kerb- und Weichtiere bilden seine Nahrung.

Haltung: Soll 1971 erstmals nach Holland gelangt sein, 1977 nachweislich nach Deutschland.

Halsbandastrild *(Nesocharis ansorgei)*

Kennzeichen: 10 cm. Von Schnabelspitze bis Hinterkopf und Kehle schwarz. Ein weißes Nackenband trennt das schwarze Kopfgefieder vom blaugrauen Nackengefieder. Am Hals ist das Band breiter und setzt sich hübsch gegen die grünlichgelbe Brust ab. Rücken, Flügel, Bürzel und Oberschwanzdecken olivgrün, Schwanz schwarz, Bauch und Unterschwanzdecken blaugrau, bei Weibchen und Jungvögeln auch die Brust. Augen dunkelbraun, Füße bräunlichschwarz. Der Gesang ist ganz leises Trillern und Zwitschern.

Herkunft und Lebensweise: Der Halsbandastrild bewohnt das nördliche Kongo bis Uganda. Bevorzugt offene Gelände im Flach- wie im Bergland. Gern in der Nähe von Gewässern, von Wegen und Waldrändern. Er ernährt sich hauptsächlich von feinen Sämereien. Brütet zumeist in Webernestern, die nach eigenen Bedürfnissen mit feinen pflanzlichen Stoffen ausgepolstert werden.

Haltung: Über eine Einfuhr ist nichts bekannt geworden. Der Meisenastrild, der evtl. eine Rasse des Halsbandastrilds ist, wurde dagegen schon einige Male nach Europa gebracht.

Meisenastrild *(Nesocharis shelleyi)*

Rassen: N. s. bansoensis, N. s. shelleyi
Kennzeichen: 8 cm. Schnabel, Kopf und Kehle schwarz. Breites graues Nackenband. Rücken und Flügeldecken olivgelbgrün. Bürzel und Oberschwanzdecken orangegelb *(N. s. shelleyi)* bzw. goldgelb *(N. s. bansoensis)*. Schwingen schwarz mit gelbgrünen Säumen. Auch der Schwanz ist schwarz. Die Brust ist organgegelb bzw. goldgelb, Bauch und Unterschwanzdecken sind dunkel blaugrau. Augen schwarz, Füße braun. Beim Weibchen ist auch die Brust blaugrau, gesamte Unterseite jedoch heller als beim Männchen. Rufe und Gesang ganz feines Zwitschern.

Herkunft und Lebensweise: Die Rasse *N. s. shelleyi* kommt auf Fernando Po und am Kamerunberg vor, die Rasse *N. s. bansoensis* im Bamenda-Banso-Hochland und im Manenguba-Gebirge. Bewohnt die Wälder und Waldränder zwischen 1200 und 2200 m Höhe. Ist meistens in kleinen Flügen anzutreffen. Ernährt sich von kleinen Sämereien und von Insekten. Zur Brut wird vielfach ein verlassenes Nest von Webervögeln oder Nektarvögeln angenommen und ausgebaut.

Haltung: Der Meisenastrild wurde erstmals 1929 nach Deutschland gebracht, dann erst wieder seit 1971 in wenigen Exemplaren nach Holland. Braucht zum Wohlbefinden Wärme, hohe Luftfeuchtigkeit und eine mit dichten Pflanzen ausgestattete Voliere. Turnt sehr geschickt im Gezweig und hält engen Kontakt mit Artgenossen.

Gattung Neisna, Grünastrilde

Grünastrild *(Neisna melanotis)*
auch Gelbbauchastrild genannt
Abb. Seite 38

Rassen: N. *m. bocagei* Angola-Schwarzbäckchen, N. *m. kilimensis* Grünastrild, N. *m. melanotis* Schwarzbäckchen, N. *m. quartinia* Gelbbauchastrild
Kennzeichen: 9,5 cm, Kopf, Nacken und Brust grau, Rücken und Flügel olivgrün, Bürzel und Oberschwanzdecken rot, Schwanz schwarz, Bauch und Unterschwanzdecken gelb. Der Oberschnabel ist schwarz, der Unterschnabel hellrot, die Augen sind dunkelbraun, die Füße schwarz. Die Rassen weichen in folgenden Merkmalen voneinander ab: Das Schwarzbäckchen hat schwarze Wangenflecke, die sich unter dem Kinn in einem breiten Streifen vereinigen. Das Bauchgefieder ist graugelblich, der Rücken gelblichbraun. Bei der Rasse Angola-Schwarzbäckchen ist das Rückengefieder grüner, der Bauch gelber. Rücken und Brust sind fein quergewellt. Beim Grünastrild ist die Oberseite von kräftigem, reinem Olivgrün, der Bauch hell bräunlichgelb, Wangen und Kinn sind nicht schwarz, sondern hellgrau bzw. weißlich. Auch der Gelbbauchastrild hat helle Wangen und weißliches Kinn, hellgrauen Oberkopf und ein leuchtend gelbes Bauchgefieder. Die Weibchen aller 4 Rassen haben hellgraue Wangen, weißliches Kinn und allgemein etwas mattere Farben. Bei den ebenfalls recht matt gefärbten Jungvögeln ist auch der Unterschnabel schwarz. Die fast ständig zu hörenden Kontaktrufe sind hoch und klingen wie „sih" oder „sri". Der Gesang ist leises Dahinwispern. Warnt scharf „tirr".
Gesang: Ti-ti-ti-ti-tütüuih.
Herkunft und Lebensweise: Die Rasse Gelbbauchastrild lebt in Äthiopien und dem Südosten des Sudans. Der Grünastrild bewohnt große Gebiete Ost-Afrikas, das Schwarzbäckchen kommt aus Süd- und Südost-Afrika und das Angola-Schwarzbäckchen ist in den Hochländern Angolas und des südwestlichen Kongos beheimatet. Alle Rassen lieben die Bergwaldränder, die Lichtungen und dichten Gebüsche. Auch in Weghecken und Gärten. Baut das Nest aus weichen Gräsern in Gebüsch. Lebt von Grassamen und kleineren Insekten.
Haltung: Eignet sich sehr gut für die Haltung im Bauer wie in der Voliere. Ist lebhaft, munter, bald sehr zutraulich und stets friedlich gegenüber anderen Prachtfinken. Auch macht die Eingewöhnung wenig Schwierigkeiten, da sehr genügsam und auch nicht so wärmebedürftig. Badet leidenschaftlich gern.
Zucht: Ist bisher wenige Male gelungen. Eine große, gut mit dichten Pflanzen ausgestattete Voliere ist dafür notwendig. Der Brutverlauf ähnelt dem der Arten der Gattung Estrilda. Wie sie, ist auch der Gelbbauchastrild gegenüber Störungen am Nest und Nestkontrollen recht empfindlich und verläßt leicht Gelege und Junge. Meistens wird das Nest in dichtes Gebüsch gebaut, jedoch auch in Körbchen und Kästen.
Ernährung: Kleine Sämereien, und zwar außer Hirse auch halbreife von Vogelmiere, Gräsern, Löwenzahn und anderen Wildkräutern. Gekeimte Kolbenhirse wird eben-

falls gern angenommen. Tierische Nahrung ist stets zu bieten, zur Aufzucht der Jungen in größeren Mengen. Ein reichhaltiges Angebot (siehe Grauastrild) ist nötig, da die Jungen sonst nicht gefüttert werden. Alles Futter sollte auf einem Futtertisch etwas erhöht angeboten werden, da diese Art ungern auf den Boden kommt.

Gattung Estrilda, Astrilde

Orangebäckchen *(Estrilda melpoda)*
Abb. Seite 38

Rassen: E. m. fucata, E. m. melpoda, E. m. tschadensis
Kennzeichen: 10 cm, Rücken, Flügeldecken und Flügel braun, Stirn, Oberkopf und Nacken grau, Wangen orange, Bürzel und Oberschwanzdecken dunkelrot, Unterschwanzdecken weißlich, Schwanz schwarz. Kehle hellgrau, Brust und Bauch etwas dunkler grau, Bauchmitte orangegelblich, Schnabel rot, Augen braun, Füße graubraun. Beide Geschlechter gleich gefärbt, Weibchen etwas matter, Schwanz meistens weniger lang. Jungvögel matter, Kopf braun, Schnabel schwarz. Männchen und Weibchen singen, ersteres lauter zirpend zwitschernd.
Herkunft und Lebensweise: West-Afrika von Senegal bis Angola, auf Puerto Rico schon vor 100 Jahren durch den Menschen heimisch gemacht, in neuerer Zeit auch auf der hawaiischen Insel Oahu. Lebt in lichten Waldgebieten und an Wald- und Feldrändern, auch in Gärten. Hält sich viel auf dem Boden auf, wo es auch in Grasbulte und niedrigem Gebüsch sein rundes Nest baut, das eine längere, enge Eingangsröhre und meistens obenauf ein „Dachnest" erhält. Außerhalb der Brutzeit in kleinen Gruppen unterwegs.
Haltung: Eine der am häufigsten eingeführten afrikanischen Prachtfinkenarten. Ist friedlich, ausdauernd und immer lebhaft. Auch dem Anfänger sehr zu empfehlen, da recht leicht einzugewöhnen. Braucht anfangs allerdings über 20 °C Wärme, später mindestens 18 °C, was bei der Haltung in Innenvolieren leicht zu bieten ist.
Zucht: Schon öfter gelungen, jedoch nicht leicht, da die Vögel bei selbst geringen Anlässen das Nest sofort verlassen. Sogar durch friedlichste Mitbewohner lassen sie sich leicht stören. In einer großen, mit vielen Pflanzen ausgestatteten Innenvoliere und geringer Besetzung am leichtesten Erfolge zu erzielen. Das Orangebäckchen baut das Nest bevorzugt in Grasbulte, Buchsbaum, Zwergfichte und andere dichte Büsche direkt über dem Boden. Nistkörbchen werden seltener angenommen. Nistmaterial vor allem Kokosfasern. Brutdauer 12 Tage, die Jungen verlassen mit 21 Tagen das Nest, werden noch 14 Tage lang zum Schlafen ins Brutnest geführt.
Ernährung: Wie beim Grauastrild, ebenfalls tierisches Futter nötig, besonders zur Aufzucht der Jungen.

Sumpfastrild *(Estrilda paludicola)*
Abb. Seite 40

Rassen: E. p. benguellensis, E. p. marwitzi, E. p. paludicola, E. p. roseicrissa, E. p. ruthae
Kennzeichen: 11 cm, Stirn, Oberkopf und Nacken grau, Rücken und Flügel von rötlichem, warmem Braun. Unterseite mit Kinn und Wangen hellgrau, zur Bauchmitte hin weißlichgelb. Schnabel, Oberschwanzdecken und hintere Bauchseiten rot. Schwanz schwarz, mit weißen Außensäumen, Augen und Füße braun. Beim Weibchen ist das Rot der Flanken und Oberschwanzdecken weniger leuchtend. Jungvögel sind grauer gefärbt und haben einen schwarzen Schnabel. Rufe sehr verschiedene Schilp- und Flötlaute, die sich etwas gequetscht anhören. Der Gesang ist ein hartes Zwitschern.
Herkunft und Lebensweise: Vom Süden des Sudan durch Nordost-Zaire, Uganda, West-Kenia, West-Tansania bis Sambia und Angola. Weiterhin vereinzelte Vorkommen am Mittellauf des Kongo. Sein bevorzugter Lebensraum sind Sümpfe und die Ufer von Gewässern, wo er im Schilf, Gras und Gebüsch zuhause ist. Sein Nest errichtet er auf dem Boden. Es ähnelt dem des Grauastrilds. Außerhalb der Brutzeit manchmal in größeren Schwärmen.
Haltung: Nicht schwierig einzugewöhnen. Stets lebhaft und bald wenig scheu. Allen anderen Prachtfinken gegenüber friedlich. Kann in der Voliere auch sehr gut in einer Gruppe von 6–10 Sumpfastrilde gehalten werden, ohne daß es zu Streitigkeiten kommt. Braucht für sein Wohlbefinden in einer Ecke der Voliere ein „Schilfdickicht". An den aufrechtstehenden Halmen klettert er sehr gern herum und nutzt dabei die Krallen und Hornschilde der Füße auf natürliche Weise ab.
Zucht: Ist nicht sehr schwer. Der Sumpfastrild brütet zuverlässig, und zwar im freistehenden Nest in dichten Büschen wie in Nistkörbchen und -kästen. Ist weniger empfindlich gegenüber Nestkontrollen, als einige nahe Verwandte. Im übrigen stimmt die Zucht mit der von Grauastrild und Orangebäckchen überein.
Ernährung: Siehe Grauastrild.

Ockerastrild *(Estrilda ochrogaster)*

Kennzeichen: 11 cm. Wie Sumpfastrild, jedoch mit gelblichbraunem Scheitel und Rücken, gelblichen Wangen. Kehle lebhaft gelb, zur Brust hin etwas blasser gelb. Unterschwanzdecken weiß. Die Oberschwanzdecken sind dunkelrot, Flanken und Steißgegend hellrot.
Herkunft und Lebensweise: Lebt im Westen und Süden Äthiopiens sowie im Süden des Sudan. Im Gebüsch an Ufern von Seen und Flüssen anzutreffen. Sonst wie Sumpfastrild und Orangebäckchen.
Haltung: Da bisher als Rasse des Sumpfastrilds angesehen, ist über die Pflege des Ockerastrilds nichts bekannt.

Anambra-Astrild *(Estrilda poliopareia)*

Kennzeichen: 10 cm. Sieht dem Sumpfastrild ähnlich und ist vielleicht nur eine Rasse desselben. Hat einen kräftigeren Schnabel, Oberschwanzdecken orangerot, Unterseite gelblich-braunweiß, die Unterschwanzdecken sind isabellfarben, die Augen ebenfalls.
Herkunft und Lebensweise: Sehr kleines Verbreitungsgebiet am Unterlauf des Niger. Lebt dort in den sumpfigen Niederungen, vor allem im Ufergebüsch und zwischen den hohen Gräsern.
Haltung: Wie Sumpfastrild, als dessen Rasse der Anambra-Astrild bisher galt.

Zügelastrild *(Estrilda rhodopyga)*

Rassen: E. r. centralis, E. r. frommi, E. r. rhodopyga
Kennzeichen: 11 cm, wie Grauastrild, doch gelblicher grau. Oberschwanzdecken rot, hintere Flanken, Armschwingen und Flügeldecken rötlich überhaucht, auf letzteren je eine rote Binde bildend. Schnabel schwarz mit gelblichroten Schneiden. Füße dunkel graubraun. Jungvögel sind im Gefieder matter, haben die roten Gesichtsstreifen und das übrige Rot nur angedeutet. Schnabel schwarz ohne rötliche Schneiden. Rufe und Gesang ähneln denen des Wellenastrilds.
Herkunft und Lebensweise: Ost-Afrika von Äthiopien und dem Sudan bis Tansania und dem Norden Moçambiques. Lebt in Trockensteppen, auch im Hochland. Baut das Nest in Bodennähe in dichte Grasbüschel oder direkt auf den Boden. Nach der Brutzeit mit Artgenossen und anderen Prachtfinken gesellig unterwegs.
Haltung, Zucht und Ernährung: Stimmen mit denen von Grau- und Wellenastrild weitgehend überein. Der Zügelastrild benötigt für die Aufzucht der Jungen weniger tierische Nahrung, dafür mehr gekeimte und halbreife Sämereien.

Jemenastrild *(Estrilda rufibarba)*

Kennzeichen: 10 cm, ähnelt dem Grauastrild, ist aber bräunlicher, oberseits deutliche Wellenzeichnung. Gesichtsseiten, Kinn und Kehle weißlich, Brust und Bauch hell isabellfarben, an Brust und Flanken mit leichter Wellenzeichnung. Kein roter Bauchfleck, wie beim Grau- und Wellenastrild. Augen dunkelbraun, Schnabel schwarz mit roten Schneiden. Rufe und Gesang ähneln denen von Grau- und Wellenastrild.
Herkunft und Lebensweise: Ist im Südwesten Arabiens von Asir bis Aden beheimatet. Liebt buschreiches Gelände sowohl der Küstenniederung als auch im Gebirge. Lebensweise und Fortpflanzung wie Grau- und Wellenastrild.
Haltung: Über die Einfuhr und Haltung des Jemenastrilds liegen keine genauen Angaben vor. Er soll mehrmals nach Deutschland gekommen sein, doch wurde er für Grau- oder Wellenastrilde gehalten.

Grauastrild *(Estrilda troglodytes)*

Kennzeichen: 10 cm, vom roten Schnabel zieht sich ein roter Augenstreif bis in den Nacken. Oberseits braungrau, Unterseite hellbraun. Alle Gefiederpartien der Ober- und Unterseite rötlich übertönt und ganz zart dunkelbraun quergewellt. Auf dem Bauch ein roter Fleck, Oberschwanzdecken und Schwanz schwarz, die Außenränder weiß, Unterschwanzdecken ebenfalls weiß. Augen dunkelbraun mit blaugrauen Lidringen, Füße braun. Weibchen ist weniger rötlich, der rote Bauchfleck blasser und weniger ausgedehnt. Jungvögel haben einen schwarzen Schnabel, noch keinen roten Augenstreif, sind allgemein grauer gefärbt, weil die rötliche Tönung noch fehlt. Der Kontaktruf ist „tsi", der Gesang ein lautes „pitsie", das meistens gereiht vorgetragen wird.

Herkunft und Lebensweise: Von Senegal in schmalem Verbreitungsgebiet bis Äthiopien und dem südlichen Sudan und Nord-Uganda. Wurde in Brasilien (in stadtnahen Gebieten) vom Menschen heimisch gemacht. Lebt in den Steppen in Ebenen wie im Hochland. Hält sich am liebsten in Büschen auf. Brütet aber auf dem Boden, seltener in niedrigem Gebüsch.

Haltung: Wie kaum ein anderer afrikanischer Prachtfink übersteht der Grauastrild den Transport zu uns in gutem Zustand. Er ist widerstandsfähig und genügsam, daher auch gut für den Anfänger geeignet. Kann in einem größeren Bauer gehalten werden, ist jedoch in einer Voliere viel lebhafter und interessanter. Da vollkommen friedlich gegenüber anderen Prachtfinken, eignet er sich gut für eine Mischbesetzung. Nur zur Brutzeit jagt er andere Paare der eigenen Art, wenn die Voliere klein ist.

Zucht: Ist recht schwierig, doch schon öfter gelungen. Meistens wird das Nest zwischen Grassoden oder Gestrüpp in Bodennähe freistehend gebaut. Ich habe Heidekrauttaschen tief in die Voliere gehängt, in die gern das runde Nest mit versteckter Einschlupföffnung gebaut wurde. Ein Paar baute das Nest in 1,70 m Höhe in ein Nistkörbchen. Die Balz ist wie die der nahe verwandten Arten, mit langem Halm im Schnabel, auf einem Ast oder dem Boden hüpfend und laut singend. Es wird sehr zuverlässig gebrütet, die Jungen ebenfalls gut aufgezogen, wenn geeignetes Futter in ausreichender Menge geboten wird. Im Gegensatz zu den Angaben einiger anderer Autoren verlassen die Jungen erst das Nest im Alter von 19–21 Tagen und nicht schon mit 14–16 Tagen. Sie übernachten noch etwa eine Woche lang im Brutnest. Rund 10 Tage nach dem Ausfliegen sind sie selbständig.

Ernährung: Vor allem kleine Hirsesorten wie Senegal-, Mohair (Manna)- und Japanhirse, viel Kolbenhirse, etwas Glanz, Negersaat und möglichst auch Gras- und Wildkrautsamen (Vogelmiere, Löwenzahn, Gänsedistel, Grasrispen mit halbreifen Samen, Breitwegerich). Die Hirse sollte auch stets gekeimt gereicht werden. Grünfutter wie Salat, Gurkenscheiben, Vogelmiere wird gern genommen. Kleine, frisch gehäutete Mehlwürmer, Ameisenpuppen und Eifutter sollten stets in kleiner Menge gegeben werden. Die Ameisenpuppen können auch trocken und mit kochendem Wasser gequellt angeboten werden. Zur Aufzucht der Jungen sind außer Mehlwürmern fri-

sche Puppen der Rasenameisen, kleine Wachsmottenlarven, Enchyträen, Rote Mük-
kenlarven, Wasserflöhe, Larven des Getreideschimmelkäfers, Essigfliegen, Zweige
mit Blattläusen (vor allem grüne Arten) und Wiesenplankton zu empfehlen. All diese
Futtertiere müssen nicht zusammen vorhanden sein. Die Aufzählung soll nur helfen,
wenigstens etwas Lebendfutter bereitzuhalten, wenn Junge schlüpfen.

Besonderes: Baut oft ein sogenanntes „Hahnennest" auf das Brutnest. Es wird aber
nicht als Schlafnest vom Männchen benutzt. Seine Bewandtnis ist noch nicht geklärt.
In dieses werden, wie sonst in das Brutnest, allerlei auffällige Gegenstände hineinge-
tragen, kleine helle Steinchen, Eierschalenstücke und manches mehr. Bei mir hatte ein
Pärchen, das die Jungen verhungern ließ, diese alle dekorativ in das Hahnennest
gelegt. Auch andere Züchter haben das schon beobachtet. Es wird angenommen, daß
das obere Nest und sein Inhalt Feinde vom versteckt darunterliegenden Brutnest
ablenken soll.

Wellenastrild *(Estrilda astrild)*
auch Helenafasänchen genannt
Abb. Seite 40

Rassen: E. a. angolensis, E. a. astrild, E. a. cavendishi, E. a. damarensis, E. a.
jagoensis, E. a. kempi, E. a. macmillani, E. a. massaica, E. a. minor, E. a. muenzneri,
E. a. ngamiensis, E. a. nigriloris, E. a. nyansae, E. a. occidentalis, E. a. peasei, E. a.
rubriventris, E. a. schoutedeni, E. a. tenebridorsa

Kennzeichen: 11,5 cm, Ober- und Unterseite graubraun, deutlich dunkel quergewellt.
Brust und besonders die Bauchmitte mehr oder weniger rot überflogen. Rote Streifen
ziehen sich vom roten Schnabel bis zu den Nackenseiten, die braunen Augen
umschließend. Wangen, Kinn und Kehle weiß bis hellgrau. Unterschwanzdecken
schwarz, beim Weibchen dunkelgrau, Füße dunkel graubraun. Jungvögel haben einen
schwarzen Schnabel und kaum sichtbare Wellenzeichnung, sind matter graubraun.
Der Lockruf ist „tschip" oder „sip", der Gesang eine Reihung dieser Rufe mit geringen Variationen.

Herkunft und Lebensweise: Gesamtes zentrales und südliches Afrika mit Ausnahme
der Wüsten Südwest-Afrikas und der Urwaldgebiete des Kongos. Im Norden bis
Äthiopien, im Westen bis Gambia vorkommend. Lebt in Grasland, Schilfwäldern,
Gebüschen, auch auf Feldern, in Plantagen und sogar in Gärten. Brütet in Grasbüscheln oder niedrigen Büschen. Nach der Brutzeit oft in sehr großen Schwärmen, auf
dem Boden und in Grasständen auf Nahrungssuche, gemeinsam im Schilf oder
Gebüsch nächtigend. Als einzige Prachtfinkenart ist der Wellenastrild in Europa eingebürgert worden, und zwar in Portugal. Er lebt dort auf Kulturland und in Schilfbeständen.

Haltung: Die Eingewöhnung muß sorgfältig geschehen und erfordert etwa 20 °C.
Danach ist diese Art sehr hart und ausdauernd, die bei richtiger Fütterung ein Jahr-
zehnt alt werden kann. Eignet sich sowohl für ein großes Bauer wie für die Voliere. In

Außenvolieren sollte der Wellenastrild nur bei sommerlichen Temperaturen von mindestens 18 °C gelassen werden. Ist sehr friedlich.

Zucht: Der gesamte Brutverlauf ähnelt dem des Grauastrilds so sehr, daß hier auf eine Schilderung verzichtet werden kann.

Ernährung: Wellenastrilde sind zwar sehr genügsam, brauchen neben den kleinen Hirsesorten aber auch Keimfutter, halbreife Grassamen und etwas tierische Nahrung, um jahrelang gesund zu bleiben. Für die erfolgreiche Aufzucht der Jungen ist viel Lebendfutter notwendig (siehe Grauastrild).

Gattung Krimhilda, Kappenastrilde

Nonnenastrild *(Krimhilda nonnula)*
Abb. Seite 40

Rassen: K. n. eisentrauti, K. n. elizae, K. n. nonnula

Kennzeichen: 10,5 cm, wie Kappenastrild, doch ist das Rot der Flanken weit weniger ausgedehnt. Auf den Seiten trägt der schwarze Oberschnabel rote Längsstreifen. Jungvögel sind brauner und wirken dadurch dunkler. Rufe und Gesang sind hoch, fast zirpend.

Herkunft und Lebensweise: Von Kamerun bis zum südlichen Sudan und Kenia. Sein Verbreitungsgebiet liegt nördlich von dem des Kappenastrilds, doch überschneiden sie sich auch in manchen Gebieten. Als Lebensraum Waldränder, Lichtungen, Gras- und Kulturland, in Ebenen wie im Hochland. In Gebüsch und Hecken brütend, außerhalb der Brutzeit in kleinen bis großen Trupps anzutreffen.

Haltung: Ein ruhiger, friedlicher Vogel für die Voliere, der in letzter Zeit gelegentlich im Handel zu finden ist. Nicht zu schwer einzugewöhnen. Am günstigsten ist eine kombinierte Innen-Außenvoliere, denn ohne direkte Sonnenbestrahlung neigt diese Art (wie auch der Kappenastrild und manch andere Prachtfinken) zu Federausfall auf Kopf, Hals und Rücken.

Zucht: Ist erst wenige Male gelungen. Ähnelt im Ablauf der des Grauastrilds.

Ernährung: Wie beim Grauastrild und beim Kappenastrild beschrieben.

Kappenastrild *(Krimhilda atricapilla)*

Rassen: K. a. atricapilla, K. a. avakubi, K. a. kandti, K. a. keniensis, K. a. marungensis

Kennzeichen: 10,5 cm, vom schwarzen Schnabel zieht sich eine schwarze Kappe über Stirn und Oberkopf und umschließt auch die dunkelbraunen Augen. Wangen und Kinn weißlichgrau, Brust und Bauchseiten hellgrau, Rücken und Flügel grau, dunkel quergewellt. Die Flanken sind rot, ebenso Bürzel und Oberschwanzdecken. Die Bauchmitte, Unterschwanzdecken, Schwanz und Füße sind schwarz. Jungvögel insgesamt brauner, Flanken noch nicht rot. Die Stimme ist ein leises „si", der Gesang wispernd.

Herkunft und Lebensweise: Von Kamerun und dem Kongo bis Kenia und Tansania. In lichtem Wald, an Waldrändern, auf Lichtungen, im Gebüsch an Wegen und Ufern. Baut in Büsche und kleine Bäume sein kugeliges Nest mit Eingangsröhre.

Haltung: Wird nur selten eingeführt, oft auch für Nonnenastrild gehalten. Nicht zu schwer einzugewöhnen. Ist friedlich gegenüber anderen Arten. Über die Zucht dieser Art ist noch nichts bekannt.

Ernährung: Wie Grauastrild. Anfangs nehmen die meisten Vögel nur halbreife Grassamen und Hirse in Ähren sowie kleine, frisch gehäutete Mehlwürmer an.

Gattung Brunhilda, Rotbürzelastrilde

Elfenastrild *(Brunhilda erythronotos)*
Abb. Seite 74

Rassen: B. e. delamerei, B. e. erythronotos, B. e. soligena
Kennzeichen: 12 cm, Stirn weißlich grau, Oberkopf, Rücken, Halsseiten, Kehle und Brust rötlichgrau, auf Rücken und Brust schattenhaft dunkel quergewellt. Vom schwarzen Schnabel zieht sich eine schwarze Wangenzeichnung um das dunkelbraune Auge, um Ohr und Kinn. Die Flügel sind graubraun und weiß gewellt. Bürzel, Oberschwanzdecken und Körperseiten rot. Bauchmitte, Unterschwanzdecken, Schwanz und Füße schwarz. Das Weibchen hat etwas weniger intensive Farben, vor allem aber unterseits statt schwarz düster grau oder graubraun. Jungvögel sind insgesamt grauer gefärbt. Ihnen fehlt das Rötliche auf Rücken und Brust, das auch auf Oberschwanzdecken und Bürzel noch nicht so leuchtend ist. Der Gesang klingt wie „düde-düüü" oder „düde-düdelüde". Läßt nach dem Einschlüpfen ins Nest einen melodischen, leisen Gesang hören, der sich etwa wie „duheee dui-duiheee" anhört.

Herkunft und Lebensweise: Große Gebiete Südwest- und Süd-Afrikas und in Ost-Afrika von Kenia und Uganda bis Tansania. Bewohnt die Trockensteppen, wo er sich in dichten Dornbüschen und -bäumen aufhält und auch brütet. Das Nest wird mit einer langen, herabhängenden Einschlupfröhre versehen.

Haltung: Sind anfangs recht wärmebedürftig und sollten zugluftfrei bei etwa 22–25 °C gehalten werden. Auch später benötigen sie mindestens 20 °C in der Innenvoliere, dürfen bei sommerlichem Wetter auch in die Außenvoliere. Bei der Haltung in Volieren kommt ihre muntere, bewegliche Art und ihr schöner Flug am besten zur Geltung. Die Haltung im geräumigen Bauer ist jedoch auch möglich, da die Art sehr neugierig ist und schnell zutraulich wird. Schläft in Nestern, bei mir vor allem in denen anderer Prachtfinken.

Zucht: Ist sehr schwierig, da es den Vögeln trotz aller Bemühungen von Seiten der Züchter an geeignetem Aufzuchtfutter mangelt. Sie werfen nach zuverlässigem Brüten

die Jungen aus dem Nest oder lassen sie verhungern. Die wenigen Erfolge oder Teilerfolge wurden mit Blattläusen und kleinen Ameisenpuppen erzielt, die in großen Mengen gereicht werden müssen. Meinen Vögeln gab ich im Sommer viele Blütenstände der verschiedensten Doldengewächse, von denen sie kleine Blütenblätter und vor allem die Staubgefäße und Stempel begierig aufnahmen. Ob diese Nahrung auch als Aufzuchtfutter eine Rolle spielt, konnte ich leider nicht ausprobieren, da ich die Vögel wegen Platzmangel nur kurzzeitig behalten konnte. Interessant ist die sehr bedächtige Halmbalz mit gefächertem Schwanz, der dabei weit auf und ab geschwungen wird. Der Gesang wird dabei laut vorgetragen und der Halm am Ende gehalten. Um ihn richtig in den Schnabel zu bekommen, wird er öfter mit den Füßen am Zweig festgehalten, wie wir dies vor allem von den Schilffinken und Nonnen kennen.
Ernährung: Wie Grauastrild. Zur Aufzucht viele kleinste Insekten, vielleicht auch Blüten?

Feenastrild *(Brunhilda charmosyna)*

Rassen: B. c. charmosyna, B. c. kiwanukae, B. c. nigrimentum, B. c. pallidior
Kennzeichen: 12 cm, wie Elfenastrild, nur ist das Gefieder des Bauches und der Unterschwanzdecken rötlichgrau wie Brust und Kehle. Weibchen und Jungvögel matter und weniger rötlich, wie beim Elfenastrild beschrieben, dem er ferner in Rufen und Gesang ähnelt.
Herkunft und Lebensweise: Vom Süden Äthiopiens und des Sudans bis Somalia und zum Osten Tansanias. Lebt wie der Elfenastrild im Dornbusch der Trockensteppen, auch im Hochland.
Haltung: Noch ist nichts über die Haltung dieser Art veröffentlicht worden, obwohl sie gelegentlich eingeführt worden ist. Meistens werden die Vögel für Elfenastrilde gehalten, zu denen sie früher auch wissenschaftlich gerechnet wurden. Die Ansprüche an Unterbringung, Temperatur und Ernährung sind wahrscheinlich die gleichen wie die des Elfenastrilds.

Gattung Glaucestrilda, Schönbürzel

Cinderella-Schönbürzel *(Glaucestrilda thomensis)*

Kennzeichen: 11 cm, Kopf, Rücken, Flügel, Kehle und Brust hell blaugrau, an Brust und Rücken leicht rötlich getönt. Vom roten Schnabel, der mehr oder weniger ausgedehnt schwarz an Schneiden und Spitze hat, zieht sich ein schmaler schwarzer Streif durchs dunkelbraune Auge und ein Stückchen zum Nacken hin. Bürzel und Oberschwanzdecken sind rot, ebenso die Körperseiten. Bauchmitte, Unterschwanzdecken, Schwanz und Füße sind schwarz. Das Weibchen hat viel weniger Rot an den Flanken, kaum roten Anflug an der Brust, keinen auf dem Rücken. Bauchmitte und Unterschwanzdecken sind düster grau. Rufe und der aus 2 oder 3 Silben bestehende Gesang ähneln denen des Schönbürzels.

Herkunft und Lebensweise: Westliches Angola. Bewohnt dort die hochgelegenen Waldgebiete (um etwa 900 m), wo vor allem an deren Rändern und auf Lichtungen anzutreffen. Ernährt sich vorwiegend von halbreifen Grassämereien und von kleinen Insekten.

Haltung: Nachdem die Art lange als ausgestorben galt und erst 1963 wiederentdeckt wurde, gelangten 1966 zum ersten Male einige Vögel lebend nach Europa. Sie bedurften einer sehr sorgfältigen Eingewöhnung bei Temperaturen von fast 30°C, nahmen anfangs nur die halbreifen Samen des Raygrases an, die sie aus den Ähren klaubten, frisch gehäutete kleine Mehlwürmer und zarten Salat. Sie gewöhnten sich nur zögernd an Senegal-, Mohair- und Kolbenhirse. Da sehr friedlich, kann diese Art sehr gut in einer Gemeinschaftsvoliere gehalten werden.

Zucht: Die Zucht gelang 1970 zum ersten Male.

Schwarzschwanz-Schönbürzel *(Glaucestrilda perreini)*
Abb. Seite 74

Rassen: G. p. incana, G. p. perreini, G. p. poliogastra
Kennzeichen: 11 cm, etwas dunkler blaugrau als Schönbürzel, Schnabel bläulichschwarz, Kinn, Unterschwanzdecken und Schwanz schwarz. Keine Pünktchen an den Flanken, nur Bürzel und Oberschwanzdecken rot. Sonst wie Schönbürzel. Männchen und Weibchen schwer zu unterscheiden. Weibchen vielleicht mehr grauschwarze Unterschwanzdecken. Rufe langgezogen „püii" oder „psuit", die gereiht auch den Gesang bilden.

Herkunft und Lebensweise: Vom Kongo und Angola bis zum Südwesten Tansanias und im Osten Südafrikas. Lebt gern in der Nähe von Gewässern im dichten Gebüsch und Wald. Hält sich oft hoch in Büschen und Bäumen auf, wo er auch sein kunstvolles Nest mit Eingangsröhre errichtet. Ernährt sich vor allem von halbreifen Grassamen, die aus den Ähren und Rispen geklaubt werden.

Haltung: In letzter Zeit wird diese Art häufiger angeboten. Sie braucht viel Wärme und Grasrispen für die Eingewöhnung (siehe Cinderella-Schönbürzel), ferner eine Luftfeuchtigkeit von 55–70%. Läßt sich sehr gut in kleinen Volieren paarweise und in Gesellschaftvolieren mit anderen Prachtfinken gemeinsam halten. Um tatsächlich Paare zu bekommen, ist zu empfehlen eine kleine Gruppe (6–10 Vögel) zu erwerben.

Zucht: Ist schon gelungen und ähnelt im Ablauf der der Grauastrilden und Schönbürzel.

Ernährung: Außer halbreifen und gekeimten Hirse- und Grassamen ist tierische Nahrung unentbehrlich. Ein reichhaltiges Angebot dieser Nahrung ist als Aufzuchtfutter zu geben (siehe Grauastrild).

Schönbürzel *(Glaucestrilda caerulescens)*

Kennzeichen: 11 cm, insgesamt hell blaugrau, am Bauch dunkler grau. An den hinteren Flanken einige weiße Pünktchen. Vom schwarzroten Schnabel zieht sich ein schwarzer Streifen durch das dunkelbraune Auge und ein wenig darüber hinaus. Unterschwanzdecken, Bürzel, Oberschwanzdecken und Oberseite der Schwanzfedern rot. Füße dunkelgrau. Männchen und Weibchen zeigen keine sicheren Unterschiede in der Gefiederzeichnung. Nur an den verschiedenen Rufen können die Geschlechter erkannt werden. Während der Lockruf des Weibchens ein in gleicher Höhe gehaltenes „sie-sieh" oder „sie-sie-sie" ist, läßt das Männchen den zweiten Laut seines Doppelrufes abfallen, etwa „sieh-tüii". Werden die Vögel für eine Auswahl der Geschlechter einzeln gesetzt, locken sie sich mit diesen unterschiedlichen Rufen.

Herkunft und Lebensweise: West-Afrika, von Senegal bis Kamerun. Bewohnt recht offenes Gelände, wo er im Gebüsch und in Grasständen zu beobachten ist. Kommt auch in Pflanzungen und Gärten. Findet seine Nahrung kletternd und turnend in den halbreifen Grasähren und oft auch fliegend, indem er Insekten erbeutet.

Haltung: Anfangs recht wärmebedürftig. Oft rupfen sich die Vögel am Kopf und Hals, wenn sie eintreffen bzw. in größerer Zahl zusammen in einem kleinen Bauer untergebracht sind. Bei paarweiser Haltung im größeren Bauer oder in der Voliere lassen sie das Rupfen meistens wieder sein. Sind sehr lebhafte, durch ihr Turnen und Klettern interessante und gegenüber anderen Prachtfinken stets friedliche Vögel. Übernachten in Nistkörbchen oder -kästen, am liebsten in solchen, die schon von anderen Prachtfinken ausgepolstert waren.

Zucht: Ist schon recht häufig gelungen, und zwar im größeren Bauer wie in der Voliere. Das Nest wird meistens in ein dichtes Gebüsch gebaut, manchmal auch in Nistkästen. Es ist recht kunstvoll und erhält eine Einschlupfröhre. Die Jungen werden nur dann aufgezogen, wenn zusagendes tierisches Futter in ausreichender Menge geboten werden kann (siehe Grauastrild). Mit 18 oder 19 Tagen verlassen sie das Nest und tragen dann noch blaßblaue Papillen in den Schnabelwinkeln. Ihr Gefieder ist düstergrau, das Rot des Bürzels weniger leuchtend. Sie sind jedoch gleich recht gewandt beim Fliegen und Klettern.

Gattung Lagonosticta, Amaranten

Schwarzkehlamarant *(Lagonosticta vinacea)*

Rassen: L. v. nigricollis, L. v. togoensis, L. v. vinacea

Kennzeichen: 11 cm, das Männchen trägt eine schwarze Gesichtsmaske, die sich vom stahlblauen Schnabel um die dunkelbraunen, hellblau eingefaßten Augen und die Ohren bis zur Kehle erstreckt. Stirn, Scheitel und Nacken sind braungrau, die Unterschwanzdecken schwärzlich, die Oberschwanzdecken und mittleren Schwanzfedern dunkelrot. Das übrige Gefieder ist bräunlich weinrot, auf den Brustseiten sind weiße

Pünktchen. Die Füße sind schwarzbraun. Bei der Rasse Schwarzkehlamarant *(L. v. nigricollis)* ist das Männchen auch auf dem Rücken und den Flügeln grauer. Bei der Rasse Weinroter Amarant *(L. v. vinacea)* sind Stirn und Scheitel blaugrau, das übrige Gefieder ist hübsch weinrötlich. Den Weibchen aller Rassen fehlt die schwarze Gesichtslarve. Sie sind gelblicher oder brauner gefärbt als die Männchen. Jungvögel ähneln den Weibchen. Der Gesang besteht aus hübschen Flötenreihen, die stets mehrere Male wiederholt werden.

Herkunft und Lebensweise: Kommt in 3 Rassen in teils kleinen Verbreitungsinseln in den Savannen nördlich der tropischen Waldgebiete vor. In Senegal, Gambia und Guinea, von Ghana bis Kamerun, im nordöstlichen Zaire, südwestlichen Sudan und in angrenzenden Gebieten Ugandas. Der Weinrote Amarant bewohnt fast ausschließlich Bambusdickichte, die anderen Rassen sind dagegen auch in trockeneren Savannen und auf Kulturland anzutreffen. Hält sich in Bodennähe und viel auf dem Boden auf.

Haltung: Ist sehr wärmebedürftig, nicht nur in der ersten Zeit. Darum eignet sich der Schwarzkehlamarant nur für die Haltung in Innenvolieren und in größeren Bauern. In eine Außenvoliere dürfen alle Amarantenarten nur zeitweise an warmen Sommertagen gelassen werden, was in besonderem Maße für diese Art gilt. Er wird schnell sehr zutraulich.

Zucht: Die Balz ist der des Amaranten sehr ähnlich, wird jedoch immer auf dem Boden ausgeführt. Das Nest, für das sehr weiches Heu, Kokosfasern, Scharpie, Wolle und Federchen verwendet werden, bekommt seinen Standort meistens niedrig in Büschen und dichten Grasbülten. Die Brutzeit beträgt 11 Tage, die Jungen verlassen wie beim Amaranten schon mit 18 oder 19 Tagen das Nest. Schon 10 Tage später sind sie selbständig. Wenn das richtige Aufzuchtfutter gereicht wird (siehe Amarant), dann ziehen die Schwarzkehlamaranten ihre Jungen sehr zuverlässig auf. Manche Paare sind gegenüber Nestkontrollen empfindlich, andere überhaupt nicht.

Larvenamarant *(Lagonosticta larvata)*
Abb. Seite 76

Kennzeichen: 11 cm, wie Schwarzkehlamarant, jedoch auf der Oberseite mehr rötlich braungrau, auch auf dem Scheitel. Die Unterseite ist nicht blaß weinrot, sondern schwärzlichgrau, an der Brust düster rosenrot. Die weißen Pünktchen sind mehr zu kurzen Strichen ausgezogen und durch schwärzliche Säume akzentuiert. Auch beim Weibchen tritt auf Kopf und Rücken die braune Farbe mehr in Erscheinung. Unterseits ist es gelblichbrauner als das Weibchen des Schwarzkehlamaranten.

Herkunft und Lebensweise: Lebt im Osten des Sudan und im Westen und Nordwesten Äthiopiens. Ist in Savannen mit einzelnen Bäumen, aber viel Gebüsch und Hochgras anzutreffen. Hält sich häufig auf dem Boden auf, baut sein Nest niedrig in Gebüsch oder zwischen Gräsern.

Haltung: Siehe Schwarzkehlamarant. Ist bisher als Rasse einer Art mit diesem und dem Weinroten Amaranten in der Literatur erwähnt worden. Darum beziehen sich die Haltungs- und Zuchtberichte auch auf diese Art.

Rosenamarant *(Lagonosticta rhodopareia)*
Abb. Seite 73

Rassen: L. r. ansorgei, L. r. jamesoni, L. r. rhodopareia
Kennzeichen: 11 cm, gleicht dem Dunkelroten Amaranten fast völlig, doch kann das Rot je nach Rasse recht verschieden hell sein. Die Rasse Jamesonamarant *(L. r. jamesoni)* ist auch auf Kopf und Rücken rötlich, während die Nominatform diese Partien rein braun zeigt. Auch in Gesang und Rufen große Ähnlichkeit mit dem Dunkelroten Amaranten.
Herkunft und Lebensweise: Von Süd-Afrika ganz Ost-Afrika bis Äthiopien, ferner Angola und kleine Gebiete des Kongo. Lebt vor allem in Steppen, in Gebüschen und an Waldrändern, auch an Flußufern. Baut sein Nest niedrig in Gebüsch, gern in Dornbüsche.
Haltung: Eingewöhnung und Haltung wie beim Amaranten. Die Unterbringung in einem größeren Bauer ist möglich, doch da diese Art viel Deckung in Form von dichten Büschen und Gestrüpp liebt, ist ihre Haltung in einer Innenvoliere geeigneter. In eine Außenvoliere sollte der Rosenamarant nur bei sommerlichen Temperaturen gelassen werden. Ist gegenüber allen Prachtfinken sehr friedlich.
Zucht: Ist schon mehrfach gelungen. Das Nest wird fast immer in dichtes Gestrüpp (Ginster) oder in Nadel- und Buchsbäumchen gebaut. Die Balz findet am Boden statt und gleicht der des Amaranten sehr. Auch für die anderen Einzelheiten der Zucht gilt das beim Amaranten und beim Dunkelroten Amaranten genannte.
Ernährung: Ist noch weitgehender von tierischer Nahrung abhängig, als die anderen Amaranten. Nicht nur zur erfolgreichen Aufzucht der Jungen, sondern ständig ist möglichst abwechslungsreich Lebendfutter zu geben. Die frischen Puppen von Rasenameisen sind das wichtigste tierische Futter. Mehlwürmer und andere Futtertiere (siehe Amarant) werden meistens erst nach einiger Zeit zögernd angenommen, was auch für Eifutter gilt.

Dunkelamarant *(Lagonosticta rubricata)*
auch Dunkelroter Amarant genannt

2 Rassengruppen:
   1. *L. r. neglecta, L. r. polionota* = Graurückenamarant, *L. r. umbrinodorsalis, L. r. virata*
   2. *L. r. congica, L. r. haematocephala, L. r. rubricata, L. r. sannagae, L. r. ugandae*
Kennzeichen: 11 cm, Männchen fast insgesamt dunkelrot. Nur Scheitel, Nacken, Rücken, Flügeldecken und Flügel rötlichbraun bis graubraun, Schwanz, Unter-

schwanzdecken und hinterer Bauch schwarz. An den Brustseiten weiße Pünktchen. Schnabel schwarz oder grauschwarz, Augen dunkelbraun mit hellrotem Lidring. Die Füße sind rötlich braun bis dunkelbraun. Das Weibchen ist weniger leuchtend rot gefärbt, sondern mehr grau oder gelblich mit Rot vermischt. Die Jungen sind zuerst bräunlich grau und haben nur einen roten Oberschwanz. Rufe und Gesang sind sehr melodisch und laut, der Gesang abwechslungsreich und lang andauernd. Auch Weibchen singt.

Herkunft und Lebensweise: Kommt von Sierra Leone in Westafrika bis zum südlichen Äthiopien in einem schmalen Streifen vor, von dort durch Ost-Afrika südwärts bis zum Kapland, in Westafrika ferner im südlichen Kongo und nördlichen Angola. Liebt feuchte, buschreiche Savannen, Waldränder, verwildertes Kulturland. Bleibt meistens dicht über dem Boden, auch im Fluge. Zur Nahrungssuche viel auf dem Boden. Das Nest wird zumeist in dichte, dornige Büsche gebaut, manchmal auch in die Mitte von Grasständen.

Haltung: Wie beim Amaranten beschrieben. Ist ebenfalls sorgfältig und bei hohen Temperaturen einzugewöhnen. Sehr friedlich, und darum sehr für eine gemeinsame Haltung mit anderen Prachtfinken geeignet. Kann gut in größeren Bauern und in Volieren gehalten werden.

Zucht: Balz wie beim Amaranten. Auch das Weibchen zeigt die Halmbalz. Das Nest wird seltener in Kästen oder Körbchen gebaut, sondern in dichtes Gebüsch. Es werden Kokosfasern, feine Grashalme und -rispen verbaut, zur Auspolsterung Scharpie und kleine Federn genommen.

Ernährung: Braucht noch mehr tierische Nahrung als der Amarant. Die Futtersorten sind aber die gleichen.

Landana-Amarant *(Lagonosticta landanae)*

Kennzeichen: 11 cm. Wie Dunkelroter Amarant, von welchem er vielleicht auch nur eine Rasse darstellt. Wesentlichstes Unterscheidungsmerkmal ist der Schnabel: Der Oberschnabel ist grau (aber nicht bläulich), der Unterschnabel rosenrot mit schwärzlicher Spitze.

Herkunft und Lebensweise: Ist in Cabinda, dem Gebiet des unteren Kongo sowie im westlichen und inneren Angola beheimatet. Biotope und Lebensweise wie Dunkelroter Amarant.

Haltung und Zucht: Siehe Dunkelroter Amarant.

Schwarzbauchamarant *(Lagonosticta rara)*
auch Seltener Amarant genannt
Abb. Seite 76

Rassen: L. r. forbesi, L. r. rara
Kennzeichen: 11 cm, bis auf den schwarzen Bauch, Unterschwanzdecken und Schwanz ist das Männchen dieser Art dunkelrot gefärbt. Die Flügel zeigen eine bräunliche Färbung, ebenso die Augen und Füße. Schnabel schwarz, nur der Unterschnabel hat rote Seiten. Diese Art trägt keine Pünktchen auf Brust und Flanken. Das Weibchen hat mehr Graubraun im Gefieder, ebenso die Jungvögel. Der Gesang ist sehr melodisch und besteht aus mehreren wiederholten Motiven. Er wird selten vorgetragen, und meistens auf dem Boden.
Herkunft und Lebensweise: Lebt in einem schmalen Verbindungsstreifen von Nigeria bis Uganda. Außerdem ein ganz kleines Vorkommen in Sierra Leone. Dichte Grasbestände und Sträucher sind die Aufenthalts- und Brutplätze des Seltenen Amaranten. Das Nest wird aus feinen Gräsern meistens sehr dicht am Boden errichtet. Es ist auch schon im Gras von Hüttendächern und -wänden gefunden worden.
Haltung: Wird nur sehr vereinzelt eingeführt. Anfangs recht empfindlich, braucht viel Wärme. Die Haltung im großen Bauer ist wenig befriedigend, da die Vögel dort scheu und nervös bleiben. Sie brauchen die Deckung, die in einer größeren Voliere durch Grasbüschel und dichte Pflanzen geboten werden kann. Ist oft unverträglich gegen nahe verwandte Arten. Badet fast nie.
Zucht: Ist erst wenige Male gelungen. Die Vögel brüten zwar gut, doch werfen sie fast immer die Kleinen aus dem Nest. Der Mangel an geeignetem Aufzuchtfutter scheint der Grund für dieses Scheitern zu sein. Leider werden oft nicht einmal Ameisenpuppen und kleine, frisch gehäutete Mehlwürmer angenommen. Wiesenplankton (allerlei kleine Insekten und Spinnen) und Blattläuse haben sich am besten bewährt. Ernährung sonst wie beim Amaranten beschrieben.

Senegal-Amarant *(Lagonosticta senegala)*
auch Amarant oder Kleiner Amarant genannt
Abb. Seite 74

Rassen: L. s. brunneiceps, L. s. flavodorsalis, L. s. guineesis, L. s. kikuyuensis, L. s. pallidicrissa, L. s. rendalli, L. s. rhodopsis, L. s. ruberrima, L. s. senegala, L. s. somaliensis, L. s. zedlitzi
Kennzeichen: 9,5 cm, beim Männchen sind Kopf, Nacken, Kehle, Brust, vorderer Bauch, Bürzel und Oberschwanzdecken hellrot bis bräunlichrot. Auf den Brustseiten kleine weiße Punkte, die manchmal zahlreich vorhanden sind, hin und wieder jedoch fehlen (je nach Rasse). Rücken, Flügel, hinterer Bauch und Unterschwanzdecken graubraun. Schnabel rot, oben und unten in der Mitte schwarz. Die Augen sind braun und von einem gelben Lidring eingefaßt. Die Füße sind hell graubraun. Das Weibchen

ist insgesamt graubraun bis gelblichgrau, hat nur den rötlichen Schnabel, rote Zügel und roten Oberaugstreif. Einzelne rote Federspitzen können im Nacken- und Wangengefieder vorhanden sein. Bürzel und Oberschwanzdecken wie beim Männchen rot, weiße Punkte je nach Rasse mehr oder weniger vorhanden. Jungvögel sind insgesamt graubraun, haben etwas Rot überm Auge und rote Oberschwanzdecken. Der Schnabel ist schwarz, die Füße sind schwärzlichgrau. Sie färben mit etwa drei Monaten in das Erwachsenenkleid um. Der Gesang, der auch vom Weibchen vorgetragen werden kann, ist ein melodisches, langgezogenes, mehrmals wiederholtes „tsäwied". Der Lock- und Stimmfühlungslaut ist ein „di-ii", das bei weit voneinander entfernten Partnern sehr laut und eindringlich werden kann. Als Warnruf wird ein kurzes, scharfes „tack" ausgestoßen.

Herkunft und Lebensweise: Quer durch Afrika von Senegal bis zum Roten Meer und von dort durch Ostafrika bis Südafrika, nördlich und südlich der Kalahari wieder westwärts bis fast zum Atlantik vorstoßend. Lebt sowohl in Savannen und Steppen, wie auch in menschlichen Siedlungen. Er ist regelrecht zum Kulturfolger geworden und brütet in Hecken an Wegen und Gärten, unter Strohdächern und sogar in Gebäuden. Ist wenig scheu und in kleinen Ortschaften auf den Straßen und Höfen anzutreffen.

Haltung: Frisch importierte Amaranten sind sehr empfindlich, und viele gehen in dieser ersten Zeit der Eingewöhnung ein. Sie brauchen zuerst eine Temperatur von 23–25 °C, später von etwa 20 °C. Nach etwa drei Monaten kann langsam auf diese Temperatur zurückgegangen werden. Dann sind die Vögel auch schon sehr vertraut und beginnen bei guter Unterbringung mit dem Nestbau und der Brut. Gut eingewöhnte Amaranten sind ideale Vögel für den Anfänger.

Zucht: Gelingt recht einfach, wenn genügend tierische Nahrung angeboten wird. Bei mir hat ein Paar die Jungen stets zuverlässig aufgezogen, und zwar in einem Bauer von $110 \times 90 \times 50$ cm Größe, das sie mit je einem Pärchen Goldbrüstchen, Grauastrilden und Schmetterlingsfinken teilten. Das Bauer stand im Kinderzimmer, wo es täglich recht lebhaft zuging. Die Vögel ließen sich davon überhaupt nicht stören. Es wurden stets 4 Eier gelegt und 3 oder 4 Junge aufgezogen. Gebrütet wurde vom 2. oder 3. Ei an und die Jungen schlüpften nach 11 oder 12 Tagen. Mit schon 18 oder 19 Tagen verließen sie voll befiedert das Nest, kehrten an den ersten Tagen für längere Zeiträume ins Nest zurück. Auch nachts schliefen sie noch etwa eine Woche lang im Nistkörbchen. Bei der typischen Halmbalz, bei der das Männchen singt und einen Halm oder eine Feder am Ende im Schnabel trägt, wippt es kräftig auf und ab, ohne den Zweig loszulassen und hält den Schnabel recht steil nach oben gerichtet. Dann pickt das Männchen das Weibchen im Nackengefieder, und nachdem dieses durch Schwanzflirren seine Bereitschaft gezeigt hat, findet die Paarung statt.

Ernährung: Kleine Hirsesorten wie Senegal-, Mohair-, Japan- und Kolbenhirse, alle möglichst auch angekeimt. Wann immer möglich, sollten Grasrispen mit halbreifen Samen, Fruchtstände von Breitwegerich, Löwenzahn, Gänsedistel und Vogelmiere angeboten werden. Wenige kleingeschnittene, frisch gehäutete Mehlwürmer oder einige Puppen der Rasenameisen anbieten. Zur Aufzucht sind größere Mengen tierischer Nahrung notwendig. Im Winter wurden die Jungen bei mir mit Mehlwürmern und einem feinen Weichfutter aufgezogen, das ich mit geriebener Möhre angefeuchtet hatte, dazu mit Keimfutter. Im Sommer bekamen sie auch frische Ameisenpuppen. Gern nehmen sie auch Enchyträen, Rote Mückenlarven, Essigfliegen, Wachsmottenraupen und als Ersatz hartgekochtes Ei und Eibiskuit.

Besonderes: Obwohl Amaranten im allgemeinen Astschläfer sind, übernachten die Vögel bei mir stets in Nistkörbchen oder -kästen, auch außerhalb der Brutzeit. Dies konnte ich bei Altvögeln wie bei selbständigen Jungen beobachten, und zwar im Bauer, aber auch in einer größeren Voliere.

Pünktchenamarant *(Lagonosticta rufopicta)*
Abb. Seite 76

Rassen: L. r. lateritia, L. r. rufopicta
Kennzeichen: 10 cm, in der Gefiederfärbung, fast mit dem Großen Pünktchenamaranten identisch. Nur die Oberschwanzdecken sind rot. Der Gesang ist laut, metallisch rauh und hört sich wie „siriziesieziedie" an und wird mit schilpenden Lauten abgewechselt. Der Warnruf ist hart „teck", der Kontaktruf ist lautes Schilpen.
Herkunft und Lebensweise: Von Senegal bis zum südlichen Sudan und nördlichen Uganda in einem schmalen Verbreitungsstreifen, in dem er stellenweise fehlt. Wie der Große Pünktchenamarant ebenfalls in feuchten Gebieten der Savannen, in dichten Grasbeständen und Büschen. Auch in der Nähe menschlicher Ansiedlungen.
Haltung: Möglichst in einer großen Innenvoliere mit viel Deckung. Nach der Eingewöhnung in Wärme kann er bei günstigem Wetter auch in eine Außenvoliere gelassen werden, wenn stets ein warmer Raum aufgesucht werden kann. Der Pünktchenamarant kann friedlich sein, zeigt sich aber meistens recht aggressiv. Vor allem andere Amaranten werden gejagt und verletzt, aber auch andere Prachtfinken läßt er dann nicht in Ruhe.
Zucht: Ist nicht zu schwierig zu züchten, doch werden leider nur selten Weibchen eingeführt. Der Brutverlauf entspricht dem des Amaranten, und fruchtbare Junge sind stets aus Verpaarungen mit diesem zu erzielen.
Ernährung: Wie beim Amaranten beschrieben.

Großer Pünktchenamarant *(Lagonosticta nitidula)*
auch Braunbürzelamarant genannt

Rassen: L. n. nitidula, L. n. plumbaria
Kennzeichen: 11 cm, Gesicht von Stirn bis Ohrgegend und Kehle rot, ebenso die Brust, die kleine weiße Pünktchen trägt. Das restliche Gefieder ist graubraun, auch die Oberschwanzdecken (hat als einziger Amarant keine roten). Schnabel rötlich, in der Mitte oben und unten grau bis schwarz, Füße dunkel graubraun, ebenso die Augen,

die von einem weißlichgrauen Lidring umgeben sind. Beim Weibchen ist nur das Rot des Gesichts weniger ausgedehnt. Jungvögel sind braun, haben einen schwarzen Schnabel und noch keine Pünktchen. Der Gesang besteht aus mehrfach wiederholten, flötenden und zwitschernden Tönen, die Rufe sind „tirr" und „tack."

Herkunft und Lebensweise: Angola, südlicher Kongo, Sambia, nördliches Rhodesien. Bevorzugt feuchte Gebiete mit dichten Gras- und Schilfbeständen. Baut sein Nest in Büsche, nimmt aber lieber verlassene Nester anderer Vögel an.

Haltung: Eingewöhnung wie beim Amaranten beschrieben. Eignet sich nur für eine dicht mit Pflanzen ausgestattete Innenvoliere, da für ein Bauer zu scheu.

Zucht: Obwohl erst in letzter Zeit eingeführt, sind schon eine Reihe von Zuchten gelungen. Das Nest wird in Körbchen oder Kästen angelegt oder Nester anderer Prachtfinken werden bezogen und nach eigenen Wünschen vervollständigt. Selten wird in Büschen frei gebaut. Sonst stimmt die Brutbiologie weitgehend mit der des Amaranten überein.

Ernährung: Auch hier gilt das beim Amaranten gesagte. Es ist noch mehr tierische Nahrung zu bieten, doch nimmt diese Art kaum Mehlwürmer an. Zur Aufzucht sind in ausreichender Menge frische Puppen der Rasenameisen zur Verfügung zu stellen.

Gattung Hypargos, Tropfenastrilde

Perlastrild *(Hypargos margaritatus)*
Abb. Seite 76

Kennzeichen: 13 cm, im Aussehen dem Roten Tropfenastrild sehr ähnlich. Die roten Gefiederpartien sind beim Perlastrild-Männchen heller und die Tropfenflecke der Unterseite etwas rosa angehaucht. Das Weibchen ist an Kopf und Kehle grau. Die Jungvögel besitzen ein graubraunes Gefieder, nur die Oberschwanzdecken sind rötlich. Auch in den Rufen und im Gesang besteht eine weitgehende Übereinstimmung mit dem Roten Tropfenastrild.

Herkunft und Lebensweise: Südost-Afrika. Bewohnt trockene Waldgebiete und ist an deren Rändern, auf Lichtungen und Wegen anzutreffen. Hält sich viel auf dem Boden auf.

Haltung: Der Perlastrild ist hin und wieder eingeführt worden, doch sind die Tiere sehr empfindlich und nur selten länger als einige Monate am Leben erhalten worden. In der Haltung und Ernährung stellt der Perlastrild die gleichen Anforderungen wie der Rote Tropfenastrild, sollte aber in einer großen, möglichst dicht bepflanzten Voliere untergebracht werden.

Zucht: Seine Erstzucht gelang 1967. Die Vögel bauten in einem halboffenen Nistkasten in 1 m Höhe. Sie zogen ihre Jungen vor allem mit lebenden Ameisenpuppen auf.

Roter Tropfenastrild *(Hypargos niveoguttatus)*
Abb. Seite 78

Rassen: H. n. centralis, H. n. indius, H. n. interior, H. n. macrospilotus, H. n. niveoguttatus
Kennzeichen: 13 cm, Kopf mit Ausnahme der graubraunen Stirn- und Scheitelpartie rot, ebenso Halsseiten, Kehle und Brust. Nacken, Rücken und Flügel braun, Bürzel und Oberschwanzdecken rot, Schwanz rot und schwarz. Bauch und Unterschwanzdecken schwarz, entlang den Flanken große weiße Tropfenflecke. Schnabel stahlblau, Augen schwarzbraun, von blaßblauen Lidringen eingefaßt, Füße grau. Weibchen besitzen kein rotes, sondern ein braunes oder gelblichbraunes Gesichtsgefieder. Kehle und Brust sind rot, die Unterseite bräunlichgrauer, jedoch ebenfalls mit Tropfenflecken, die den Jungvögeln aber noch fehlen. Der Gesang ist eine kurze, recht hübsche Melodie, wenn einige Töne sich auch „verstimmt und kratzend" anhören: „düdotrü – düdüdü – didididididiii". Lange zarte und schnelle Rufreihen werden häufig vorgetragen, ferner einige aneinandergereihte sehr hohe Töne, die in ein schnelles, grashüpferhaftes Zirpen übergehen. Auch das Weibchen singt, wenn auch kürzer und leiser.
Herkunft und Lebensweise: Ost-Afrika. Dichtes Gebüsch an Waldrändern, Gewässern und Hängen bildet seinen bevorzugten Lebensraum, in dem er meistens paarweise anzutreffen ist. Kommt auf Wege und andere vegetationslose Stellen, um dort nach Insekten und Sämereien zu suchen. Sein Nest baut er dicht über dem Boden in Büsche oder Grasbulte oder direkt auf den Boden.
Haltung: Sorgfältige Eingewöhnung ist nötig, da zuerst sehr empfindlich. Braucht anfangs eine gleichmäßige Temperatur von etwa 25 °C, später von mindestens 20 °C. Die Unterbringung ist sowohl im großen Bauer wie in der Innenvoliere möglich. In eine angeschlossene Außenvoliere sollte er nur bei sommerlichen Temperaturen gelassen werden, zumal er nie in einem Nest, sondern immer im Gebüsch übernachtet. Wird schnell recht zutraulich. Ist sehr kontaktsuchend, Männchen und Weibchen kraulen sich gegenseitig viel. Oft wird dabei das Kopf- und Nackengefieder mit ausgezupft, so daß viele Vögel „Glatzen" bekommen.
Zucht: Ist nicht sehr schwierig, wenn das richtige Aufzuchtfutter gereicht wird. Sonst werfen die Eltern ihre Jungen meistens aus dem Nest oder lassen sie dort verhungern. Zum Nestbau kommt es bald, nachdem die Vögel sich eingelebt haben. Sie nehmen halboffene Nistkästen an oder bauen das Nest in niedriges Gebüsch oder gar direkt auf den Boden. Es wird aus Kokosfasern, Gräsern und Fasern hergestellt und mit Federn ausgelegt. Brut-, Nestlings- und Mauserdaten sind normal. Leider wird der Rote Tropfenastrild während der Brutzeit meistens sehr aggressiv, so daß er dann nur paarweise gehalten werden kann.
Ernährung: Wie beim Buntastrild beschrieben. Es ist ebenfalls sehr viel animalische Nahrung nötig, sollen die Vögel gesund erhalten und Zuchterfolge erzielt werden. Im Verhältnis werden jedoch mehr Sämereien an die Nestlinge verfüttert. Körner wie Insekten sollten, neben der üblichen Fütterung in Näpfen, auch in großen, flachen

Schalen oder Schubladen mit Walderde verstreut werden, weil die Vögel viel lieber ihr Futter „suchen" und nebenbei viel Erde aufnehmen.

Gattung Spermophaga, Samenknacker

Grantsamenknacker *(Spermophaga poliogenys)*

Kennzeichen: 13 cm, das Männchen ist vom Kopf bis zur Brust rot, auch an Flanken und Oberschwanzdecken. Das restliche Gefieder ist schwarz. Der starke Schnabel ist hell blaugrau, die Augen und Füße sind braun. Das Weibchen ist oberseits dunkelgrau gefärbt, auch der Kopf. Nur Kinn und Kehle sind rot. Brust und Bauch sind schwarz mit vielen weißen Tropfenflecken (nur beim Weibchen!).
Herkunft und Lebensweise: Zentral-Afrika im Gebiet des oberen Kongo-Flusses. Dort in dichtem Unterholz des Tropenwaldes.
Haltung: Kam zum ersten Male 1963 nach Europa. Ist nur für dicht bepflanzte Innenvolieren geeignet. Zucht noch nicht gelungen. Außer Sämereien nimmt der Grantsamenknacker auch Insekten und Beeren auf.

Rotbrust-Samenknacker *(Spermophaga haematina)*
Abb. Seite 75

Rassen: S. h. haematina, S. h. pustulata, S. h. togoensis
Kennzeichen: 14 cm, Kopf, Oberseite, Schwanz, Bauch und Unterschwanzdecken schwarz. Kinn, Kehle, Brust rot. Die Rasse *S. h. pustulata* hat rot verwaschene Wangen, rote Flanken und rote Oberschwanzdecken. Der blaue Schnabel hat rötliche Schneiden, die Augen sind braun und haben weiße Lidringe, die Füße sind schwärzlich. Das Weibchen hat rötlichbraunes Kopfgefieder, schwarzbraune Flügel- und Rückenfedern und weiße Schuppenflecke auf schwarzem Bauch- und Unterschwanzgefieder. Gesang sehr schön flötend und trillernd.
Herkunft und Lebensweise: West-Afrika von Senegal bis Nord-Angola, ferner im Kongo-Becken. Lebt in dichtem Busch an Waldrändern, auch auf Lichtungen in hohem Gras, bevorzugt die Nähe von Wasser. Nimmt außer Sämereien von Gräsern auch Früchte und Insekten auf.
Haltung: Ein behender, lebhafter und friedlicher Vogel, der sich sehr gut für die Haltung in einer großen Gesellschaftsvoliere eignet. Braucht weder hohe Temperaturen noch besonderes Futter für eine langjährige Gesundheit.
Zucht: Ist in den letzten Jahren mehrere Male gelungen.

Rotkopf-Samenknacker *(Spermophaga ruficapilla)*
Abb. Seite 78

Rassen: S. r. cana, S. r. ruficapilla
Kennzeichen: 13 cm, Männchen und Weibchen jeweils wie die der Grantsamenknak-ker, nur ist bei dieser Art das gesamte Kopfgefieder bei beiden Geschlechtern rot. Auch der Gesang ist sehr ähnlich.
Herkunft und Lebensweise: Drei kleine, inselartige Verbreitungsgebiete. Eins im nordöstlichen Tansania in den Usambara-Bergen am Indischen Ozean, ein zweites im Norden, Westen und Südwesten des Viktoria-Sees, das dritte schließlich im Nord-osten Angolas. Bewohnt Lichtungen der Bergwälder, vor allem in der Nähe von Gewässern. Lebt hauptsächlich von Grassamen, aber auch von Früchten und In-sekten.
Haltung: Nur selten eingeführt. In der Eingewöhnung und Haltung erwies sich der Rotkopfsamenknacker als recht unproblematisch. Er ist und bleibt aber recht scheu und stürmisch, weshalb er nur in einer großen, reich mit dichten Büschen ausgestatte-ten Innenvoliere untergebracht werden sollte. Er ist anderen Prachtfinken gegenüber friedlich, doch Artgenossen werden nicht geduldet. Darum darf von ihm immer nur ein Paar in einer Voliere leben.
Zucht: Während der Balz verbeugt sich das Männchen langsam und wendet sich auf dem Ast dabei dem Weibchen zu. Die Balz wird mit oder ohne Halm im Schnabel ausgeführt, wobei das Männchen, aber auch das Weibchen singt. Es wird ein recht großes, kugeliges Nest aus langen Gräsern, breiten Schilfblättern und Farnen gebaut und mit Grasrispen, Moos, Kokosfasern und anderem weichen Material ausgepol-stert. Es werden meistens 4 Eier gelegt. Die Jungen sollen erst nach 16–18 Tagen schlüpfen, aber schon mit 20 Tagen das Nest verlassen.
Ernährung: Vor allem grobe Glanz- und Hirsesorten, am liebsten trocken. Negersaat und Waldvogelmischfutter werden gern angenommen, ferner Grünzeug aller Art, vor allem Salat und Vogelmiere. An tierischem Futter sind frisch gehäutete Mehlwürmer, Ameisenpuppen, Wachsmotten- und Getreideschimmelkäfer-Larven, Heimchen und Essigfliegen genommen worden, als Ersatz auch fein zerhacktes, hartgekochtes Ei und Weichfutter. Ein reichhaltiges Angebot tierischer Nahrung ist für die erfolgreiche Aufzucht der Jungen auschlaggebend.

Gattung Euschistospiza, Schieferastrilde

Schieferastrild *(Euschistospiza cinereovinacea)*
auch Schiefergrauer Astrild genannt

Rassen: E. c. cinereovinacea, E. c. graueri
Kennzeichen: 12 cm, Schnabel schwarz, Augen rotbraun mit roten Lidringen. Kopf, Brust, Rücken und Flügel dunkelgrau. Bürzel, Oberschwanzdecken und Flanken

weinrot, letztere mit wenigen verwaschen-weißlichen Tropfenflecken. Deutlichere weiße Flecken stehen auf den schwärzlichen Brustseiten. Bauchmitte, Unterschwanz-decken und Schwanz sind schwarz, die Füße graubraun. Das Weibchen ist insgesamt etwas matter und grauer gefärbt. Bei Jungvögeln ist das Gefieder nicht schiefergrau, sondern braungrau. Der Gesang ist ein weniger abwechslungsreiches Flöten und Zwitschern als der des Dybowskis Tropfenastrild. Die Rufe ähneln denen der vorigen Art und sind ein scharfes „zi" oder „zip", bei Erregung auch gereiht.

Herkunft und Lebensweise: Südwestliches Uganda, westlich des Tanganjika-Sees und im zentralen Angola, überall im Hochland bis über 2000 m. Über sein Leben in Gebüschen, Randwäldern und den Hochland-Savannen ist noch wenig bekannt. Wird nur paarweise und in kleinen Familientrupps angetroffen.

Haltung: Wurde 1963 erstmals eingeführt. Die Haltung sollte in großen, möglichst natürlich eingerichteten Volieren erfolgen. Nur bei Temperaturen über 20 °C dürfen die Vögel in eine geschützte Außenvoliere gelassen werden.

Zucht: 1965 erstmals gelungen. Das Nest wird freistehend in dichte Grasbüschel oder Gestrüpp gebaut. Balz und Brutablauf ähneln denen des Dybowskis Tropfenastrilds.

Ernährung: Wie bei voriger Art und Buntastrild beschrieben.

Dybowskis Tropfenastrild *(Euschistospiza dybowskii)*
Abb. Seite 77

Kennzeichen: 12 cm, Schnabel schwarz, Kopf, Nacken und Brust dunkelgrau, Augen dunkelbraun, von hellroten Lidringen umgeben. Rücken, Bürzel und Oberschwanz-decken rot, Flügel braun, Schwanz schwarz. Unterseite schwarz mit vielen weißen Tropfenflecken. Füße graubraun. Weibchen mit grauem Bauchgefieder und Tropfen-flecken darauf, Lidringe grau. Jungvögel sind dunkelgrau mit mattroter Zeichnung auf Rücken und Bürzel, die Tropfenflecke fehlen zuerst. Der Gesang ist wohl der schönste und abwechslungsreichste aller Prachtfinken. Auch das Weibchen singt, doch kürzer und leiser.

Herkunft und Lebensweise: Zentral-Afrika entlang der Oberguinea- und Nordäqua-torial-Schwelle, also nördlich der tropischen Regenwälder. Bewohnt dichtes Gebüsch an Waldrändern, Wegen und im Grasland. Hält sich viel auf dem Boden auf, um Grassamen und Insekten aufzulesen.

Haltung: Ist in einer großen Innenvoliere mit möglichst vielen Pflanzen am günstig-sten. Im Sommer kann der Aufenthalt in einer Außenvoliere nicht schaden, da die Vögel nach guter Eingewöhnung nicht weichlich sind. Vielmehr finden sie einen Teil ihrer tierischen Nahrung selbständig, besonders wenn öfter frische Grassoden oder Walderde eingebracht werden. Im Bauer, selbst wenn es groß ist, sind die Vögel sehr scheu und stürmisch.

Zucht: Sie ist in den letzten Jahren mehrere Male gelungen. Die Vögel bauen im Nistkasten, in Heidekraut-Taschen oder freistehend im Gebüsch und Gestrüpp. Mei-stens ist das kugelige Nest dicht über dem Boden errichtet worden. Es wird aus

Tafel 17
Wachtelastrild, Männchen (s. Seite 127).

Tafel 19 (Oben)
Veilchenastrilde, links Weibchen, rechts Männchen. Meistens haben die Weibchen nicht eine so einfarbig braune Brust, sondern weißliche Querbänder oder Punkte darauf (s. Seite 123).

Tafel 18 (Linke Seite)
Oben links: Dornastrild (s. Seite 131). *Oben rechts:* Tigerfink, Männchen (s. Seite 130). *Unten links:* Ringelastrild (s. Seite 138). *Unten rechts:* Diamantfink (s. Seite 133).

Tafel 21 (Oben)
Gemalte Astrilde, links Männchen, rechts Weibchen (s. Seite 134).

Tafel 20 (Linke Seite)
Oben: Zebrafink (s. Seite 138). *Unten links:* Maskenamadine (s. Seite 140). *Unten rechts:*
Zeresamadine (s. Seite 137).

Tafel 23 (Oben)   Sonnenastrild, Männchen (s. Seite 135).

Tafel 22 (Linke Seite)
Oben links: Gürtelamadine (s. Seite 141). *Oben rechts:* Spitzschwanzamadine (s. Seite 142).
Unten links: Manila-Papageiamadine (s. Seite 144). *Unten rechts:* Bambus-Papageiamadine
(s. Seite 143).

Gräsern, Rispen, Kokosfasern und Federchen gebaut. Eine typische Halmbalz wird mit Hüpfen und Singen am Boden der Voliere vorgetragen. Während der ganzen Brutzeit sind die Vögel sehr scheu und ängstlich und verlassen das Nest bei der geringsten Störung. Die Jungen schlüpfen nach 13 Tagen, verlassen nach 22 Tagen das Nest und sind weitere 14 Tage später selbständig. Mit 4 Monaten haben sie das Erwachsenenkleid angelegt.

Ernährung: Wie Buntastrild, doch sollte das Futter auf den Volierenboden ausgestreut werden. Oftmals werden dann Futterarten aufgenommen, die im Napf nicht beachtet werden. Frische Walderde sollte nie fehlen, denn diese wie die darin zu findenden Insekten sind sehr wichtig für die Gesundheit der Vögel.

Gattung Clytospiza, Sternastrilde

Monteiroastrild *(Clytospiza monteiri)*
auch Brauner Tropfenastrild genannt.
Abb. Seite 36

Kennzeichen: 12 cm, Rücken, Bürzel und Flügel braun, Kopf grau, Oberschwanzdecken rot, Schwanz schwarz. Unterseite rotbraun mit vielen kleinen weißen Tropfenflecken. Kehle rot, beim Weibchen weiß. Schnabel schwarz, Augen rotbraun, blaßblau umrandet, Füße bräunlich fleischfarben. Jungvögeln fehlt der Kehlfleck und die Tropfenzeichnung, sind matter braun.

Herkunft und Lebensweise: Zentrales Afrika. Lebt versteckt im Gebüsch und Gras der Savannen und ist viel auf dem Boden anzutreffen. Baut meistens kein eigenes Nest, sondern richtet die anderer Vögel für seine Bedürfnisse her.

Haltung: Eingewöhnung nicht zu schwierig, wenn in großer, warmer und gut mit Verstecken ausgestatteten Zimmervoliere gehalten. Braucht viel freien Bodenraum, da er sich dort viel hüpfend bewegt.

Zucht: Gelang Herrn R. Neff, Fichtenberg, 1975 zum ersten Male. Andere Liebhaber konnten mehrmals Nestbau, meistens in einem Nistkasten, Eiablage und Brüten verzeichnen. Als Nistmaterial wurden weiche Gräser und Kokosfasern genommen.

Ernährung: Siehe Roter Tropfenastrild.

Tafel 24
Oben links: Lauchgrüne Papageiamadine, Männchen (s. Seite 145). *Oben rechts:* Buntkopf-Papageiamadine (s. Seite 147). *Unten links:* Dreifarbige Papageiamadine (s. Seite 147). *Unten rechts:* Reisfink (s. Seite 161).

Gattung Granatina, Granatastrilde

Granatastrild *(Granatina granatina)*
Abb. Seite 79

Rassen: G. g. granatina, G. g. retusa
Kennzeichen: 14 cm, Männchen kastanienbraun auf Kopf, Nacken, Kehle, Brust und Bauch; Rücken und Flügel mehr graubraun. Schnabel rot, ebenso wie Lidringe der rotbraunen Augen. Schmaler, leuchtend blauer Stirnstreif, große lila Wangenflecken, schwarze Zügel und schwarzes Kinn geben dem Granatastrilden eine der farbenprächtigsten Gesichtszeichnungen. Bürzel und Oberschwanzdecken sind blau, der Schwanz ist schwarz, die Füße braun. Beim Weibchen sind Kinn, Kehle, Brust und Bauch hell gelblichbraun, sonst wie Männchen, doch in allen Gefiederpartien matter. Jungvögel haben schwarze Lidringe und schwarzen Schnabel, blauen Bürzel, übriges Gefieder von hellem und mattem Braun, ähnlich dem Weibchen. Der Gesang des Granatastrilds ist flötend und zwitschernd. Auch das Weibchen hat einen eigenen Gesang. Ferner läßt der Granatastrild eine Reihe verschiedener Rufe hören, von denen einige denen des Schmetterlingsfinken ähneln.
Herkunft und Lebensweise: Große Teile Süd-Afrikas. Lebt in Trockensteppen, wo er sich vor allem in Dornbusch-Dickichten aufhält und brütet, auch in lichten Wäldern und in Hecken.
Haltung: Zur Eingewöhnung braucht der Granatastrild viel Wärme (22 bis 24 °C). Auch später bleibt er sehr wärmeliebend, so daß er nie unter 20 °C gehalten werden sollte. Eine Innenvoliere mit anschließender Außenvoliere ist die ideale Unterbringung für den Granatastrild, doch sollte er nur bei trockenem, sonnigem Wetter und Außentemperaturen von mindestens 18 °C nach draußen gelassen werden. Ist anderen Prachtfinken gegenüber friedlich, eignet sich also für eine gemischte Besetzung. Artgenossen und die nahe verwandten Veilchenastrilde und Schmetterlingsfinken werden jedoch nicht geduldet.
Zucht: Ist erst wenige Male gelungen. Zu ihrem Erfolg muß außerordentlich vieles stimmen. Die Innenvoliere muß groß sein und Pflanzen (Immergrüne) in Kübeln sollen ein kleines „Dickicht" bilden, in dem sich die Vögel sicher fühlen und ihr Nest bauen können. Wird in der Außenvoliere gebaut, erfrieren die Jungen meistens in den ersten Nächten, in denen sie nicht mehr gehudert werden, jedoch noch nackt sind. Nur selten bauen sie in Nistkörbchen oder -kästen ihr Nest. Als Baumaterial werden weiche Gräser, Rispen, Wurzelfasern, Bast und Kokosfasern verwendet. Für die Auspolsterung müssen viele Federchen zur Verfügung gestellt werden, auch noch während des Brütens, denn das Männchen bringt zur Brutablösung jedesmal welche mit und verbaut sie. Die Temperatur sollte zur Brutzeit um 25 °C liegen. Mit etwa 18–19 Tagen verlassen die Jungen Granatastrilde recht früh das Nest und sind dann noch sehr empfindlich. Nestkontrollen nehmen Granatastrilde fast nie übel, so daß die Jungen im Alter von etwa einer Woche geschlossen beringt werden können, was als Beweis des Zuchterfolges wichtig sein kann.

Ernährung: Es ist jederzeit viel animalische Nahrung nötig, zur erfolgreichen Zucht unentbehrlich. Was hierzu beim Schmetterlingsfinken gesagt wird, gilt in noch stärkerem Maße für diese Art. Auch Blattläuse werden gern genommen, vor allem die grünen Arten.

Veilchenastrild *(Granatina ianthinogaster)*
Abb. Seite 115

Rassen: G. i. hawkeri, G. i. ianthinogaster, G. i. roosevelti, G. i. somereni
Weitere gebräuchliche Namen: Purpur-Granatastrild, Blaubäuchiger Granatastrild.
Kennzeichen: 14 cm, Männchen kastanienbraun an Kopf, Nacken, an einem breiten Kehlband und an den Flanken. Rücken und Flügel grauer braun. Schmaler Stirnstreif, Augenumgebung und schmaler Kinnstreif leuchtend und glänzend blau, ebenso die von mehr oder weniger Kastanienbraun durchsetzte Brust und Bauch und die Oberschwanzdecken. Der Schnabel ist rot, ebenso die Lidringe der rotbraunen Augen. Der Schwanz ist schwarz, die Füße sind schwarzgrau. Dem Weibchen fehlt jedes Blau. Die Augenumgebung ist weißlich bis lilaweißlich. Das Braun ist an Kopf und Unterseite heller. Auf der Brust sind mehr oder weniger deutliche weiße Punktreihen. Sonst wie Männchen. Jungvögel haben einen schwarzen Schnabel und schwärzliche Lidringe. Ihnen fehlt noch das Blau bzw. Weiß der Gesichtszeichnung. Rufe und Gesänge (das Männchen beherrscht zwei verschiedene, das Weibchen einen weiteren) sind sehr unterschiedlich, teils denen des Granatastrilds ähnlich, teils trillernd und zirpend.
Herkunft und Lebensweise: Große Gebiete Ost-Afrikas von Äthiopien und Somalia bis Tansania. Bewohnt Dornbuschsteppen und andere trockene Gebiete, wo er in niedrigem Gebüsch lebt und brütet.
Haltung: Wie bei Granatastrilden angegeben. Veilchenastrilde werden in letzter Zeit häufiger angeboten.
Zucht: Ist bisher recht selten gelungen. Die Bedingungen für einen Erfolg sind die gleichen wie die beim Granatastrild genannten.
Ernährung: Viel tierische Kost ist nötig, vor allem für die Aufzucht der Jungen (siehe Schmetterlingsfink).

Gattung Uraeginthus, Blauastrilde

Blauastrild *(Uraeginthus angolensis)*
auch Angola-Schmetterlingsfink genannt

Rassen: U. a. angolensis, U. a. cyanopleurus, U. a. natalensis, U. a. niassensis
Kennzeichen: 12 cm, Gesicht außer Stirn und Scheitel blau, auch Kinn, Kehle, Brust, Flanken, Bürzel, Oberschwanzdecken und Schwanz. Stirn, Scheitel, Nacken, Rücken und Flügel braun, Bauch und Unterschwanzdecken hell gelblichbraun. Augen braun,

Schnabel schwarz, ganz wenig rot angehaucht, Füße bräunlich grau. Beim Weibchen ist das Blau weniger ausgedehnt und fehlt manchmal an den Flanken ganz. Jungvögel matt graubraun mit wenig Blau an Kehle und Oberschwanzdecken. Der Gesang ist ein heiseres Flöten und Zwitschern, bei dem sich der Vogel langstreckt, mit dem Schnabel schräg nach oben. Oft auch mit Halm im Schnabel und dann auf einem Ast hüpfend. Auch das Weibchen singt, doch seltener und leiser und nie mit einem Halm. Der Lockruf ist ein kurzes „sitt" oder „sitt-sitt". Sind die Partner eines Paares voneinander außer Sichtweite, wird dieser Ruf durchdringend und langgezogen und klingt dann „siiiet-siiiet". Als Warnlaut wird ein ganz hartes, knallend schnelles „tschack-tschack-tschack" ausgestoßen, oft in nicht endend wollenden Reihen.

Herkunft und Lebensweise: Am Unterlauf des Kongos und in Angola, von dort in weite Gebiete Ost- und Südost-Afrikas vorgedrungen. Bewohnt die dornbuschreichen Trockensteppen, Hecken an Feldrändern und in Gärten. Das Nest wird in Büsche und kleinere Bäume gebaut, oft in einigen Metern Höhe. Es besteht aus weichen Gräsern und wird mit Rispen und Federchen gepolstert.

Haltung: Ist weniger empfindlich als der Schmetterlingsfink, braucht anfangs jedoch auch gleichbleibende Temperatur von 20 °C, später 18 °C. Kann im Sommer in der Außenvoliere gehalten werden, wenn jederzeit eine Innenvoliere mit oben genannten Temperaturen aufgesucht werden kann. Eignet sich für die Voliere wie für ein großes Bauer. Ist allen Mitbewohnern gegenüber friedlich.

Zucht: Diese gelingt etwas leichter als beim Schmetterlingsfinken, da diese Art ruhiger und noch zutraulicher ist. Sonst gleicht der Brutablauf dem des Schmetterlingsfinken.

Ernährung: Wie beim Schmetterlingsfinken beschrieben.

Schmetterlingsfink *(Uraeginthus bengalus)*
auch Schmetterlingsastrild genannt
Abb. Seite 78

Rassen U. b. bengalus, U. b. brunneigularis, U. b. camerunensis, U. b. katangae, U. b. littoralis, U. b. perpallidus, U. b. phoenicotis, U. b. schoanus, U. b. ugandae, U. b. ugogoensis

Kennzeichen: 12 cm, in Gefiederzeichnung wie Angola-Schmetterlingsfink, doch ist das Blau meistens etwas heller. Das Männchen des Schmetterlingsfinken trägt ovale rote Wangenflecke. Der Schnabel ist lilarötlich mit schwarzer Spitze und schwärzlichen Schneiden, die Füße sind fleischfarben. Um die Weibchen dieser Art von denen des Angola-Schmetterlingsfinken unterscheiden zu können, muß auf den rötlichen Schnabel, die rötlicheren Füße und auf die allgemein hellere blaue Färbung geachtet werden. Die Vögel der Rasse Schoa-Schmetterlingsfinken *(U. b. schoanus)* haben einen etwas längeren Schwanz und sind in allen Gefiederpartien etwas kräftiger gefärbt. Jungvögel ähneln den Weibchen, doch fehlt noch die blaue Färbung des Gesichts. Junge Männchen zeigen mit etwa 10 Wochen das erste Rot der sich bildenden Wangenflecke. Stimmen und Gesang sind denen des Angola-Schmetterlingsfinken gleich. Der Gesang klingt jedoch noch heiserer und gequetschter. Auch das Weibchen singt und zeigt dabei die Halmbalz.

Herkunft und Lebensweise: In mehreren Rassen von Senegal in West-Afrika bis Äthiopien (Schoa-Schmetterlingsfink), von dort südwärts bis Tansania, dem südöstlichen Kongo und dem östlichen Angola, in Kenia und Somalia ostwärts bis an den Indischen Ozean. Ist sehr anpassungsfähig und bewohnt sowohl trockene Steppen wie Ufer und andere feuchte Gebiete, lichten Dornbuschwald und Dickichte, auch recht häufig in Gärten und Hecken. Brütet fast immer in dichtem Dorngebüsch, oft in der Nähe von Wespen- oder Hornissennestern.

Haltung: Eine der am häufigsten gehaltenen Prachtfinkenarten. Ist auch dem Anfänger zu empfehlen, braucht aber eine sorgfältige Eingewöhnung mit gleichbleibender Temperatur von mindestens 22°C. Auch später ist der Schmetterlingsfink wärmeliebend und sollte nicht bei Temperaturen unter 18°C gehalten werden. Daß diese Art kurzzeitig tiefere Temperaturen und sogar Frost gesund überstehen kann, habe ich erleben können. Mir war ein junges Schmetterlingsfinken-Männchen im Winter bei einigen Grad unter Null entflogen. Nach etwa 2 Stunden war es wieder in der warmen Wohnung, gelockt und geleitet von den lauten Kontaktrufen seines Weibchens, das am offenen Fenster ebenfalls der Kälte ausgesetzt war. Die Vögel zeigten keine Schäden und haben später mehrmals erfolgreich gebrütet. Die Haltung ist im Bauer möglich, doch viel lebhafter und anmutiger zeigt sich der Schmetterlingsfink in einer Voliere. Sein Flug ist schnell und gewandt. Da sehr friedlich, kann er mit anderen Prachtfinken gehalten und auch gezüchtet werden.

Zucht: Schreitet bereitwillig zur Brut, doch gelingt diese fast nur in einer Voliere. Sind dichte Büsche vorhanden, wird das Nest meistens in diese freistehend gebaut, sonst auch Körbchen und Kästen angenommen. Weiche, trockene Gräser und Rispen, Kokosfasern und Federchen werden zum Bau des Nestes genommen. Es werden 3–6 Eier gelegt und von beiden Partnern abwechselnd bebrütet. Allerdings brütet in vielen Fällen das Weibchen überwiegend. Nachts brütet das Weibchen gewöhnlich alleine, doch bei meinen Schmetterlingsfinken, die zu Nestschläfern geworden waren, bedeckten dann beide das Gelege. Im allgemeinen sehr empfindlich gegen Nestkontrollen, waren meine Vögel genau das Gegenteil. Sie brüteten ganz fest und saßen Sekunden nach der Kontrolle wieder auf den Eiern oder Jungen. Ihre auch sonst außerordentliche Vertrautheit mag darauf zurückzuführen sein, daß sie fast ständig Menschen in ihrer Nähe hatten, denn der Raum, in dem ihre Voliere stand, war zuerst Kinderzimmer, später mein Arbeitszimmer.

Ernährung: Kleine Hirsesorten wie Japan-, Mohair-, Senegal- und Kolbenhirse, alle stets auch gekeimt, anbieten. Grünes wie Vogelmiere und Salat wird besonders gern genommen, wenn es fein zerhackt gegeben wird. Im Sommerhalbjahr viele halbreife Sämereien reichen. Vogelmiere, Grasrispen, Hirtentäschel und Breitwegerich werden am liebsten gemocht. Außerdem ist stets etwas tierische Kost nötig. Frisch gehäutete, zerschnittene Mehlwürmer werden gern genommen, ebenso frische Puppen der

Rasenameisen. Zur Aufzucht der Jungen sind diese Futterstoffe unentbehrlich und sollten durch weitere ergänzt werden. Ich hatte große Mengen kleiner Wachsmottenlarven zur Verfügung, die gern genommen wurden, ebenso Enchyträen. Andere Züchter haben mit Erfolg Essigfliegen, Fliegenmaden, Wasserflöhe und Rote Mückenlarven verfüttert. Wer eine durch Glas und Gaze abgeschlossene Voliere hat, kann auch mit dem Kescher von hohem Gras abgestreifte Insekten und Spinnen hineingeben, die von den Altvögeln begierig aufgelesen und gefangen werden. Ohne ein reiches Angebot tierischer Nahrung werden die Jungen meistens aus dem Nest geworfen.

Blaukopfastrild *(Uraeginthus cyanocephalus)*
auch Blaukopf-Schmetterlingsfink genannt
Abb. Seite 78

Rassen: U. c. cyanocephalus, U. c. muelleri
Kennzeichen: 14 cm, wie Angola-Schmetterlingsfink, beim Männchen jedoch der ganze Kopf und Nacken blau. Das Blau ist bei dieser Art besonders intensiv. Der Schnabel ist weinrot mit wenig Schwarz an der Spitze, die Augen sind rotbraun, die Füße bräunlichgelb. Der Gesang ist weicher und flötender als der der beiden anderen Schmetterlingsfinken. Auch das Weibchen singt zuweilen und zeigt dabei die Halmbalz.
Herkunft und Lebensweise: Ist in Ost-Afrika in Somalia, Kenia, Uganda und Tansania beheimatet. Sein Biotop sind die trockenen Steppen, wo er meistens paarweise anzutreffen ist, von Grassamen und Insekten lebt und in Dornbüschen brütet, ähnlich wie die anderen Schmetterlingsfinken gern in der Nähe von Wespenvölkern.
Haltung: In letzter Zeit häufiger eingeführt. Er ist zwar auch sorgfältig in warmen Räumen einzugewöhnen, doch weniger empfindlich als die beiden anderen Schmetterlingsfinken.
Zucht und Ernährung: Wie beim Schmetterlingsfinken beschrieben.

Gattung Stictospiza, Olivastrilde

Olivastrild *(Stictospiza formosa)*
auch Olivgrüner Astrild genannt
Abb. Seite 80

Kennzeichen: 11 cm, Schnabel dunkelrot, Augen rotbraun, Kopf und gesamte Oberseite olivgrün, Oberschwanzdecken gelb, Schwanz schwarz. Unterseite gelb, an Bauch und Unterschwanzdecken am kräftigsten. Brust- und Bauchseiten breit schwarzweiß quergestreift. Füße rosig braun. Weibchen ist matter gelb unterseits. Jungvögel haben schwarzen Schnabel und noch keine Flankenstreifen. Rufe „si" und „zwi", Gesang leises Zwitschern.

126

Herkunft und Lebensweise: Indien. Lebt und brütet in Gras- und Schilfdickichten. Das Nest wird niedrig zwischen Halmen aufgehängt. Außerhalb der Brutzeit in kleinen und größeren Trupps.

Haltung: Sind angenehme, ruhige und friedliche Vögel, die sich vor allem für eine größere Voliere eignen. Da wenig empfindlich, auch für die Außenvoliere. Bleibt stets etwas scheu, im Bauer sogar sehr ängstlich.

Zucht: Wie Goldbrüstchen und Tigerfink, doch ist diese Art weit mehr auf ein reichhaltiges tierisches Futterangebot angewiesen.

Ernährung: Siehe Goldbrüstchen und Grauastrild.

Gattung Ortygospiza, Wachtelastrilde

Wachtelastrild *(Ortygospiza atricollis).*
Abb. Seite 80 und 113

3 Rassengruppen:
1. *O. a. dorsostriata, O. a. fuscata, O. a. gabonensis* = Schwarzkinn-Wachtelastrild
2. *O. a. ansorgei, O. a. atricollis* = Rebhuhnastrild, *O. a. ugandae*
3. *O. a. bradfieldi, O. a. digressa, O. a. fuscocrissa* = Wachtelastrild, *O. a. muelleri, O. a. pallida, O. a. smithersi*

Die Schwarzkinn-Wachtelastrilden stimmen in der Gefiederzeichnung mit den Rebhuhnastrilden überein, haben jedoch keinen weißen, sondern einen schwarzen Kinnfleck.

Die Rebhuhnastrilde haben einen sehr kleinen weißen Kinnfleck, jedoch keine weiße Brillenzeichnung, die für die Wachtelastrilde typisch ist.

Kennzeichen: 10 cm, Oberseite, graubraun, Oberkopf, Stirn und Kehle schwarz. Eine weiße „Brille" umfaßt das gelbbraune Auge und den grauen, teils nackten Zügel und läuft am roten Ober- und Unterschenkel aus. Oberschnabel außerhalb der Brutzeit schwärzlich. Brust und Flanken kräftig und breit schwarzweiß quergestreift. Vorderer Bauch kräftig gelbbraun, nach hinten hin gelblicher. Auch die Unterschwanzdecken gelblichbraun bis weißlich. Füße fleischfarben. Das Weibchen hat eine weniger kräftige Streifung auf Brust und Flanken. Stirn-, Oberkopf- und Kehlgefieder grau. Jungvögel besitzen kaum Querstreifung und sind graubräunlicher am Bauch. Die Stimme ist ein hartes „pink" oder „quik", das auch beim plötzlichen Auffliegen ausgestoßen wird. Manchmal wird es auch gereiht vorgetragen. Der Gesang ist leises, fast bauchrednerisches Gezwitscher.

Herkunft und Lebensweise: Von Äthiopien bis zum östlichen Süd-Afrika leben die verschiedenen Rassen des Wachtelastrilds (mit „Brille"). In Angola weitere kleine Vorkommen des Wachtelastrilds. Der Rebhuhnastrild lebt in West-Afrika von Senegal bis Nigeria, eine sehr ähnliche Rasse von Guinea bis Liberia. Der Schwarzkinn-

Wachtelastrild kommt in Angola, Zaire, Uganda und im Westen Tansanias vor. Dort trifft er mit dem Wachtelastrild im gleichen Gebiet zusammen, ohne sich mit diesem zu vermischen. Vielleicht gehören sie doch verschiedenen Arten an.

Wie keine anderen Prachtfinken ist der Wachtelastrild (und seine nächsten Verwandten) an das Leben auf dem Boden angepaßt. Wie winzige Wachteln oder Rebhühner hält er sich stets zwischen niedriger Vegetation auf. Weiß geschickt zwischen Gräsern hindurchzulaufen und sich in Bodenvertiefungen zu verstecken. Hüpft kaum, sondern rennt schnell trippelnd. Fliegt fast nur bei Gefahr, dann plötzlich senkrecht aufschnellend, um nicht weit entfernt im Gras zu landen. Baut das Nest auf dem Boden, unter Grasbüscheln oder niedrigen Büschen versteckt. Ist recht gesellig, außerhalb der Brutzeit in größeren Trupps, und brütet oft sogar in lockeren Kolonien. Die Nahrung, Grassamen und kleine Insekten, wird vor allem vom Boden aufgeklaubt.

Haltung: Braucht seiner Lebensweise entsprechend viel Bodenraum, der große Sandflächen und Grasbüschel enthalten soll. Einige Steine dienen als bevorzugte Sitzplätze, von denen das Männchen auch seinen Gesang vorträgt. Werden Wachtelastrilde allein gehalten, braucht ein Bauer nicht hoch zu sein und keine Sitzäste zu enthalten. Eine Länge von 150 cm und eine Breite von 60 cm sind aber als Mindestmaße zu betrachten. Die Decke des Bauers sollte „weich" sein, also aus Plastikfolie oder Perlongaze bestehen, denn beim erschreckten Hochfliegen können die Vögel sich sonst leicht am Kopf verletzten. Ihre Haltung in einer großen Innenvoliere oder Vogelstube ist der im Bauer vorzuziehen. Sie sind anderen Prachtfinken gegenüber stets friedlich und können auch mit mehreren Paaren ihrer eigenen Art zusammen gehalten werden. In die Außenvoliere sollten sie nur bei Temperaturen über 18 °C gelassen werden. Nehmen gern Sonnenbäder auf dem warmen Sand und baden gern im Wasser, jedoch nicht nach Hühnerart im Sand. Auch scharren sie nicht wie Hühnervögel.

Zucht: Ist in den letzten Jahren öfter gelungen. Für einen Erfolg ist es wichtig, daß sich die Partner „sympathisch" sind, da sie sonst kaum zur Brut schreiten. Es ist deshalb ratsam, mit mehreren Paaren die Zucht zu beginnen. Werden sie alle zuerst miteinander gehalten, finden sich die Partner von selbst zusammen. Bei der Bodenbalz umtrippelt das Männchen das Weibchen. Das Nest wird zwischen Grasbüschel gebaut, und zwar aus Kokosfasern und Gräsern. Es wird mit vielen kleinen Federn ausgepolstert, wobei helle bevorzugt werden. Es werden zumeist 5 Eier gelegt. Nach 14 Tagen schlüpfen die Jungen, die mit drei Wochen das Nest verlassen. Sie übernachten danach manchmal noch einige Zeit im Brutnest, sonst zwischen dichten Grasbüscheln. Beim stürmischen Betteln schlagen die Jungen heftig mit den Flügeln, was sonst nur noch bei der Gattung der Tigerastrilde beobachtet werden kann, wenn auch längst nicht so stark. Die Jungen sind nach 2–3 Wochen selbständig. Gegenüber Nestkontrollen ist die Art recht empfindlich, wenn die Vögel sonst auch fast handzahm sind.

Ernährung: Außer kleinen Hirsesorten und Kolbenhirse ist stets tierische Nahrung anzubieten. Schon vor Zuchtbeginn muß ausprobiert werden, welche Futtertiere von ihnen angenommen werden, was individuell sehr verschieden ist. Meistens sind Puppen der Rasenameisen und frisch gehäutete, zerschnittene Mehlwürmer gern angenommen worden. Für weitere Futterarten siehe Grauastrild. Das Futter wird am liebsten direkt vom Boden aufgenommen, sollte zu einem großen Teil also dort verstreut werden.

Gattung Paludipasser, Heuschreckenastrilde

Heuschreckenastrild *(Paludipasser locustella)*

Rassen: P. l. locustella, P. l. uelensis
Kennzeichen: 10 cm, beim Männchen sind Schnabel, Gesicht, Kinn, Kehle und Halsseiten rot. Stirnmitte, Oberkopf, Nacken, Rücken und Flügel dunkelbraun, auf den Flügeldecken weiße Pünktchen, Flügelbug hell rötlichbraun. Oberschwanzdecken rot, Schwanz schwärzlich. Brust, Bauch und Unterschwanzdecken dunkel braungrau. Augen gelblichbraun, Füße dunkelbraun. Das Weibchen hat den Oberschnabel, Gesicht und Halsseiten bräunlich. Kehle, Brust und Bauch weißlicher, an den Seiten dunkler braun quergewellt. Jungvögel ähneln dem Weibchen sehr.
Herkunft und Lebensweise: Tansania, Moçambique, Rhodesien, östliches Angola und südlicher Kongo. Weitere kleine Vorkommen im westlichen Angola und nördlichen Kongo. Bevorzugt feuchteren Gras- und Sandboden als der Wachtelastrild, sonst gleiche Lebensgewohnheiten wie dieser.
Haltung: Wurde erstmals 1964 nach Holland eingeführt, doch gingen die Vögel sämtlich innerhalb der ersten zwei Wochen ein. Ein weiterer kleiner Trupp dieser Vögel gelangte im Dezember 1972 ebenfalls nach Holland und wurde nach England weiterverkauft.

Gattung Sporaeginthus, Goldbrüstchen

Goldbrüstchen *(Sporaeginthus subflavus)*
Abb. Seite 80

Rassen: S. s. clarkei, S. s. miniata, S. s. niethammeri, S. s. subflavus
Kennzeichen: 9 cm, Schnabel rot, Mitte des Ober- und Unterschnabels schwarz. Vom Oberschnabel zieht sich ein roter Streif über das rote Auge zum Nacken hin. Stirn, Oberkopf, Nacken, Rücken und Flügel graugrün. Bürzel und Oberschwanzdecken sind rot, Schwanz schwarz. Kinn, Kehle, Brust und Bauch leuchtend gelb, mit mehr oder weniger hellroten Federn durchsetzt, die an den Unterschwanzdecken das Gelb ganz verdrängen. Wangen graugrüngelb, Brust- und Bauchseiten graugrün quergewellt. Füße fleischfarben. Dem Weibchen fehlt der rote Überaugstreif, es ist insgesamt matter gefärbt, orangerot nur an den Unterschwanzdecken. Jungvögel haben einen

schwarzen Schnabel, braune Augen, sind dem Weibchen ähnlich, doch noch bräunlichgrauer, ohne Rot an Bürzel- und Oberschwanzfedern und ohne Querwellung an den Flanken. Rufe einfach „si" oder „sit", Gesang ein lautes und eintöniges Schilpen „zilp-zilp-zilp-zalp", das besonders morgens ohne größere Unterbrechungen oft stundenlang ausgestoßen wird. Im Sommer fing ein Männchen bei mir oft schon um 4 Uhr früh zu „singen" an und ließ erst zur Fütterungszeit um 6 Uhr davon ab.

Herkunft und Lebensweise: Von Senegal bis Äthiopien, südwärts bis zum Osten Süd-Afrikas. Nur in den ausgedehnten Tropenwaldgebieten des Kongobeckens und in Südwest-Afrika fehlend. Lebt in Sumpfgebieten und in Schilf- und Grassäumen aller möglichen Gewässer. Hält sich viel auf dem Boden auf und baut auch sein Nest zwischen Grasbüschel oder ganz niedrig in Büsche. Benutzt auch häufig die Nester anderer kleiner Vögel, die den eigenen Bedürfnissen entsprechend ausgebaut werden. Nach der Brutzeit oft in großen Schwärmen anzutreffen.

Haltung: Ist im Bauer wie in der Voliere möglich. Da sehr verträglich, kann das Goldbrüstchen gut mit anderen Prachtfinken zusammen gehalten werden. Gegenüber weiteren Paaren der gleichen Art zur Brutzeit jedoch aggressiv. Ist sehr unempfindlich und kann vom Frühjahr bis Herbst auch in der Außenvoliere gehalten werden, wenn es jederzeit eine mäßig warme (mindestens 15 °C) Innenvoliere aufsuchen kann.

Zucht: Brütet leicht und zuverlässig, selbst im größeren Bauer. Bei mir brütete ein Pärchen in einer recht kleinen Voliere in Gesellschaft je eines Paares Schmetterlingsfinken, Grauastrilde und Amaranten erfolgreich, wobei stets ein altes Nest der Schmetterlingsfinken oder Amaranten bezogen und mit Federn ausgepolstert wurde. Keine Halmbalz, sondern Gefiedersträuben und Verneigen vor dem Weibchen. Sonst ähnelt der Brutverlauf dem von Grauastrild und Amarant.

Ernährung: Kleine und vor allem gekeimte Hirse, außerdem möglichst viele halbreife Unkraut- und Grassamen. Stets etwas tierische Nahrung, zur Aufzucht der Jungen in großen Mengen. Frisch gehäutete, zerschnittene Mehlwürmer, kleine Wachsmottenlarven und Puppen der Rasenameisen wurden bei mir stets gern genommen. Für ein größeres Angebot an tierischer Kost siehe Grauastrild.

Gattung Amandava, Tigerastrilde

Tigerfink *(Amandava amandava)*
auch Tigerastrild genannt
Abb. Seite 114

Rassen: A. a. amandava, A. a. flavidiventris, A. a. punicea
Kennzeichen: 9 cm, Schnabel, Augen, Kehle, Brust, Bürzel und Oberschwanzdecken rot, Rücken rötlichbraun, Bauch, Unterschwanzdecken und Schwanz schwarz, Füße graubraun. Weiße Punkte sind auf Brust, Flanken, Flügeldecken und Oberschwanzdecken verstreut, auch die Kinnseiten sind weiß und je ein weißer Strich begrenzt die Unterseite der schwarzen Zügel. Nur das Männchen im Prachtkleid zeigt das rote

Gefieder. Als einziger Prachtfink wechselt das Tigerfinkenmännchen jährlich von seinem roten Gefieder in das schlichte gelbgraubraune, wie es das Weibchen trägt. Nur Bürzel und Oberschwanzdecken sind bei beiden Geschlechtern stets rot, sonstige Gefiederzeichnung wie oben beschrieben. Jungvögel haben schwarzen Schnabel. Der Gesang ist ein wechselndes, hübsches und leises Zwitschern, der Lockruf „si". Auch das Weibchen singt.

Herkunft und Lebensweise: Indien, Indochina, Java, Kleine Sunda-Inseln. Wie Goldbrüstchen und Olivgrüner Astrild bevorzugt der Tigerfink die Gras- und Schilfgebiete der Ufer und Sümpfe, er ist aber auch an Feldrändern, in Wegrandgebüschen und Gärten zu finden. Das Nest wird in Grasbulte, in niedriges Gebüsch oder direkt auf den Boden gebaut.

Haltung: Leicht einzugewöhnen, auch wenig kälteempfindlich, was den ganzen Sommer über eine Haltung in der Außenvoliere erlaubt. Für den Winter ist jedoch die Unterbringung bei mindestens 12 bis 15 °C erforderlich, sollen die Vögel sich wohl fühlen. Eignet sich auch für ein größeres Bauer und für die Gemeinschaftshaltung. Ist sehr friedlich. Kann dem Anfänger sehr empfohlen werden. Erreicht manchmal ein Alter von 8 und mehr Jahren.

Zucht: Gelingt in einer Voliere mit Grasbüscheln und niedrigem Gebüsch recht leicht. Nistkästen werden selten angenommen. Das freistehende Nest wird aus Kokosfasern und weichen Gräsern gebaut und mit Federn ausgepolstert. Balz und Paarung finden meistens auf dem Boden statt. Auch das Weibchen balzt manchmal mit einem Halm und singt leise und kurz. Meistens verden 5 oder 6 Eier gelegt. Nach einer Brutzeit von 11 Tagen schlüpfen die Jungen, die mit 3 Wochen ausfliegen und weitere 3 Wochen später selbständig sind.

Ernährung: Wie Goldbrüstchen und Grauastrild.

Besonderes: Das Prachtkleid der Männchen wird in unserer Pflege oft nicht vollständig angelegt, ist nie so leuchtend rot, wie bei Wildvögeln. Manche Männchen wechseln nicht in ein Ruhekleid, sondern gleich in ein neues Prachtgefieder.

Gattung Aegintha, Brauenastrilde

Dornastrild *(Aegintha temporalis)*
Abb. Seite 114

Rassen: A. t. loftyi, A. t. minor, A. t. temporalis
Kennzeichen: 12 cm, Schnabel, Augen, Überaugstreifen, Bürzel und Oberschwanzdecken rot, Kopf, Kehle und Flanken grau. Rücken und Flügel graugrün, Bauchmitte graugelb. Schwanz schwärzlich, Füße hell fleischfarben. Jungvögel matter gefärbt, ohne roten Überaugstreif. Ruft „si" oder „sit", auch mehrsilbig, der Gesang ist eine Reihe variierter Lockrufe.

Herkunft und Lebensweise: Ost- und Süd-Australien, inzwischen auch in West-Australien eingebürgert, ferner auf Tahiti, Moorea und auf den Marquesas-Inseln.

Bewohnt Gras- und Parklandschaften, Feld- und Waldränder, Ufer, Gärten, Parks, selbst in den Großstädten. Das Nest wird in Büsche und niedrig in Bäume gebaut. Nur außerhalb der Brutzeit in oft großen Flügen.

Haltung: Weniger für ein großes Bauer als für eine mit dichten Pflanzen ausgestattete Innenvoliere geeignet. Braucht ständig etwa 18 °C. Sehr empfindlich gegenüber Feuchtigkeit. Überhaupt hält es kaum ein Vogel dieser Art länger als 3 Jahre in unserer Pflege aus, was um so erstaunlicher ist, als der Dornastrild in seiner Heimat einer der häufigsten und anpassungsfähigsten Prachtfinken ist. War bei uns sehr selten geworden. Ende der 70er Jahre einige Neuimporte.

Zucht: Schwierig, in letzter Zeit wieder häufiger gelungen. Brüten in dichtem Gebüsch, bauen mit Gräsern, Kokosfasern, Scharpie, Haaren und Federn. Sind während der Brut sehr scheu und verlassen bei Störungen meistens Gelege und Junge.

Ernährung: Siehe Binsenastrild

Gattung Zonaeginthus, Feuerschwanzamadinen

Feuerschwanzamadine *(Zonaeginthus bellus)*

Kennzeichen: 12 cm, am ganzen grau- bis olivbraunen Gefieder ist eine dunkle Querwellung, ähnlich der des Wellenastrilds (siehe Abbildung). Der Schnabel ist rot, Stirn, Zügel und Augenumrandung sind schwarz. Die braunen Augen werden durch hellblaue Lidringe betont. Oberschwanzdecken und Bürzel hellrot, Unterschwanzdecken und Bauchmitte schwarz, beim Weibchen grau und schwarz gewellt. Jungvögel haben schwarzen Schnabel und kaum Wellenzeichnung.

Herkunft und Lebensweise: Südlichstes Australien und Tasmanien. Lebt in lichten Wäldern, in Schilf- und Grasbeständen, auch in Parks und Gärten. Lebt von Grassämereien und von Kerfen. Das Nest wird sehr kunstvoll gebaut und mit einer langen Einschlupfröhre versehen. Es wird in versteckte Astgabeln von Büschen und Bäumen gewebt.

Haltung: Sehr selten in früheren Jahrzehnten eingeführt und nie lange am Leben erhalten. Ist sehr schwer einzugewöhnen und sehr wild.

Zucht: Ist bisher erst in Australien gelungen, wobei die Vögel die Nester in dichtes Gebüsch bauten.

Ernährung: Siehe Diamantfink.

Rotohramadine *(Zonaeginthus oculatus)*

Kennzeichen: 12 cm, Oberseite wie Feuerschwanzamadien, Kehle und Brust gelbgrün und schwarz quergesteift, Bauch und Flanken schwarz mit weißen Tropfenflecken. Rote Ohrflecke geben der Art ihren Namen. Die roten Augen sind von türkisfarbenen

Lidringen eingefaßt, der Schnabel ist rot, die Füße sind hornfarben. Jungvögel sind brauner und mattcr gcfärbt, Wellenzeichnungen kaum erkennbar, Ohrfleck und Tropfenzeichnungen fehlen noch, Schnabel schwarz. Viele verschiedene Rufe, klagend und laut oder leise trillernd, werden zu einem Gesang aneinandergereiht. Ein getragener, klagender Ruf, der sich wie „ohwie" anhört wird oft wiederholt.

Herkunft und Lebensweise: Kleines Verbreitungsgebiet im äußersten Südwesten Australiens, südlich von Perth. Sehr selten und im Bestand weiter abnehmend, so daß trotz Schutzes vom Aussterben bedroht. Lebt paarweise in Eukalyptuswäldern und baut das sehr kunstvolle Nest meistens in großer Höhe im Gezweig dieser Bäume. Liebt die Nähe von Gewässern.

Haltung: In Deutschland war vor genau 100 Jahren ein Einzelvogel. Bisher nur in Australien längere Zeit gehalten und dort auch gezüchtet. Im Jahre 1971 erhielt Herr Dr. R. Burkard, Küsnacht, Schweiz, 20 Vögel und verzeichnete 1974 die ersten Zuchterfolge. Doch die Vögel gingen im gleichen Jahr alle an einer infektiösen Lebererkrankung ein. Ernährung wie Diamantfink.

Gattung Stagonopleura, Diamantfinken

Diamantfink *(Stagonopleura guttata)*
Abb. Seite 114

Kennzeichen: 12 cm, Schnabel dunkel weinrot, ebenso die Lidringe der braunen Augen. Stirn, Scheitel und Nacken grau, Zügel schwarz, Kinn und Kehle weiß. Ein breites, schwarzes Brustband trennt die weiße Kehle von der übrigen weißen Unterseite. Auf schwarzen Flankenstreifen große weiße Punkte in Reihen. Rücken und Flügel braun, Bürzel und Oberschwanzdecken rot, Schwanz schwarz, Füße grau. Das Weibchen hat meistens blassere Lidringe, schmaleres Brustband, grauschwarze Zügel und ist kleiner. Doch allein der tiefe Gesang und der hellere, länger andauernde Lockruf des Männchens sind sichere Erkennungszeichen. Jungvögel haben schwarzen Schnabel, sind oberseits graubraun und haben eine matt braune und hellgraue Flankenzeichnung.

Herkunft und Lebensweise: Süd- und Südost-Australien. Lebt in lichten Waldgebieten, gern in der Nähe von Gewässern. Nahrung vor allem Grassamen. Baut ein sehr umfangreiches Nest am liebsten in ewa 2 m Höhe, auch in ganz hohe Baumwipfel und sogar in Greifvogelhorste. Schon oft in Gärten und Parks brütend gefunden. Ist in freier Natur recht gesellig. Mehrere Paare legen sogar ihre Nester recht dicht nebeneinander an. Wenig scheu.

Haltung: Wenig für das Bauer geeignet, obwohl in letzter Zeit sogar Zuchterfolge in Bauern von etwa 1 × 1 × 0,5 m Größe erzielt wurden. In einer sehr großen Voliere kann ein Paar gut mit anderen Prachtfinken zusammengehalten werden.

Zucht: Während der Brutzeit wird er meistens aggressiv und jagt die anderen Volierenbewohner bis zur Erschöpfung. Braucht einen sehr großen Nistkasten (Wellensittichkasten im Querformat) und viel Nistmaterial, vor allem lange Gräser von 30 bis 50 cm Länge, aber auch Kokosfasern und weiches Material wie Moos und Federn. Ist dichtes Buschwerk in der Voliere vorhanden, wird das Nest meistens darin freistehend errichtet. Es erhält dann eine lange Einschlupfröhre. Am Nest wird ständig weitergebaut, weshalb immer, auch wenn die Jungen schon geschlüpft sind, Nistmaterial zur Verfügung stehen soll. Meistens wird zuverlässig gebrütet und die 4–6 Jungen schlüpfen nach 14 Tagen und bleiben etwa 25 Tage im Nest. Rund 14 Tage später sind sie selbständig und werden dann vom Vater meistens schon heftig gejagt.

Ernährung: Hirse-Glanz-Gemisch, vor allem gekeimt, ferner viele halbreife Grassamen, Vogelmiere und andere Wildkräuter. Mehlwürmer und -puppen werden gern genommen, wenn frisch gehäutet und zerkleinert angeboten, ferner frische Puppen der Rasenameisen. Diese und weitere tierische Nahrung ist für die erfolgreiche Aufzucht der Jungen unbedingt nötig.

Gattung Oreostruthus, Bergamadinen

Bergamadine *(Oreostruthus fuliginosus)*

Rassen: O. f. fuliginosus, O. f. hagenensis, O. f. pallidus
Kennzeichen: 12 cm, Schnabel, Kehle, Brust und Flanken sowie Oberschwanzdecken rot. Übriges Gefieder grünlich graubraun, Bauchmitte und Unterschwanzdecken schwarzbraun. Die Augen sind braun, die Füße hell fleischfarben. Weibchen und Jungvögel sind in den roten und braunen Federpartien wesentlich heller. Der Schnabel ist bei Jungvögeln schwarzbraun.
Herkunft und Lebensweise: Neuguinea, dort in Gebirgen in Höhen um 3000 m. Lebt paarweise sehr versteckt im hohen Gras, meistens in der Nähe von Gebüsch und Waldrand.
Haltung: Wurde seit 1967 hin und wieder in Holland angeboten. Soll dort auch schon erfolgreich gezüchtet worden sein.

Gattung Emblema, Prachtastrilde

Gemalter Astrild *(Emblema picta)*
Abb. Seite 117

Kennzeichen: 10 cm, Oberschnabel schwarz, Unterschnabel rot. Rot sind beim Männchen auch Gesicht, Stirn, Kinn und von dort große Flecken entlang der Brust- und Bauchmitte, ferner Bürzel und Oberschwanzdecken. Scheitel, Nacken, Rücken und Flügel braun, Brust, Bauch, Unterschwanzdecken und Schwanz schwarz, Füße rötlichgrau. Auf den schwarzen Flanken viele weiße Tropfenflecke, besonders beim Weibchen, bei dem dafür viel weniger rote Flecke in der Brustmitte vorhanden sind.

134

Das Weibchen hat auch weniger Rot im Gesicht. Es reicht nur vom Schnabel ums weißliche Auge. Die Unterseite ist mehr schwarzbraun. Jungvögel haben nur Bürzel und Oberschwanzdecken matt rot. Der Gesang ist eine schnell vorgetragene Strophe, die Rufe sind leise „pock" und laut, oft auch in schneller Folge „zick".

Herkunft und Lebensweise: Inneres und nordwestliches Australien. Lebt in Halbwüsten und Steppen, vor allem in der Nähe von Wasserstellen, auch solchen von Menschen geschaffenen. In dichten Büscheln harter Gräser wird das Nest gebaut, das immer eine Unterlage aus kleinen Zweigstückchen, Steinchen, Erdbrocken und anderen groben Materialien erhält.

Haltung: Ist gut für die Voliere geeignet, und zwar sowohl mit anderen Prachtfinken in Gemeinschaft, wie auch mit weiteren Paaren der eigenen Art. Ist fast immer verträglich. Die Voliere wird mit Büscheln sehr festen, harten Grases, mit Kiefern- und Ginsterzweigen ausgestattet. Viel freie Bodenfläche mit Sand, Walderde und Steinen (als bevorzugte Sitzplätze) sind notwendig. Schläft auf dem Boden, auf Nistkästen oder auf regelartig angebrachten Brettern, doch nicht auf Zweigen und Ästen.

Zucht: Wenn die Voliere wie oben beschrieben ausgestattet ist, gelingt die Zucht meistens. Das Nest wird vor allem in dichtes Gestrüpp gebaut. Es werden manchmal auch Nistkästen angenommen. Wichtig ist, grobes Material für den Unterbau des Nestes zur Verfügung zu stellen (siehe oben). Für das Nest werden kurze Stückchen trockener, entnadelter Tannenzweige und des Ginsters, sowie Gräser, Rispen, Kokosfasern verwendet, als Polstermaterial vor allem Scharpie und kleine Federn. Die Brutzeit ist mit 15–16 Tagen etwas länger als bei den meisten Arten.

Ernährung: Vor allem Senegal-, Manna-, Japan- und Kolbenhirse, sonst wie Binsenastrild.

Gattung Neochima, Sonnenastrilde

Sonnenastrild *(Neochmia phaeton)*
Abb. Seite 119

Rassen: N. p. evangelinae, N. p. iredalei, N. p. phaeton
Kennzeichen: 13 cm, Schnabel, Gesicht, Kehle, Brust, Flanken, Oberschwanzdecken und obere Schwanzseite rot. Weiße Punkte stehen auf den Brustseiten. Scheitel, Nakken, Rücken und Flügel graubraun mit rötlichem Schimmer. Augen braun. Bauch und Unterschwanzdecken bei 2 Rassen schwarz, bei 2 weiteren Rassen weiß. Füße gelbbraun. Beim Weibchen sind Brust und Flanken graubraun und tragen ebenfalls Punkte. Bauch und Unterschwanzdecken bei den schwarzbäuchigen Rassen hellbraun, sonst weiß. Jungvögel haben schwarzen Schnabel und noch kein Rot, außer auf Oberschwanz und Schwanz. Sind insgesamt matter braungrau, unterseits gelbbraun. Lockrufe „tschick", leise, laut, einzeln oder gereiht ausgestoßen. Der Gesang des Männchens ist sehr abwechslungsreich und besteht aus wohltönenden wie aus krächzenden Lauten, die alle mehrfach wiederholt werden.

Herkunft und Lebensweise: Nord-Australien und ein kleines Gebiet im Süden Neu-guineas. Die weißbäuchigen Rassen nur in Neuguinea und im Norden der York Halbinsel. Lebt in Biotopen mit vielen Gewässern, dort im Schilf, hohen Gras, Gebüsch und in Bäumen. Brütet auf Bäumen, an und in Gebäuden. Hat sich durch die Besiedlung und Anlage von Wasserstellen sehr dem Menschen angeschlossen und sich in ehemals trockene Gebiete südwärts ausgebreitet.

Haltung: Ist im größeren Bauer wie in der Voliere möglich. Als streitsüchtigster aller Prachtfinken kommt für ihn nur die paarweise Haltung in Frage. Ist wärmeliebend und sollte nicht Temperaturen unter 20 °C ausgesetzt werden. Sonst anspruchslos und bald sehr zutraulich.

Zucht: Baut das Nest gern auf Bretter, Zweig- bzw. Lattenroste oder Drahtgeflecht als Unterlage oder in vorn ganz offene, große Nistkästen. Auch halboffene Nistkästen werden angenommen. Als Nistmaterial werden Gräser verschiedener Art, auch Schilf-blätter, Kokosfasern und Bast verwendet. Zur Auspolsterung sind viele weiße Federn notwendig. Brütet und füttert zuverlässig, wenn ein vielseitiges Aufzuchtfutter gebo-ten wird.

Ernährung: Siehe Binsenastrild und Diamantfink.

Gattung Bathilda, Binsenastrilde

Binsenastrild *(Bathilda ruficauda)*
Abb. Seite 153

Rassen: B. r. clarescens, B. r. ruficauda
Kennzeichen: 11 cm, Schnabel, Gesicht, Stirn und Kinn rot, Augen orangerot. Schei-tel, Nacken, Kehle, Brust, Rücken und Flügel grünlichgrau. Oberschwanzdecken dun-kelrot, ebenso die Oberseite des dunkelbraunen Schwanzes. Bauch und Unter-schwanzdecken gelblich, Füße hell orangefarben. Kleine weiße Tropfenflecke begin-nen auf dem Rot über den Augen, setzen sich über Wangen und Halsseiten zur Kehle und von dort über die Brust und Körperseiten fort, wobei sie auf der Brust am größten sind. Auf den Oberschwanzdecken sind einige rötlich angehauchte Flecke. Das Weib-chen hat das Rot im Gesicht nur auf einen schmalen Stirnstreif (kann auch fehlen), die Zügel, Augenumgebung und ganz schmalen Kinnstreifen beschränkt. Jungvögeln fehlt das Rot ganz, der Schnabel ist schwarz. Kontakt- und Lockrufe „pit" und „sik", Gesang kürzeres und längeres Flöten und Trillern abwechselnd und mit einem schnel-len Schnurren endend.

Herkunft und Lebensweise: Nord-Australien. Lebt in Schilf- und Grasbeständen und in der Nähe von Reis- und Zuckerrohrpflanzungen. Brütet in Bodennähe in Grasbul-ten, aber auch in Büschen und Bäumen, manchmal in lockeren Kolonien. Außerhalb der Brutzeit in kleinen Flügen bis großen Schwärmen. Ernährt sich von verschiedenen Grassamen, vor allem, wenn diese noch nicht reif sind, und von Insekten.

Haltung: Nur noch hier gezüchtete Vögel im Handel erhältlich, die sehr widerstands-fähig sind. In sehr großen Bauern ist die Haltung möglich, in Volieren, die mit hohem Gras, mit Binsen, Schilf, Ginster und Büschen ausgestattet sind, fühlen sie sich jedoch wohler. Sind sehr friedlich und können mit anderen Prachtfinken zusammen gehalten werden, in größeren Anlagen auch zu mehreren Paaren. Im Sommer gut für die Außenvoliere geeignet.

Zucht: Ist nicht zu schwer, wenn genügend dichtes Gebüsch, Gestrüpp und Gras- bzw. Schilfbüschel in der Voliere vorhanden sind, denn es werden fast immer freiste-hende Nester gebaut. Es müssen sehr viele verschiedene Nistmaterialien geboten wer-den. Gegenüber Nestkontrollen manchmal empfindlich. Brutablauf normal.

Ernährung: Braucht viel gekeimtes Körnerfutter sowie halbreife Samen von Vogel-miere, Löwenzahn und vor allem von Gräsern. Diese, viel Grünes und tierische Nah-rung sind für ein Gelingen der Zucht ausschlaggebend. Frisch gehäutete, zerschnittene Mehlwürmer und lebende Ameisenpuppen werden gern genommen, auch die Larven von kleinen Wachsmotten und Getreideschimmelkäfern.

Gattung Aidemosyne, Zeresamadinen

Zeresamadine *(Aidemosyne modesta)*
Abb. Seite 116

Kennzeichen: 11 cm, Oberschnabel schwarz, Unterschnabel an den Seiten hell blau-grau. Kleiner Kehlfleck, Zügel und Kopfplatte schwarz, Kopfplatte mit kleinen roten Federn durchsetzt. Nacken, Rücken und Flügel braun, weiße Punktreihen auf den Flügeln. Bürzel und Oberschwanzdecken braun mit großen weißen Flecken. Halssei-ten, Brust und Bauchseiten weißlich und braun quergestreift, Bauchmitte und Unter-schwanzdecken weißlich. Schwanz schwarz, die äußeren Federn an den Spitzen weiß. Augen schwarz, Füße hell fleischfarben. Dem Weibchen fehlt das Schwarz an Kopf und Kehle; Zügel, Augenumgebung und Kinn weißlich. Jungvögeln fehlt die Quer-streifung. Gesang leise flötend, Rufe „tä" und „zip".

Herkunft und Lebensweise: Ost-Australien, dort in Sumpfgebieten und an den Ufern von Gewässern. Baut im Gebüsch, zwischen Gräsern oder Schilfhalmen sein kleines Nest. Nach der Brutzeit in oft kopfstarken Flügeln auf der Suche nach Wasserstellen.

Haltung: Eignet sich vor allem für eine große Innenvoliere, da recht wärmeliebend. Im Bauer sehr ruhig und darum etwas langweilig und leicht fett werdend. Braucht aufrecht stehendes Schilf oder Ginster zum Klettern und Abnutzen der Krallen.

Zucht: Es wird entweder in Grasbulte oder in Gebüsch von Bodennähe bis zur Decke der Voliere gebaut. Auch Nistkästen mit Einschlupfloch oder halboffen werden ange-nommen. An Nistmaterial sollen vor allem frische Grashalme geboten werden. Brut-verlauf ist normal, die Vögel sind jedoch sehr empfindlich und verlassen bei selbst geringen Störungen das Nest.

Ernährung: Sie stellt etwa die gleichen Anforderungen wie die Spitzschwanzamadine.

Gattung Stizoptera, Gitterflügelastrilde

Ringelastrild *(Stizoptera bichenovii)*
Abb. Seite 114

Rassen: Weißbürzel-Ringelastrild *(S. b. bichenovii)*
Schwarzbürzel-Ringelastrild oder Gitterflügelastrild *(S. b. annulosa)*
Kennzeichen: 10 cm, Schnabel silbergrau, Gesicht, Kehle, Brust und Bauch weiß, letzterer gelblich. Stirn schwarz, von dort ein schwarzer Streifen das Gesicht und die Kehle einrahmend. Ein weiteres schwarzes Band verläuft von Flügelbug zu Flügelbug um die Brust. Scheitel und Rücken graubraun, fein quergewellt. Flügel schwarz, dicht mit weißen Punkten bedeckt. Bürzel weiß, beim Gitterflügelastrild schwarz, Schwanz schwarz, ebenso die Augen, Füße dunkelgrau. Weibchen hat weniger breites Brust- und Kehlband und weniger breite weiße „Augenbrauen". Jungvögel noch grauer und unklarer in der Zeichnung. Gesang und Rufe ähneln denen des Zebrafinken.
Herkunft und Lebensweise: Nord- und Ost-Australien. Im Nordwesten lebt der Gitterflügelastrild, im Nordosten und Osten der Weißbürzel-Ringelastrild. Bewohnt Grasland, Gebüsch und Waldränder unweit von Wasserstellen. Im Kulturland an Feldrändern, Wegen und in Gärten. Brütet in Büschen, oft gesellig. Nach der Brutzeit in kleineren Trupps.
Haltung: Ein stets munterer, wärmeliebender Vogel für sehr große Bauer, Zimmervolieren und Vogelstuben. Ist friedfertig und darum sehr für eine Gesellschaftshaltung geeignet.
Zucht: Ist relativ einfach, wenn dichtes Ginstergestrüpp, kleine Nadel- und Buchsbäume geboten werden. Baut sonst auch in kleinen Nistkästen und gern in Körbchen mit Einflugloch. An Nistmaterial sind zarte Gräser und Kokosfasern am meisten begehrt. Federn werden (nur vom Weißbürzel-Ringelastrild) zum Polstern des Nestes verwendet. Der Brutverlauf ist normal, gegenüber Nestkontrollen meistens nicht empfindlich.
Ernährung: Wie Spitzschwanzamadine, doch sollten im Körnergemisch auch kleine Hirsesorten (Senegal- und Mannahirse) reichlich vorhanden sein.

Gattung Taeniopygia, Zebrafinken

Zebrafink *(Taeniopygia guttata)*
Abb. Seite 116

Rassen: T. g. castanotis, T. g. guttata
Kennzeichen: 11 cm, Schnabel, Augen und Füße rot. Stirn schwarzweiß geschuppt, Scheitel, Nacken und Halsseiten hellgrau, Zügel und senkrechter Bartstrich weiß, vorn und hinten schwarz eingefaßt, dahinter großer orangebrauner Wangenfleck.

138

Kinn, Kehle und Vorderbrust mit schwarzweißer „Zebrastreifung", die sich zum weißen Bauch hin zu einem breiten schwarzen Band verdichtet. Die Unterschwanzdecken sind gelblichweiß, und entlang den Flanken sind breite rotbraune, weißgetropfte Bänder. Rücken und Flügel sind graubraun, der Bürzel ist weiß, die Oberschwanzdecken sind schwarzweiß, wodurch die breite Querbänderung auf dem Schwanz entsteht. Die Schwanzunterseite ist schwarz. Das Weibchen hat graue und nicht orangebraune Wangen, keine Zebrastreifung auf Kinn, Kehle und Brust, sondern ist hier einfarbig grau. Auch fehlen ihm die rotbraunen, weißgetropften Flankenbänder. Jungvögel sind den Weibchen ähnlich, jedoch matter gefärbt. Sie haben einen schwarzen Schnabel. Obige Beschreibung stimmt für den Australischen Zebrafinken *(T. g. castanotis)*. Einer zweiten Rasse, dem Timor-Zebrafinken *(T. g. guttata)*, fehlt die Zebrazeichnung auf Kinn und Kehle vollständig. Nur das schwarze Brustband ist beim Männchen vorhanden und zeigt an den Seiten etwas schwarzweiße Streifung. Oberseits sind diese Vögel kräftig braun, nicht graubraun. Der Lockruf „tjää" hört sich wie eine Kindertrompete an. Nahe beieinander lassen die Vögel ein leises „tet" hören. Der Gesang ist schnell bauchrednerisch glucksend und flötend.

Herkunft und Lebensweise: Ganz Australien außer Küstengebieten im Süden, im Osten und im Norden des Kontinents. Der Timor-Zebrafink kommt auf der Sunda-Insel Timor und auf benachbarten Inseln vor. Lebt gesellig in Halbwüsten, Steppen und Savannen, auf Weideland mit einzelnen Busch- und Baumgruppen, an Feldrändern, in Parks, Gärten und an Gebäuden. Es werden lockere Brutkolonien mit bis zu 50 Paaren gebildet, wobei in jedem Busch meistens nur ein Paar baut. Die Vögel der Kolonie kommen aber zur gemeinsamen Futter- und Wasseraufnahme, zum Baden und Gefiederordnen zusammen. Außerhalb der Brutzeit benutzen sie Schlafnester und bleiben ortstreu. Nur bei Futter- oder Wassermangel wandern sie umher, dann oft in großen Schwärmen.

Haltung: Anspruchslos, lebhaft, interessant, darum besonders für den Anfänger geeignet. Kann paarweise im Bauer oder mit anderen Prachtfinken und weiteren Paaren der eigenen Art in einer Voliere gehalten werden. Aufmerksamkeit ist nach Zusammensetzen einer gemischten Gesellschaft notwendig, denn einige Zebrafinken neigen dazu, ihre Mitbewohner zu tyrannisieren, vor allem, wenn die Voliere überbesetzt wird. Auch in Außenvolieren mit Schutzhaus können Zebrafinken im Sommer gut leben, jedoch nicht im Winter, wie ich es leider mehrfach gesehen habe. Wenn auch wenig kälteempfindlich, so sollte eine Mindesttemperatur von 12 °C eingehalten werden.

Zucht: Ist nach dem Japanischen Mövchen am leichtesten zu züchten. Die Vögel schreiten im Bauer bei paarweiser Haltung wie in Gemeinschaft zur Zucht. An Nistgelegenheiten müssen mindestens doppelt soviele vorhanden sein, wie Paare in der Voliere sind. Vorn halboffene Holzkästen sind am beliebtesten. An Nistmaterial werden weiche Gräser, Kokosfasern und Federchen verwendet. Die Brutdauer ist mit 11 Tagen recht kurz. Auch verlassen die Jungen mit 19 Tagen das Nest etwas früher als die meisten Prachtfinken. Zebrafinken reihen eine Brut an die andere, doch sollten ihnen nach 3 oder 4 Bruten die Nistgelegenheiten fortgenommen werden, damit sich die Vögel erholen können.

Ernährung: Wie Spitzschwanzamadine, doch im allgemeinen weniger tierische Nahrung.

Besonderes: Neben Reisfink und Japanischem Mövchen ist der Zebrafink zu einem domestizierten Vogel geworden. Seit etwa 100 Jahren wird er in immer größerer Zahl gezüchtet. Vor mehr als 50 Jahren (1921) trat die erste Mutation auf, die „Weißen", und zwar bei einem australischen Züchter. Vor etwa 36 Jahren sind, ebenfalls in Australien, die „Silber"-, die „Marmoset"- und die „Zimt"-Zebrafinken aufgetreten. Kurz nach dem Zweiten Weltkrieg kamen die „Pinguin"-Zebrafinken dazu, die ein ganz weißes Kehl-, Brust- und Bauchgefieder ohne irgendwelche Zeichnung tragen. „Creme" ist eine Kombination von Silber und Zimt. „Schecken" traten als Mutation vor etwa 40 Jahren bei einem dänischen Züchter auf. Es gibt sie jetzt vor allem in Zimt und Wildfarben. Weitere Mutationen sind die „Hellrücken" – und neuerdings die „Schwarzbrust"-Zebrafinken. Auch gelbschnäbelige Zebrafinken sind erzüchtet worden. Wie wir sehen, gibt es eine Reihe von „Farbschlägen". Ihre Zucht ist ein Spiel mit den Vererbungsregeln. Wer sich damit beschäftigen möchte, dem sei das Sonderheft der Gefiederten Welt „Der Zebrafink" aus dem Verlag Eugen Ulmer, 7000 Stuttgart, empfohlen.

Von besonderem Interesse für den Schauzebrafinken-Züchter wird das Buch „Prachtfinken-Züchtung" von Reinhard Jödicke aus dem Ulmer-Verlag sein.

Gattung Poephila, Grasfinken

Maskenamadine *(Poephila personata)*
Abb. Seite 116

Rassen: P. p. leucotis, P. p. personata
Kennzeichen: 14 cm, Schnabel gelb, Gesichtsmaske von der Stirn, die Augen einschließend, bis zu einem Kinnfleck schwarz. Kein größeres „Lätzchen", sonst wie Spitzschwanzamadine gezeichnet, doch in der Gefiederfärbung ganz zart gelbrötlichbraun. Augen und Füße rot. Die Rasse Weißohramadine *(P. p. leucotis)* ist hinter der Gesichtsmaske, unter dem Kinnfleck und vor der schwarzen Gürtelzeichnung weiß. Das Weibchen hat meistens eine kleinere Maske und einen schmaleren Gürtel. Jungvögel sind matter braun, haben einen schwarzen Schnabel und schwärzliche Füße. Lockrufe sind „tjät", „tät", auch langgezogen und laut. Der Gesang ist ein Wiederholen von Lockrufen, die von gequetschen und pfeifenden Tönen verbunden werden.
Herkunft und Lebensweise: Nord-Australien, südwärts bis etwa zum 18. Breitengrad. Auf der York-Halbinsel lebt die Rasse Weißohramadine. Lebt in den gleichen Savannen und Steppen wie die Spitzschwanzamadine und ist wohl noch geselliger. Brütet häufiger in Gebieten, in denen Bäume fehlen, dort in niedrigen Büschen und in Grasdickichten. Sonst wie Spitzschwanzamadine.

Haltung: Ist friedlicher als Spitzschwanz- und Gürtelamadine, jedoch auch scheuer, weshalb sie in einer großen Voliere gehalten werden sollte, am besten mit weiteren 2 oder 3 Paaren der eigenen Art. Dann kommt ihr sehr hoch entwickeltes Sozialverhalten voll zur Entfaltung. Die Vögel sind dann sehr lebhaft, während sie bei paarweiser Haltung im Bauer gelangweilt erscheinen.

Zucht: Gelingt fast nur in großen Volieren, die mit Büschen, Grasbulten, Schilf, Ginstergestrüpp und Nistkästen in allen Höhen ausgestattet sind. Auch bei dieser Art ist für die erfolgreiche Zucht entscheidend, ob sich die Partner mögen. Es gilt das bei der Spitzschwanzamadine gesagte in noch stärkerem Maße. Nistmaterial sind Kokosfasern, weiche Gräser, Scharpie und Federn. Dazu wird in oft großer Menge Holzkohle ins Nest eingetragen. Der Grund hierfür ist noch nicht bekannt. Daten wie bei der Spitzschwanzamadine.

Ernährung: Wie Spitzschwanzamadine.

Gürtelamadine *(Poephila cincta)*
Abb. Seite 118

Rassen: P. c. atropygialis, P. c. cincta, P. c. nigrotecta

Kennzeichen: 11 cm, Schnabel schwarz, Kopf weißlicher grau als bei der Spitzschwanzamadine, das Braun von Rücken, Flügeln und Unterseite kräftiger und rötlicher. Die mittleren Schwanzfedern nur ganz wenig verlängert. Sonst wie Spitzschwanzamadine. Die Jungen beider Arten sind als Nestlinge und nach dem Ausfliegen noch nicht zu unterscheiden. Die Lockrufe sind höher und quäkender als die der Spitzschwanzamadine, der Gesang des Männchens dagegen tiefer und leiser. Er ist das einzige zuverlässige Unterscheidungsmerkmal, zumal er fleißig vorgetragen wird. Besonders junge Männchen „studieren" viel, bei mir begannen sie schon mit 46 Tagen damit.

Herkunft und Lebensweise: Östliches Australien vom 11. bis 30. Breitengrad. Auf der York-Halbinsel leben die Rassen, die Schwarzbürzel-Gürtelamadine bzw. Diggles-Gürtelamadine *(P. c. atropygialis)* und *(P. c. nigrotecta)* genannt werden. Diese haben, im Gegensatz zur weißbürzeligen Nominatform, den Bürzel schwarz. Lebt in Savannen mit recht dichtem Bewuchs hoher Bäume und möglichst in Wassernähe. Ins Gezweig der Bäume, in den Unterbau von Greifvogelhorsten, in Baumhöhlen und zerlöcherte Termitenbaue wird das Nest gebaut.

Haltung: Wie Spitzschwanzamadine. Ist oft sehr unverträglich. Meine Vögel unterscheiden sich hierin jedoch nicht von den Spitzschwanzamadinen. Mag sein, daß die einzelnen Stämme unterschiedlich friedfertig sind.

Zucht und Ernährung: Hierin stimmt diese Art vollkommen mit der Spitzschwanzamadine überein. Mischlinge mit ihr sind fruchtbar.

Spitzschwanzamadine *(Poephila acuticauda)*
Abb. Seite 118

Rassen: Gelbschnäbelige Spitzschwanzamadine *(P. a. acuticauda)*
Rotschnäbelige Spitzschwanzamadine *(P. a. hecki)*
Kennzeichen: 17 cm, Schnabel je nach Rasse gelb oder rot, Augen rotbraun. Zügel, ovaler Kehllatz, vorderer Bürzel und spitz an den Körperseiten auslaufender Gürtel samtschwarz, ebenso der gestufte Schwanz, dessen beide mittleren Federn in haardünne Spieße auslaufen. Kopf silbergrau, Rücken und Flügel von zartem Pastellbraun, Brust und Bauch hell rosenholzbraun. Hinterer Bürzel, Ober- und Unterschwanzdecken weiß, Aftergegend etwas gelblich. Füße rötlich. Beim Weibchen sind Kehllatz und Flankenband meistens weniger ausgedehnt, der Schnabel ist etwas heller. Jungvögel haben ein stumpfes braunes Gefieder, der Kopf ist noch düster, Schnabel und Füße sind schwarz, Augen grau. Die Lautäußerungen sind sehr verschieden: „tück", „üt", „tüit", „krakrakra". Der Gesang des Männchens ist ebenfalls sehr variabel „tratratraaa-tü-tü-tü" oder „tschüp-tschüp-tschüp-tüiii" in reinen oder gequetschten Tönen. Nur Männchen singen, darum sicherstes Unterscheidungsmerkmal. Junge Männchen beginnen sehr früh zu „studieren", bei mir mit 38 Tagen.
Herkunft und Lebensweise: Nord-Australien, südwärts bis etwa zum 18. Breitengrad, fehlt jedoch auf der York-Halbinsel. Bewohnt Savannen und Trockensteppen, brütet auf Bäumen, wo diese fehlen, auch in Büschen oder im Grasdickicht. Lebt in kleineren oder größeren Gruppen, die Paare halten eng zusammen und brüten auch in einiger Entfernung voneinander. Als Nahrung vor allem Grassamen, zur Aufzucht der Jungen viele Insekten.
Haltung: Ist einfach zu pflegen, recht hart und ausdauernd. Als Paar im Bauer von mindestens 1 m Länge gut zu halten. Zutraulich, stets munter und im Verhalten sehr interessant. Die Vögel begrüßen sich mit Kopfnicken und zufriedenen Lauten, kraulen sich gegenseitig und unternehmen alles gemeinsam. In größerer Zahl sind sie untereinander nicht immer friedlich, auch nicht gegenüber Gürtel- und Maskenamadinen. Ein Paar kann in einer großen Voliere jedoch gut mit weniger verwandten Prachtfinken vergesellschaftet werden. Die Verträglichkeit ist individuell sehr verschieden. Kann im Sommer gut in der Außenvoliere gehalten werden, sollte aber jederzeit Zugang zu einem Innenraum mit einer Mindesttemperatur von 15 °C haben. Wenn hier Kästen und Körbchen aufgehängt werden, übernachten die Vögel stets drinnen, da Nestschläfer. So sind sie vor nächtlichen Regengüssen und Unwettern geschützt, die ihnen sonst leicht Krankheit und Tod bringen.
Zucht: Ist recht leicht, wenn die Partner einander sympathisch sind. Sonst schreiten sie entweder nie zur Brut, brüten nicht fest, werfen die Jungen aus dem Nest oder lassen sie verhungern. Vögel, die ich zur Zucht nehmen möchte, halte ich lange vorher in kleinem Schwarm in einer Voliere. Früher oder später finden sich die Paare zusammen und halten dann ihr Leben lang treu zueinander. Kommen sie dann in Zuchtbauer, beginnen sie 14 Tage später mit der Eiablage und ziehen die Jungen vorbildlich

142

auf. Die Balz geht mit vielem Verbeugen und Beschwatzen vor sich. Junge Männchen balzen manchmal mit Halm und hüpfen dabei auf dem Ast. Ich konnte sogar ein junges Weibchen bei einer perfekten Halmbalz beobachten. Nach dem Befliegen verbeugen sich die Partner erneut voreinander und beschwichtigen sich. Das Nest wird gern in Körbchen oder halboffenen Kästen gebaut, vor allem mit langen Kokosfasern, die gebündelt eingetragen werden. Sonst finden auch Gräser Verwendung, zur Auspolsterung kleine weiße Federn. Tags wechseln sich die Partner beim Brüten ab, nachts sitzen sie meistens gemeinsam auf dem Gelege. Nach 2 Wochen schlüpfen die Jungen, die hellgraue Dunen auf Kopf und Rücken haben. Mit 3 Wochen verlassen sie das Nest, schlafen aber noch lange zusammen mit den Eltern darin. Gut 2 Wochen nach dem Ausfliegen sind sie futterfest. Dann möglichst noch nicht absetzen, sondern weitere 1–2 Wochen bei den Eltern lassen. Danach möglichst in ein ähnliches Bauer oder mit den Jungen weiterer Paare in eine Voliere. Die Umfärbung des Schnabels beginnt schon eine Woche nach dem Ausfliegen, die Mauser ist mit gut 3 Monaten abgeschlossen.

Ernährung: Silberhirse, Glanz, Japanhirse, aber auch Senegal- und Mannahirse, alles trocken und gekeimt. Viel Grünes wie Vogelmiere, Salat, Grasrispen mit halbreifen Samen, Gurkenscheiben und frische Walderde werden gern genommen, ferner viel Kalk, Grit, zerstoßene Eierschalen, Holzkohle. Zur Jungenaufzucht außerdem hartgekochtes Ei, mit Weichfutter vermischt, und frisch gehäutete, zerschnittene Mehlwürmer reichlich (je nach Zahl der Jungen zwischen 30 und 60 täglich) anbieten. Außerhalb der Brutzeit weniger tierische Nahrung. Meine Vögel nehmen außer Mehlwürmern gern Getreideschimmelkäfer-Larven, andere Insekten, Ameisenpuppen und Spinnen nicht.

Besonderes: In letzter Zeit ist es bei der Spitzschwanzamadine zu einigen interessanten Mutationen gekommen. So gibt es jetzt isabellfarbene und reh- oder dunkelbraune Vögel, die sehr apart aussehen. Auch weiße Spitzschwanzamadinen sind schon gezüchtet worden, ferner Schecken.

Gattung Reichenowia, Grünschwanz-Papageiamadinen

Bambus-Papageiamadine *(Reichenowia hyperythra)*
auch Grünschwänzchen genannt
Abb. Seite 118

Rassen: R. h. borneensis, R. h. brunneiventris, R. h. ernstmayri, R. h. hyperythra, R. h. intermedia, R. h. malayana, R. h. microrhyncha, R. h. obscura
Kennzeichen: 11 cm, Männchen: oberseits kräftig grün, Stirn blau, über dem schwarzen Schnabel ein schwarzes Band. Oberschwanzdecken hellgrün bis gelblich, Unterseite, Kehle und Wangen gelbbraun, Augen dunkelbraun, Füße hell fleischfarben. Weibchen matter, mit schmalem braunen Streifen über dem Schnabel. Jungvögel noch

matter gefärbt, Schnabel hell, Stirn noch nicht blau. Stimme wie bei den meisten Papageiamadinen hoch zirpend. Der Gesang der Rasse *R. h. microrhyncha* ist ein schnelles Zwitschern, das mit knisternden Lauten abgewechselt wird. Für die Rasse *R. h. brunneiventris* beschreiben Dr. R. Burkard (Gef. Welt 12/65) und Ziswiler, Güttinger, Bregulla den Gesang nach einleitendem Knistern als eine rhythmische Doppeltonfolge, die sich wie „dodo – düdü – dede – didi" anhören.

Herkunft und Lebensweise: Ist in Malaysia, auf Java, Lombok, Sumbawa, Flores, Celebes, Borneo und auf den Philippineninseln Luzon, Mindoro und Mindanao beheimatet. Lebt vor allem in Bergwäldern mit Bambusbeständen, an Waldrändern und auf Lichtungen. Kommt in Höhen von 700–3000 m vor.

Haltung: Erst wenige Male eingeführt. Dr. Burkard hielt 1965 Bambus-Papageiamadinen in großen, mit „Pflanzendickichten" versehenen Innenvolieren. Die Vögel zeigten sich nicht so ängstlich und stürmisch wie andere Papageiamadinen. Erst 1980 kamen erneut Vögel dieser Art nach Deutschland, und zwar durch Herrn Krause, der sie auf Celebes gefangen hatte. Sie wurden teils in Kistenkäfigen, teils in Volieren bei Herrn Ehmke, Hilbringen, gehalten. Selbst in den Käfigen zeigten sich die Vögel von ihrer besten Seite: sie waren lebhaft und neugierig, jedoch nicht scheu. Mit anderen Vögeln leben sie friedlich zusammen.

Zucht: Die Erstzucht scheint Herrn Ehmke 1981 gelungen zu sein. Von ihm erwarb ich 5 Wildfangpaare und habe zur Zeit in einem Nest wenige Tage alte Jungvögel. Die bisher bei mir gezeitigten Gelege bestanden aus 5 bzw. 6 Eiern. Ehmke berichtete (mündlich) von Vierergelegen und 1–3 aufgezogenen Jungen. Frisch geschlüpfte Junge sind rosig nackt. Sie haben goldigsilbrige Schnabelwinkelpapillen, die leicht blau und rötlich schimmern.

Ernährung: Neben normalem Exoten-Mischfutter wird gern Keimfutter genommen. Auch Grassamen, vor allem gekeimt, sollten ständig gereicht werden. Tierische Nahrung ist wichtig, vor allem für die Aufzucht der Jungen. So nehmen meine Vögel Mehlwürmer und insektenhaltiges Weichfutter am liebsten.

Gattung Erythrura, Eigentliche Papageiamadinen

Manila-Papageiamadine *(Erythrura viridifacies)*
Abb. Seite 118

Kennzeichen: 13 cm, oberseits kräftig grasgrün, unterseits heller grün, Oberschwanzdecken und Schwanz rot, die mittleren Federn zu Spießen verlängert, Unterschwanzdecken ockergelblich, Schnabel schwarz, Augen braun, Füße fleischfarben. Weibchen unterseits blasser, kürzere Schwanzspieße. Jungvögel unterseits hell graubraun. Gesang dem der Lauchgrünen Papageiamadine ähnlich.

Herkunft und Lebensweise: Philippinen-Insel Luzon. Wahrscheinlich ähnelt sie in der Lebensweise der Lauchgrünen Papageiamadine.

Haltung: Wurde erst 1935 entdeckt und 1966 zum ersten Male lebend nach Europa gebracht. Berichte über erfolgreiche Zuchten liegen noch nicht vor. Nimmt anscheinend nur Körnerfutter auf, wobei angekeimtes und halbreifes bevorzugt wird.

Lauchgrüne Papageiamadine *(Erythrura prasina)*
Abb. Seite 120

Rassen: E. p. coelica, E. p. prasina

Kennzeichen: 15 cm, beim Männchen Stirn, Wangen und Kehle blau, Zügel schwarz, Oberkopf, Rücken und Flügel grün, Handschwingen dunkel, nur außen grün gesäumt. Oberschwanzdecken und die mittleren, zu Spießen ausgezogenen Schwanzfedern rot, die übrigen dunkel mit roten Säumen. Brust, Bauch und Unterschwanzdecken gelblich hellbraun, in der Brustmitte ein roter Fleck verschieden großer Ausdehnung. Bei der Rasse *E. p. coelica* ist das Rot intensiver und weiter zur Kehle sowie zu Bauch und Flanken ausgedehnt. Auch das hellere Rot der Oberschwanzdecken reicht bis in das Bürzelgefieder. Eine gelbbäuchige Variante von *E. p. prasina* wurde früher als besondere Art oder Rasse angesehen und trug den Namen „hauthi". Sie ist aber nur eine Mutante, die recht häufig zwischen den rotbäuchigen Vögeln zu finden ist. Augen dunkelbraun, Schnabel schwarz, Füße fleischfarben. Dem Weibchen fehlt das Rot an der Brust, alle Farben sind matter. Stirn und Kehle grün. An den Wangen schwacher bläulicher Schimmer. Jungvögeln fehlt dieser bläuliche Hauch, bei ihnen sind die Wangen grau. Recht zuverlässiges Merkmal für die Auswahl von Paaren. Sonst ist das Jugendkleid dem der Weibchen sehr ähnlich. Gesang knisterndes, scharfes Zirpen, nur den Männchen eigen. Rufe hohe Laute wie „zi", auch gereiht.

Herkunft und Lebensweise: Laos, Thailand, Malaysia, Sumatra, Borneo, Java. Lebt in Dickichten an Waldrändern, wo sie auch brütet. Kommt in kleinen bis großen Schwärmen in die Felder, sobald der Reis halbreif ist. Reis dann fast einzige Nahrung, sonst auch Grassamen.

Haltung: Schwer einzugewöhnen, weil nach dem Fang, auf dem Transport und beim Händler nur mit geschältem oder mit „Paddy-Reis" gefüttert. Durch Vitaminmangel und Fehlen wichtiger Nährstoffe kommt es zu Leberentzündungen und Lähmungserscheinungen. In den ersten Wochen gehen darum viele Vögel ein. Bei kranken Vögeln ist die dick geschwollene Leber unterhalb des Brustkorbs groß und dunkel sichtbar. Vögel bei mindestens 22 °C halten. Habe in den ersten Wochen an einer Stelle der Voliere einen Infrarot-Dunkelstrahler ständig in Betrieb gehabt. Die Vögel setzten sich oft darunter und schliefen auch dort bei etwa 28 °C. Erstaunlich war, daß zwei der Weibchen in Nistkörbchen schliefen, da diese Art sonst nicht Nestschläfer ist. Haltung bei mindestens 20 °C, die Vögel sind dann sehr lebhaft und die Männchen singen dann fast den ganzen Tag lang. Die Haltung im Bauer ist nicht zu empfehlen, da die Vögel einen reißenden Flug haben und sehr ungestüm sind. Eine große Innenvoliere mit lebenden Pflanzen und viel Flugraum ist am geeignetsten. Die Vögel bleiben ziemlich scheu, doch hatte ich ein junges Männchen, das neugierig bis auf

30 cm herankam. Sehr friedlich gegenüber anderen Prachtfinken und meistens auch gegenüber Vertretern der eigenen Art.

Zucht: Schwierig, weil die Vögel selten gleichzeitig in Brutstimmung kommen, bedingt durch zweimalige Mauser im Jahr. Die Mauser geht allerdings sehr schnell vonstatten, bei gesunden Vögeln in 2–3 Wochen. Sie sehen dabei für einige Tage wie Igel aus, so starren sie von sprießenden Federkielen. Bei der Balz beugt sich das Männchen so zum Weibchen hinüber, als wolle es ihm seinen Gesang ins Ohr flüstern. Auch der Schwanz wird dem Weibchen zugekehrt. Begattung erfolgt meistens im Nest. Dieses wird in dichte Büsche gebaut, und zwar sehr verschieden hoch. Seltener werden Nistkästen angenommen. Es werden trockene Gräser und Fasern aller Art verbaut. Das Nest ist sehr umfangreich. Gelege meist nur 2–5 Eier, Brutdauer 13 Tage, Nestlingszeit 22 Tage. Die Jungen werden tagsüber nur bis zum 7. oder 8. Tag gehudert, wodurch sie, da noch fast nackt, an Unterkühlung eingehen können. Temperatur im Zuchtraum dann möglichst über 25 °C, oder Infrarot-Dunkelstrahler auf das Nest richten, daß dieses bis auf 30 °C erwärmt wird. Die Jungen sitzen nur in den ersten Tagen nach dem Ausfliegen eng aneinandergeschmiegt, dann halten sie, wie die Altvögel, Distanz voneinander. Für beste Zuchterfolge 3–4 Paare zusammen in einer großen Voliere halten. Die Vögel regen sich dann gegenseitig zur Brut an.

Ernährung: Für die Eingewöhnung ist es nötig, Paddy-Reis eine Zeitlang weiter zu reichen, dazu geschälten Hafer, Weizen, Glanz, Silberhirse und Kolbenhirse. Alle Samen gab ich allmählich auch gekeimt bzw. gequellt. In das Trinkwasser täglich einige Tropfen eines Multivitamin-Präparates geben. Viel Kalk, vor allem zerstoßene Eierschale anbieten, auch Holzkohle. Paddy-Reis kann allmählich weniger angeboten und schließlich ganz weggelassen werden. Halbreife Samen von Ray- und Rispengras, Hafer, Vogelmiere, diese mitsamt Grünem, ferner Salat-„Herzen", Apfel-, Birnen-, Apfelsinen- und Gurkenstücke anbieten. Mehlwürmer, Ameisenpuppen und Weichfutter sollen genommen werden, was ich bei meinen Vögeln jedoch nie feststellen konnte.

Besonderes: Lauchgrünen Papageiamadinen wachsen die Krallen sehr rasch übermäßig lang. Um ein Abreißen oder Hängenbleiben zu vermeiden, regelmäßig schneiden. Außerdem Schilfhalme, rauhe Steine einbringen.

Gattung Amblynura, Südsee-Papageiamadinen

Forbespapageiamadine *(Amblynura tricolor)*
auch Blaugrüne Papageiamadine genannt

Kennzeichen: 10 cm, Oberseite grün, Stirn, Wangen, Kehle und Unterseite blau, Bürzel, Oberschwanzdecken und Schwanz rot. Augen dunkelbraun, Schnabel schwarz, Füße dunkel fleischfarben. Weibchen ist lichter und weniger leuchtend gefärbt. Jungvögel besitzen noch keine blaue, sondern eine matt grünliche Unterseite.

Herkunft und Lebensweise: Timor und benachbarte kleine Inseln nordwestlich Australiens. Lebt in Gebirgswäldern.

Haltung: Wurde 1958 und 1959 in wenigen Exemplaren nach Holland gebracht, doch sind die Vögel schon in der Eingewöhnung gestorben.

Buntkopf-Papageiamadine *(Amblynura coloria)*
auch Rotohr-Papageiamadine genannt
Abb. Seite 120

Kennzeichen: 10 cm, insgesamt grün, Stirn, Gesicht und Wangen blau, halbmondförmiger roter Fleck von der Ohrgegend zum Hals hin verlaufend. Bürzel, Oberschwanzdecken und mittlere Schwanzfedern rot. Augen dunkelbraun, Schnabel schwarz, Füße graubraun. Weibchen manchmal weniger leuchtende Farben. Jungvögel matter grüngelblich unterseits, blaue und rote Abzeichen am Kopf fehlen. Männchen läßt einen hohen Triller hören, Weibchen nur einzelne hohe Rufe.

Herkunft und Lebensweise: Insel Mindanao (Philippinen). Wurde erst 1960 entdeckt. Lebt an Rändern und auf Lichtungen des Gebirgswaldes. Dort vor allem im Gras auf Nahrungssuche.

Haltung: Kam 1964 zum ersten Male nach Europa, wurde seit 1965 erfolgreich gezüchtet. Lebhaft, doch nicht scheu und wild (wie etwa die Lauchgrüne Papageiamadine zuerst), sondern bald recht zutraulich. Kann außer in Volieren auch in großen Bauern gehalten werden.

Zucht: Gelingt recht leicht in Volieren wie in Bauern. Große Halbhöhlenkästen werden bevorzugt. Es wird ein recht umfangreiches Nest gebaut und an Nistmaterial Gräser und Kokosfasern gebraucht. Zumeist besteht das Gelege nur aus 1–2, seltener aus 3 Eiern. Brutzeit 14 Tage, Junge verlassen mit 3 Wochen das Nest, mausern mit 3–5 Monaten ins Erwachsenenkleid um.

Ernährung: Viel Glanz, vor allem gekeimt, auch Kolbenhirse, weniger andere Hirsesorten. Im Sommer möglichst viele halbreife Grassamen. Mehlwürmer, Ameisenpuppen und zerhacktes, hartgekochtes Ei, werden jederzeit gern genommen, sind zur Aufzucht der Jungen notwendig.

Dreifarbige Papageiamadine *(Amblynura trichroa)*
Abb. Seite 120

Rassen: A. t. clara, A. t. cyanofrons = Blaustirn-Papageiamadine, *A. t. eichhorni, A. t. modesta, A. t. pelewensis, A. t. pinaiae, A. t. sanfordi, A. t. sigilifera, A. t. woodfordi*

Kennzeichen: 12 cm, im ganzen grün, Stirn, Gesicht und Wangen blau, Bürzel, Oberschwanzdecken und mittlere Schwanzfedern rot. Augen dunkelbraun, Schnabel schwarz, Füße graubraun. Weibchen meistens weniger leuchtend grün, das Blau der Stirn schmaler. Jungvögel mehr graugrün, mit oder ohne blaue Gesichtsmaske. Vor allem junge Männchen sollen schon viel Blau zeigen. Oberschnabel schwarz mit gelben Rändern, Unterschnabel gelb mit wenig Schwarz zum Kinn hin. Männchen trillert laut und lang, Weibchen läßt nur einzelne oder doppelte scharfe „zit"-Rufe hören.

Herkunft und Lebensweise: Celebes, Molukken, Neuguinea, Bismarck-Archipel, Salomon-Inseln, Neue Hebriden, Loyalty-Inseln, Nordosten der York-Halbinsel in Australien. Durch die weite Verbreitung über oft weit voneinander entfernten Inseln haben sich viele Rassen gebildet, die sich hauptsächlich durch die Ausdehnung der blauen Gesichtsmaske und durch den Farbton des grünen Gefieders unterscheiden, das von ganz dunkelgrün bis gelb (an Halsseiten und Schenkeln) variieren kann. Lebt an Rändern der Gebirgswälder bis über 2000 m Höhe, aber auch im Flachland. Hier vor allem in der Parklandschaft der Plantagen, oft in großen Schwärmen. Nahrung vor allem halbreife Grassamen. Nest zumeist in hohen Bäumen, eiförmig, groß, aus langen Gräsern, Moosen, Flechten, Laub, Fasern hergestellt.

Haltung: Wie Rotköpfige Papageiamadine. Noch lebhafter, wird meistens nicht ganz so zutraulich. Weniger kälteempfindlich, doch sollten 16 °C nicht unterschritten werden.

Zucht: Auch hier gleicht sie der Rotköpfigen Papageiamadine. Die Balz ist, wie bei fast allen Papageiamadinen, ein wildes Jagen des Weibchens, der Tretakt fast eine Vergewaltigung. Männchen beißt sich dabei im Nackengefieder des Weibchens fest (ebenfalls bei fast allen Papageiamadinen), so daß dieses dort oft kahlgerupft wird. Nistplatz wird verschieden hoch in der Voliere gewählt, manchmal auch freistehendes Nest in dichtem Gebüsch.

Ernährung: Siehe Rotköpfige Papageiamadine.

Papua-Papageiamadine *(Amblynura papuana)*

Kennzeichen: 14 cm, gleicht in Farbe und Zeichnung der Dreifarbigen Papageiamadine, ist aber bedeutend größer, hat einen kräftigeren Schnabel und eine größere blaue Gesichtsmaske. Auch die Rufe und das Trillern ähneln denen der Dreifarbigen Papageiamadine.

Herkunft und Lebensweise: Neuguinea. Lebt vor allem an Rändern der Gebirgswälder bis in etwa 2000 m Höhe. Meistens nur paarweise anzutreffen. Außer Grassamen nimmt sie wohl auch Insekten und Früchte auf.

Haltung: Erst 1949 nachweislich nach Deutschland gekommen. Die Vögel sind ruhig und verträglich. Zuerst wird nur Körner- und Grünfutter angenommen, tierisches Futter erst nach längerer Zeit.

Rotköpfige Papageiamadine *(Amblynura psittacea)*
Abb. Seite 155

Kennzeichen: 12 cm, insgesamt grün, nur den Kopf von der Stirn über die Wangen bis zur Kehle rot, ebenso Bürzel, Oberschwanzdecken und mittlere, zugespitzte Schwanzfedern. Schnabel schwarz, Augen dunkelbraun, Füße graubraun. Das Weibchen hat meistens eine kleinere und heller rote Kopfmaske. Das Grün des übrigen Gefieders ist weniger intensiv. Nur das Männchen trägt einige rote Federn am Flügelinnenrand. Jungvögel haben einen gelblichen, zur Spitze hin schwarzbraunen Schnabel. Auch das Kopfgefieder ist matt grün, manchmal schon mit einigen roten Federn durchsetzt. Gesang und Lockruf des Männchens langgezogene Triller. Das Weibchen ruft nur kurz „zi-zi", auch als Einzellaut.

Herkunft und Lebensweise: Neu-Kaledonien (französische Insel östlich von Australien). Lebt an Waldrändern und in halboffener Graslandschaft. Baut ein großes, nicht sehr festes Nest in das Gezweig dichter Bäume, aber auch in Hecken und an Gebäude.

Haltung: Idealer Volierenvogel, da hübsch, sehr lebhaft und recht zutraulich. Braucht viel freien Flugraum, aber auch Versteckmöglichkeiten in dichtem Pflanzenwuchs. Da etwas kälteempfindlich, sollte sie stets bei mindestens 18 °C gehalten werden, in Außenvolieren nur dann, wenn sie jederzeit einen erwärmten Innenraum aufsuchen kann. Für die Haltung im Bauer nicht geeignet, da sie ohne viel Flugraum schnell fett, träge und krank wird.

Zucht: Gelingt am besten in Innenvolieren wie oben beschrieben. Baut das Nest zumeist in Nistkästen von mindestens 15 × 15 × 15 cm Größe mit Einflugloch oder halboffen oder in Querformat-Wellensittichkästen. Trockene und frische Gräser, Kokos- und Agavefasern von etwa ¼ m Länge werden am liebsten verbaut, aber auch Laub. Zumeist 4–6 Eier (oft einige unfruchtbar). Die Jungen kehren, wenn sie mit 3 Wochen das Nest verlassen, nicht wieder zurück, sondern schlafen im Gezweig, wobei sie sich dicht aneinanderkuscheln. Sie können bei den Altvögeln in der Voliere verbleiben, da sie sehr friedlich sind und die nächste Brut nicht stören. Von den Eltern werden sie auch nicht gejagt.

Ernährung: Hirse verschiedener Größe und Glanz, auch gekeimt, wenige ölhaltige Sämereien wie Negersaat und Mohn, viele halbreife Sämereien von Gräsern, Hafer, Vogelmire, alle süßen Obstarten, auch Feigen und Datteln. Im Gegensatz zu den meisten anderen Papageiamadinen braucht diese viel tierische Nahrung, nicht nur zur Aufzucht der Jungen. Frisch gehäutete, zerschnittene Mehlwürmer, Puppen von Rasenameisen, Wachsmottenraupen, Enchyträen, Tubifex, Wasserflöhe und mit dem Netz gefangene Insekten (Wiesenplankton) sollten je nach Vorhandensein versucht werden. Nicht alle nehmen Weichfutter und hartgekochtes, fein zerhacktes Ei.

Peales Papageiamadine *(Amblynura prasina* – Syn. *Erythrura pealii)*
Abb. Seite 157

Kennzeichen: 10 cm, Nacken, Rücken, Flügel, Flanken und Bauch grün, Brust und Kehle zum schwarzen Kinn hin immer intensiver in Blau übergehend. Stirn, Scheitel, Kopfseiten rot. Diese Gesichtsmaske gleicht der der rotköpfigen Gouldamadine sehr. Bürzel, Oberschwanzdecken und mittlere der kurzen Schwanzfedern ebenfalls rot.

Augen braun, Schnabel schwarz, Füße hell fleischfarben. Weibchen ist weniger leuchtend und gelblicher gefärbt. Jungvögel sind noch heller und matter, haben manchmal etwas Blau im noch grünen Kopfgefieder, manchmal auch schon etwas Rot. Die Stimme gleicht der der Rotköpfigen Papageiamadine, Männchen trillert, Weibchen ruft zumeist in scharfem Doppelton.

Herkunft und Lebensweise: Fidschi-Inseln. Die „Peales" bewohnt Grasland und Gebüsch, kommt in Pflanzungen, Gärten und Ortschaften. Ist in kleinen Flügen in niedriger Vegetation und auf dem Boden anzutreffen. Ernährt sich vor allem von Grassamen, vor der Erntezeit auch von Reis. Dann auch in größeren Schwärmen unterwegs. Brütet in Büschen und Bäumen.

Haltung: Die Peales ist ein herrlicher Vogel für die große Voliere, wo sie leicht zu halten ist und recht zutraulich wird. Sie braucht die selben Lebensbedingungen wie die Rotköpfige Papageiamadine.

Zucht: Seit einigen Jahren regelmäßig gezüchtet, und zwar nur in großen Volieren mit viel Deckung (siehe auch Rotköpfige Papageiamadine). Zumeist nur 3 Eier pro Gelege. Die Jungen sind schon mit knapp zwei Wochen nach dem Ausfliegen selbständig.

Ernährung: Wie Rotköpfige Papageiamadine, doch kaum trockene, sondern fast ausschließlich gekeimte und halbreife Sämereien. Obst und tierisches Futter werden gern genommen und sind für die Aufzucht der Jungen notwendig.

Kurzschwanz-Papageiamadine *(Amblynura cyaneovirens)*

Rassen: A. c. cyanovirens, A. c. gaughrani
Kennzeichen: 11–12 cm, diese Art steht den Königs-Papageiamadinen in Größe, Färbung, Schnabelform und Lebensweise näher als der Peales Papageiamadine. Bei ihr sind die Gefiederpartien der Oberseite meistens blau, manchmal grünlichblau. Auch das Brust- und Bauchgefieder kann von grün bis blaugrün aussehen. Die rote Kopfmaske reicht bei ihr am weitesten in den Nacken und ist immer blau umrandet.
Herkunft und Lebensweise: Samoa-Inseln. Ähnelt in der Lebensweise den Königs-Papageiamadinen. Auch in Haltung, Zucht und Ernährung stellt sie etwa die gleichen Ansprüche.

Königs-Papageiamadine *(Amblynura regia)*

Rassen: A. r. efatensis, A. r. regia, A. r. serena
Kennzeichen: 11 cm, wie Peales Papageiamadine, doch ist *A. r. regia* im ganzen blau statt grün. Das Rot der Kopfmaske reicht bis in den Nacken. Der Schnabel ist bauchiger. Die Rassen *A. r. efatensis* und *A. r. serena* sind grün wie die Peales, doch tragen beide eine breite blaue Umrandung hinter der großen roten Kopfmaske.
Herkunft und Lebensweise: Jede dieser drei Rassen bewohnt verschiedene Inselgruppen der Neuen Hebriden. Sie sind Bergwaldbewohner und leben vor allem von den

Samen der Feigenfrüchte, Blütenknospen und in gringem Maße von weichen Sämereien und Insekten.

Haltung: Als Nahrungsspezialist ist die Königs-Papageiamadine viel schwerer einzugewöhnen als die Peales (siehe Ernährung). Die Haltung ist nur in einer großen Voliere möglich.

Zucht: Noch nicht häufig gelungen. Baut im Halbhöhlenkasten oder in dichten Büschen ein recht kunstvolles Nest mit Eingangsröhre. Nistmaterial und Brutablauf wie bei der Rotköpfigen Papageiamadine.

Ernährung: Sie benötigt zuerst fast ausschließlich Obst wie Bananen, Birnen, süße Äpfel, Apfelsinen, Rosinen, Feigen (beide vorher eingeweicht), Datteln, auch Gurkenscheiben. Am wichtigsten scheinen Feigen zu sein, von denen zuerst die Samen verzehrt werden. Sie auch an die Aufnahme von Körnerfutter zu gewöhnen ist sehr schwer und langwierig. Gekeimter Glanz, Hirse, Nackthafer, gequellter geschälter Hafer, im Sommer und Herbst viele halbreife Gras- und Haferähren. Auch Lebendfutter wird bald gern genommen (siehe Rotköpfige Papageiamadine).

Kleinschmidts Papageiamadine *(Amblynura kleinschmidti)*
auch Schwarzstirn-Papageiamadine genannt

Kennzeichen: 10 cm, eine schwarze Gesichtsmaske, die von der Stirn bis zum Kinn reicht und die dunkelbraunen Augen einbezieht, steht in schönem Kontrast zum dickbauchigen, blaßrosa gefärbten Schnabel. Oberseits dunkelgrün, Bürzel und Oberschwanzdecken hellrot, Schwanz und Schwingen schwarzbraun, Schwingen grün gesäumt. Unterseite, Hals und hintere Gesichtshälfte leuchtend gelbgrün. Rufe und Triller ähnlich wie Rotköpfige Papageiamadine.

Herkunft und Lebensweise: Fidschi-Insel Viti-Levu. Wurde in Bergwäldern bis 1300 m Höhe beobachtet. Lebt vor allem von Früchten und Blütenknospen, auch von halbreifen, weichen Samen und vielen Insekten.

Haltung: Bisher nur einmal 1913 nach Deutschland gekommen.

Gattung Chloebia, Prachtamadinen

Gouldamadine *(Chloebia gouldiae)*
Abb. Seite 159

Kennzeichen: Länge 11 cm, mit den beiden mittleren Schwanzspießen 13–15 cm. Rücken und Flügeldecken grün, Bürzel und obere Schwanzdecken hellblau, Unterseite gelb, zum Schwanz hin weiß, Brustschild lila, Schwanz schwarz. Um Scheitel und Kehle läuft ein leuchtend hellblaues Band, das auf dem Hinterkopf in helles Grün übergeht. Kinn schwarz, Stirn und Wangen entweder schwarz, rot oder gelb bis orange. Der Schnabel ist hornfarben, zur Spitze hin rötlich, bei Weibchen zur Brutzeit schwärzlich. Die Füße sind hell fleischfarben. Das Weibchen ist gleich gefärbt, doch sind das Lila des Brustschildes und das Gelb des Bauches viel blasser, rote und gelbe Gesichtsfarben weniger leuchtend, oft schwarz durchsetzt. Der Gesang ist ein recht leises, schleifendes Zwitschern, das nur vom Männchen vorgetragen wird. Der Lock- bzw. Kontaktruf ist ein hohes „zwet" oder „zwet-zwet", der Alarmruf ein härteres, kurzes „zett-zett" oder „zett-zett-zett".

Herkunft und Lebensweise: Ihre Heimat ist der Norden Australiens, wo sie in der Nähe von Wasserstellen lebt und meistens in Baumhöhlen brütet. Sie trägt nur noch wenig Nistmaterial ein und baut selten freistehende Nester in Grasstände und Büsche. Sie ist der Prachtfink mit dem größten Wärmebedürfnis und fühlt sich bei Temperaturen zwischen 30–45 °C erst richtig wohl.

Haltung: Als Stubenvogel ist die Gouldamadine sehr beliebt. Sie ist nicht mehr der „Problemvogel" von früher, dank großer Bemühungen ernsthafter Züchter. Doch sollte sie nicht „abgehärtet" und bei Temperaturen unter 18 °C gehalten werden. Während der Mauser und Zucht braucht sie Wärme von mindestens 22 °C, besser von über 24 °C. Wird sehr zutraulich und interessiert.

Zucht: Die Gouldamadine ist ein zuverlässiger Zuchtvogel. Die früher häufig praktizierte Ammenzucht (mit Japanischen Mövchen) ist überhaupt nicht nötig, in Japan leider immer noch sehr verbreitet. Die Zucht gelingt bei paarweiser Haltung im Bauer wie in der größeren Voliere mit 3–4 Paaren. Ersteres mag erfolgreicher sein, doch das hochinteressante Sozialverhalten dieser geselligen Amadine kommt bei der Zucht im Schwarm erst richtig zur Entfaltung. Sie kann auch mit anderen australischen Prachtfinken zusammen gezüchtet werden, da sie sehr verträglich ist. Die Zucht gelingt am besten in einem Kasten von 15 × 15 × 20 cm mit Einschlupfloch von 5 cm Durchmesser. Als Nistmaterial werden von manchen Paaren Sisalfasern oder helle, trockene oder frische Grashalme von etwa 10 cm Länge bevorzugt. Meine Vögel nehmen gern Kokosfasern und dunkle Halme. Die Wahl des Nistmaterials kann also individuell verschieden sein, darum bei ersten Bruten eine reiche Auswahl an Baustoffen anbieten. Das Gelege von meistens 6 Eiern wird 14 Tage lang bebrütet. Die Jungen fliegen mit 22–24 Tagen aus. Die Jungvögel sind recht einfarbig graugrün. Sie beginnen mit 8–10 Wochen zu mausern und tragen mit etwa 5 Monaten das Erwachsenenkleid. Bei niedrigen Temperaturen und wenig gehaltvollem Futter unterbrechen sie die Mauser und setzen sie erst bei günstigeren Bedingungen fort. Hohe Sterblichkeit während der Jugendmauser ist einzig auf diese Mängel zurückzuführen.

Ernährung: Kleine und weiche Hirsesorten: Senegal-, Manna-, Japan-, Silber- und Kolbenhirse, ferner Glanz und etwas Negersaat. Ein reichhaltiges Waldvogelfutter sollte zum Aussuchen von „Leckerbissen" stets gegeben werden. Grünfutter immer und nach Möglichkeit auch halbreife Wildkrautsämereien reichen. Als Aufzuchtfutter frisch gehäutete, zerkleinerte Mehlwürmer, Eifutter und Eierhirse anbieten, woran die Altvögel frühzeitig gewöhnt werden sollten, da sie Unbekanntes verschmähen.

Besonderes: In der Natur sind schwarzköpfige Gouldamadinen am häufigsten. Auf 3 Schwarzköpfige kommt 1 Rotköpfige, während die Gelbköpfige so selten ist, daß nur

Tafel 25
Binsenastrild, Männchen (s. Seite 136).

Tafel 27 (Oben)   Rotköpfige Papageiamadine, Weibchen (s. Seite 148).

Tafel 26 (Linke Seite)
Oben links: Timor-Reisfink (s. Seite 162). *Oben rechts:* Weißbrust-Schilffink (s. Seite 163).
Unten links: Gelber Schilffink (s. Seite 166). *Unten rechts:* Weißscheitelnonne (s. Seite 170).

Tafel 29 (Oben)
Peales Papageiamadine, Männchen (s. Seite 149).

Tafel 28 (Linke Seite)
Oben: Dickschnabelnonne (s. Seite 169). *Unten links:* Fünffarbennonne (s. Seite 172). *Unten rechts:* Prachtnonne (s. Seite 171).

Tafel 31 (Oben)   Gouldamadinen, links gelbköpfiges, rechts rotköpfiges Männchen (s. Seite 151).

Tafel 30 (Linke Seite)
Oben links: Perlenbronzemännchen (s. Seite 172). *Oben rechts:* Wellenbauch-Bronzemännchen (s. Seite 175). *Unten links:* Hadesnonne (s. Seite 166). *Unten rechts:* Braunbrust-Schilffink, Rasse Zwergschilffink (s. Seite 165).

eine unter mehreren tausend Vögeln lebt. Während die Rot- und Schwarzköpfigen selbständige Farbvarianten sind, handelt es sich bei den Gelbköpfigen um Verlustmutanten. Sie haben die Fähigkeit verloren, aus den im Futter aufgenommenen Karotinoiden rote Farbstoffe zu bilden. Da alle drei Varianten gezielt gezüchtet werden können, gibt es in den Liebhaberbeständen jetzt mehr rot- und gelbköpfige Gouldamadinen als schwarzköpfige. Vererbung und Biologie der Gouldamadine sind in dem Sonderheft der Gefiederten Welt „Die Gouldamadine" (s. Literatur) ausführlich dargelegt.

Zu Anfang der siebziger Jahre sind von Südafrika die ersten weißbrüstigen Gouldamadinen nach Europa gekommen. Sie sind inzwischen so erfolgreich gezüchtet worden, daß sie nicht mehr zu den Seltenheiten gehören, obwohl ihre Vererbungsweise rezessiv gegenüber den Normalvögeln ist.

Anders ist es mit den weiteren Mutationen. Sie sind noch äußerst selten und empfindlich. Zu ihnen gehören die Albinos, völlig weiße Vögel mit roten Augen, die Lutinos, die rein gelb gefärbt sind, ebenfalls rote Augen haben und eine gelbe oder rote Kopfmaske besitzen. Die blauen Gouldamadinen sind oberseits hellblau gefärbt, auf der gesamten Unterseite weiß, ihre Kopfmaske ist entweder weiß oder schwarz. Die türkisblauen Vögel mit orangeroter Maske stellen keine Mutation dar, sondern eine Modifikation. Ihre Farbe wird bei guten Haltungsbedingungen nach der Mauser wieder grün. Die gescheckten Gouldamadinen werden noch sehr selten angetroffen. Sie sind wie die Silberrücken-Gouldamadinen noch sehr seltene Mutationen.

Gattung Padda, Reisfinken

Reisfink *(Padda oryzivora)*
Abb. Seite 120

Kennzeichen: 14 cm, Oberseite und Brust blaugrau, Kopf, Bürzel und Schwanz schwarz, Bauch bräunlichgrau, Unterschwanzdecken weiß. Großer Wangenfleck weiß, steht in schönem Kontrast zum Kopfgefieder, dem rosaroten, sehr starken Schnabel und den roten Augenringen. Füße rosarot, Augen braun. Weibchen gleich gefärbt, Schnabel oft etwas kleiner. Sicheres Unterscheidungsmerkmal ist nur der Gesang des Männchens, der wie Glöckchenklingeln beginnt und zu einem hübschen und lauten Trillern mit eingestreutem Zwitschern wird. Während viele Männchen sehr fleißige Sänger sind, singen andere so gut wie nie. Ruf „teck".

Tafel 32
Oben links: Perlhalsamadinen (s. Seite 183). *Oben rechts:* Spitzschwanz-Bronzemännchen (s. Seite 177). *Unten links:* Kleinelsterchen (s. Seite 180). *Unten rechts:* Braunrückenelsterchen (s. Seite 181).

Herkunft und Lebensweise: Stammt von Java und Bali. Wurde durch den Menschen über weite Gebiete Südostasiens verbreitet. Auch an der ostafrikanischen Küste und vorgelagerten Inseln (Sansibar, Pemba) und auf St. Helena eingebürgert, ferner auf den Fidschi-Inseln und anderen Inseln des Pazifik. Der Reisfink lebt vor allem in Kulturlandschaft, an Dorfrändern, Wegen, in Gebüschen und Wäldchen. Er brütet, meistens in lockeren Kolonien, in Büschen, Baumhöhlen, unter Hausdächern. Nach der Brutzeit schließt er sich mit Artgenossen zu oft riesigen Schwärmen zusammen und plündert dann die Reisfelder.

Haltung: Wurde seit Jahrhunderten in China und bald auch in Japan gezüchtet, vor allem in der weißen Form. Da der Reisfink recht friedlich ist, kann er mit anderen größeren Prachtfinken zusammen gehalten werden, am besten in einer größeren Voliere. Im kleinen, überbesetzten Bauer kann er unverträglich werden. Sonst ist er anspruchslos, ausdauernd, hart. Er darf aber nicht, wie ich es schon mehrfach gesehen habe, in einer Außenvoliere überwintert werden. Die Vögel haben es zwar ausgehalten, doch war ihnen anzusehen, daß sie sich nicht wohl dabei fühlten. Gesundheitsschäden bleiben dabei nicht aus.

Zucht: Sie gelingt vor allem in der Voliere mit einer guten Auswahl an größeren Nistkästen in verschiedener Höhe und mindestens 1 m Abstand voneinander. Weiße und gescheckte Reisfinken schreiten viel leichter zur Brut, auch in größeren Bauern. Sie sind gut für den Anfänger in der Prachtfinkenzucht geeignet. Wildfarbene können durch gemeinsame Haltung mit weißen und gescheckten Vögeln in Brutstimmung gebracht werden. Nistmaterial grobe und feine Gräser und Fasern aller Art. Meistens 5–6 Eier, Brutdauer 14 Tage, die Jungen bleiben 3 bis manchmal 4 oder sogar 5 Wochen im Nest!

Ernährung: Ein Hirse-Glanz-Gemisch möglichst großkörniger Sorten, mit etwas geschältem Hafer, Weizen, Gerste, Paddy-Reis, alles auch gekeimt bzw. gequellt. Zur Aufzucht viel reifendes Rispengras, Hafer, Vogelmiere und andere Wildkräuter. Weichfutter, mit geriebener Möhre oder Apfel flockig angerührt, Mehlwürmer, frische oder tiefgekühlte Ameisenpuppen werden meistens angenommen. Manche Paare ziehen ihre Jungen auch nur mit gekeimten und halbreifen Samen erfolgreich groß.

Besonderes: Der Reisfink wird in neuester Zeit nicht nur als wildfarbener, weißer und gescheckter Vogel gezüchtet, sondern auch als Albino und als Falbe (Isabell).

Timor-Reisfink *(Padda fuscata)*
auch Brauner Reisfink genannt
Abb. Seite 154

Kennzeichen: 12 cm, oberseits schokoladenbraun, Brust heller braun, Bauch und Unterschwanzdecken weiß, Oberkopf und Kehle schwarz, große Wangenflecke weiß. Augen dunkelbraun, Lidring und Schnabel blaugrau, Füße blaß fleischfarben.

Herkunft und Lebensweise: Kleine Sunda-Inseln Timor und Saman. Über die Lebensweise ist wenig bekannt, soll mit der des „blauen" Reisfinken übereinstimmen.

Haltung: Ist 1939 nach Europa eingeführt worden, dann 1976 in die Schweiz, wo Dr. R. Burkard als erstem die Zucht gelang. Seitdem mehrfach gezüchtet, doch immer noch ein seltener Vogel.

Ernährung: Wie blauer Reisfink, auch mit kleineren Samen.

Gattung Heteromunia, Weißbrust-Schilffinken

Weißbrust-Schilffink *(Heteromunia pectoralis)*
Abb. Seite 154

Kennzeichen: 12 cm, Gesicht vom Zügel und Auge über Wangen bis zur Kehle schwarz. Vom dunkelbraunen Auge halbmondförmig die schwarzen Wangen umschließend und bis zu den Halsseiten reichend ein hellrötlichbrauner Streif. Stirn, Scheitel, Nacken, Rücken, Flügeldecken, Bürzel und Oberschwanzdecken lilabraun. Auf Wangen und Flügeldecken weiße Punkte. Brust schwarz, mit großen weißen Kreisflecken, die (beim Männchen) das Schwarz fast ganz verdecken. Bauch und Unterschwanzdecken hell rötlichbraun, letztere schwarzweiß quergezeichnet. Schnabel blaugrau, Füße fleischfarben. Beim Weibchen ist das Gefieder von Kehle und Wangen etwas bräunlich. Jungvögel insgesamt graubraun, Bauch und Brust heller. Der Gesang des Männchens besteht nur aus einzelnen leisen „Kiek"-Lauten. Kontaktruf „chip", Lockruf scharf und laut.

Herkunft und Lebensweise: Nord-Australien mit Ausnahme der York-Halbinsel. Bewohnt Grassteppen und Halbwüsten, im Gegensatz zu den anderen Schilffinken also sehr trockene Gebiete. Dort flicht er sein Nest in Bodennähe zwischen Halme. Zur Nahrungssuche viel am Boden. Lebt vor allem von Grassamen, zur Brutzeit auch von Insekten (Ameisen, Termiten). Außerhalb der Brutzeit in kleineren oder größeren Flügen.

Haltung: Da nur noch hier gezüchtete Vögel angeboten werden, entfällt die oft recht schwierige Eingewöhnung. Die hier gezüchteten Vögel sind vital, ausdauernd und wenig scheu. Sie können auch paarweise in einem großen Bauer gehalten werden. Als Vögel sehr heißer Gebiete brauchen sie mindestens Wärme von 18 °C.

Zucht: Ist nicht sehr schwer. Es sollten Grasbüschel, Schilfhalme und Ginstergestrüpp in Bodennähe, aber auch höher in der Voliere eingebracht werden. Halboffene Nistkästen sollten ebenfalls zur Verfügung stehen. Die Balz und das Befliegen finden am Boden statt. Das Männchen hüpft mehrmals um das Weibchen herum, oft mit einem Halm im Schnabel. Dabei verbeugt es sich öfter. Die Vögel des Paares halten keinen sehr engen Kontakt, kraulen sich nicht und schlafen auch nicht aneinandergekuschelt, sondern halten Abstand. Als Nistmaterial bieten wir neben Gräsern verschiedener Länge und Härte auch Kokosfasern, Kiefernnadeln und kleine Zweigstückchen an, vor allem von Ginsterbüschen. Weiche Fasern sind zum Auspolstern notwendig. Der Brutablauf ähnelt dem des Braunbrust-Schilffinken, ebenso die Ernährung.

Gattung Munia, Nonnen

Dickkopf-Schilffink *(Munia melaena)*
auch Dickkopfnonne genannt

Kennzeichen: 11 cm, der dicke Schnabel, Kopf bis Nacken und Vorderbrust und die Unterschwanzdecken sowie die Füße sind schwarz. Rücken und Flügel schwarzbraun, Bürzel, Oberschwanzdecken und Schwanzoberseite gelbbraun, ebenso der Bauch und die Hinterbrust, die an den Flanken schwarz quergewellt sind. Augen dunkelbraun.
Herkunft und Lebensweise: Die Insel Neu-Britannien des Bismarck-Archipels. Lebt im hohen Gras und Schilf und brütet dort mit weiteren Paaren recht gesellig.
Haltung: Wurde nur ein einziges Mal vor 40 Jahren importiert.

Schwarzbrust-Schilffink *(Munia teerinki)*

Rassen: M.t. mariae, M.t. teerinki
Kennzeichen: 11 cm, Schnabel und Füße grau, Augen braun. Kopf, Kehle, Brust und Unterschwanzdecken schwarz. Rücken und Flügel mahagonibraun, Bürzel, Oberschwanzdecken und Schwanzoberseite goldgelb. Bauch weiß, an den Flanken schwarzbraun gewellt.
Herkunft und Lebensweise: Im Hochland (um 2000 m) des westlichen Neuguineas, dort in gebüschdurchsetzten Grasgebieten.
Haltung: Noch nie eingeführt.

Bergschilffink *(Munia monticola)*

Kennzeichen: 11 cm, Kopf, Gesicht, Kinn und Kehle schwarz bis bräunlichschwarz, Schnabel blaugrau, Augen braun. Nacken, Rücken und Flügel dunkelbraun, Bürzel, Oberschwanzdecken und Schwanzoberseite bräunlichgelb. Brust fleckig hellbraun und weiß. Ein schwarzes Band trennt das Brustgefieder vom weißen Bauch. Die Flanken sind bis zu den schwarzen Unterschwanzdecken schwarz quergewellt. Die Füße sind bleigrau.
Herkunft und Lebensweise: In Gebirgslagen um 3000 m im südöstlichen Neuguinea. Lebt auf Almen und ernährt sich vor allem von den Samen der Gräser. Außerhalb der Brutzeit in kleinen bis größeren Gesellschaften.
Haltung: Noch nie eingeführt.

Höhenschilffink *(Munia montana)*

Kennzeichen: 11 cm, ähnelt sehr dem Bergschilffink, Brust jedoch gelblichbraun, das schwarze Begrenzungsband zum weißen Bauchgefieder ist nur schmal, ebenso die Querwellung an den Flanken. Der Schnabel ist hell bläulichgrau.

Herkunft und Lebensweise: Gebirge des westlichen Neuguineas, in Höhen über 3000 m.
Haltung: Noch nie eingeführt.

Braunbrust-Schilffink *(Munia castaneothorax)*
Abb. Seite 158

Rassen: M. c. *assimilis,* M. c. *boschmai,* M. c. *castaneothorax,* M. c. *nigriceps,* M. c. *ramsayi,* M. c. *sharpii,* M. c. *uropygialis*

Kennzeichen: 11 cm, Gesicht, Wangen und Kehle schwarz, Stirn, Scheitel und Nacken grau oder graubraun „geschuppt". Rücken und Flügeldecken zimtbraun, Bürzel, Oberschwanzdecken und mittlere Schwanzfedern strohgelb bis kräftig braun. Unterschwanzdecken schwarz, Bauch weiß, Brust kastanienbraun bis gelbbraun, durch einen schwarzen Querstreifen vom Weiß des Bauches getrennt. Augen braun, Schnabel blaugrau, Füße grau. Weibchen manchmal etwas matter gefärbt. Junge haben einen graubraunen Kopf, dunkelbraune Oberseite, bräunliche Gesichtsmaske und Brust und gelblichweiße Unterseite. Der Gesang ist ein ganz hohes Trillern und Zwitschern und wird nur vom Männchen vorgetragen. Lockrufe einzeln „dit" oder auch gereiht.
Die Rasse M. c. *sharpii* ist deutlich kleiner, hat einen fast weißlichen Oberkopf und mahagonibraune Oberschwanzdecken und Bürzel.

Herkunft und Lebensweise: Neuguinea und der Norden und Osten Australiens sind seine Heimat. Auf Neu-Kaledonien, den Neuen Hebriden, Tahiti, Bora-Bora und anderen Inseln des Südpazifik wurde er durch den Menschen heimisch gemacht. Große Gras- und Schilfbestände sind sein bevorzugter Lebensraum. Siedelt sich in Gebieten mit Reis-, Zuckerrohr- und Gerstenanbau in diesen Feldern an. Kommt in Neuguinea sogar im Hochland vor, wo er ebenfalls in feuchten Gebieten mit ähnlicher Vegetation lebt. Brütet im Gras und Schilf, wo er sein Nest mit engem Seiteneingang kunstvoll mit den umstehenden Halmen verwebt. Koloniebrüter und sehr gesellig, außerhalb der Fortpflanzungszeit oft in großen Flügen unterwegs.

Haltung: Eingeführte Vögel (nur noch von Neuguinea) sind zuerst recht empfindlich. Sie brauchen Wärme von mindestens 22 °C und ein sehr vielseitiges Futterangebot. Hier gezüchtete Vögel sind dagegen sehr widerstandsfähig. Sie eignen sich nur für eine Volierenhaltung, wo sie ausdauernd, sehr lebhaft und friedlich gegenüber allen Mitbewohnern der Voliere sind. Im Bauer sind sie dagegen sehr ruhig, langweilig und werden fett und krank. In der Voliere können sie sogar im kleinen Schwarm gehalten werden. Sie zeigen dann ihr sehr interessantes Sozialverhalten. Für Schilfecken und senkrecht stehendes Gezweig (Ginsterbüsche) muß gesorgt werden. Die rauhen Halme helfen auch, dem übermäßigen Krallenwachstum zu begegnen.

Zucht: Gelingt in der Voliere leicht. Das Nest wird zwischen Schilfhalme oder in Ginstergestrüpp gebaut (auch in andere Büsche) oder in Nistkästen verschiedener Ausführung angelegt. Sehr lange und breitblättrige Grashalme in frischem oder trok-

kenem Zustand sollen neben weichen Gräsern und zarten Rispen und Fasern angeboten werden. Aus den zumeist 4–6 Eiern schlüpfen nach 14 Tagen Brutzeit die nackten
Jungen. Mit drei Wochen verlassen sie das Nest zum ersten Male, schlafen aber noch
einige Nächte lang darin. Brauchen nach dem Ausfliegen noch etwa 3–4 Wochen, bis
sie selbständig sind. Nachdem die Rasse *M. c. sharpii* 1980 erstmals eingeführt worden ist, gelang deren Zucht bei mehreren Liebhabern 1981 ohne besondere Schwierigkeiten.

Ernährung: Glanz und Hirse, auch großkörnige wie Silberhirse, geschälter Hafer, vor
allem in gekeimtem bzw. gequelltem Zustand. Kolbenhirse und solange erreichbar,
viele Gräserrispen mit halbreifen Samen, Hirtentäschel, Gänsedistel, Breitwegerich,
Vogelmiere und andere Wildkräuter, auch Salat, Apfelstücke und Gurkenscheiben.
Stets etwas, zur Jungenaufzucht reichlich Ameisenpuppen, Mehlwürmer, hartgekochtes, zerkleinertes Ei und Weichfutter anbieten.

Hadesschilffink *(Munia stygia)*
auch Hadesnonne genannt
Abb. Seite 158

Kennzeichen: 11 cm, insgesamt schwarz, Oberseite mit etwas bräunlichem Schimmer.
Nur der Schwanz wirkt, wenn geschlossen, oberseits gelb, da die einzelnen Federn
gelbe Säume haben. Auch die Oberschwanzdecken und der Bürzel sind gelb.

Herkunft und Lebensweise: Sumpf- und Schilfgebiete des südlichen Neuguineas.
Flicht sein Nest zwischen Schilf- und Hochgrashalme. Sehr gesellig, evtl. in lockeren
Kolonien brütend.

Haltung: Wurde 1981 erstmals durch Herrn Krause gefangen und nach Deutschland
gebracht. Die Zucht ist allerdings noch nicht gelungen.

Gelber Schilffink *(Munia flaviprymna)*
auch Gelbbrust-Schilffink genannt
Abb. Seite 154

Kennzeichen: 11 cm, Kopf, Kehle und Nacken weißlich, hellgrau bis gelblich überhaucht, Rücken kastanienbraun, Brust und Bauch hellbräunlichgelb, Schenkel und
Unterschwanzdecken schwarz. Bürzel, Oberschwanzdecken und mittlere Schwanzfedern kräftig rostgelb, übrige Schwanzfedern schwarzbraun. Augen braun, Schnabel
blaugrau, Füße grau. Junge sind oberseits dunkelbraun, unterseits gelblichgrau.
Gesang und Rufe ähnlich denen des Braunbrust-Schilffinken.

Herkunft und Lebensweise: Nord-Australien mit Ausnahme der York-Halbinsel.
Bewohnt Schilf- und Grasbestände, oft mit dem Braunbrust-Schilffinken gemeinsam
Kolonien bildend. Kreuzt sich in freier Natur mit diesem, und es sind Vögel mit mehr
oder weniger ausgeprägten Merkmalen des Braunbrust-Schilffinken beobachtet und
gefangen worden.

166

Haltung: Wie Braunbrust-Schilffink nur in der Voliere zu empfehlen. Ist noch geselliger und lebhafter und sollte möglichst zu mehreren Paaren gemeinsam gehalten werden.

Zucht: In kleinen Gesellschaften von 3–5 Paaren am erfolgreichsten. Sonst wie Braunbrust-Schilffink, ebenso was die Nahrungsansprüche betrifft. Die Balz ist bei dieser Art besonders interessant. Bevor Männchen und Weibchen auf einem Zweig zusammenkommen, locken sie sich mit leisen Stimmen und zucken mit den hochgestellten Schwänzen. Unter fast ständigem „Schnabelwischen" hüpfen die Partner dann auf dem Zweig aufeinander zu, bis sie so dicht nebeneinander sitzen, daß sie sich berühren. Nun sträuben beide ihr Gefieder und das Männchen führt hüpfende Bewegungen aus, wobei es singt und eng neben dem Weibchen bleibt. Darauf beginnt das Weibchen mit Schwanzflirren, beugt sich vor und läßt sich treten. Danach stoßen die Partner ein brummendes Zischen aus und picken sich gegenseitig spielerisch an Schnabel, Kehle und Gesicht.

Blaßkopfnonne *(Munia pallida)*

Kennzeichen: 11 cm, Schnabel bleigrau, Augen braun, Kopf bis Nacken und Vorderbrust ganz blaß grauweiß, Rücken und Flügel braun. Bürzel, Oberschwanzdecken, Schwanz, Unterschwanzdecken und Bauchmitte dunkel rotbraun, Bauchseiten und Hinterbrust heller oder dunkler gelblichbraun bis rötlichbraun, Füße grau.

Herkunft und Lebensweise: Kleine Sunda-Inseln und Celebes. Biotop und Verhalten ähnlich der sehr nahe verwandten Weißkopfnonne.

Haltung: Wurde vor knapp 100 Jahren einige Male eingeführt. Neuerdings (1977) ist ein weiterer Import weniger Vögel erfolgt.

Weißkopfnonne *(Munia maja)*

Kennzeichen: 11 cm, Schnabel blaugrau, Kopf bis Kehle und Nacken weiß, beim Weibchen mehr grauweiß bis gelbweiß. Rücken, Flügel, Brust und Bauchseiten kastanienbraun. Bürzel und Oberschwanzdecken gelblicher, Unterschwanzdecken und Bauchmitte schwarz, ebenso die Füße. Die Augen sind dunkelbraun. Der Lockruf ist ein kurzes Pfeifen, der Gesang des Männchens ist anfangs völlig lautlos, danach ein sehr leises „Lachen" (ähnlich dem des Gelben Schilffinken), das in einen melodischen Endpfiff übergeht.

Herkunft und Lebensweise: Bali, Java, Sumatra und die Malaiische Halbinsel. Bewohnt Grasland, Feld- und Wegränder, Gärten. Brütet in Gebüsch oder hohem Gras, wo das Nest niedrig aus groben, langen Gräsern errichtet wird. Zur Auspolsterung werden weiche Pflanzenfasern verwendet.

Haltung: Sehr leicht einzugewöhnen und einfach zu halten. Ist im Bauer ruhig und vielleicht etwas langweilig, in der Voliere, die mit einem „Schilfdickicht" ausgestattet sein sollte, jedoch sehr lebhaft und interessant. Besonders für eine Haltung im arteigenen Schwarm zu empfehlen, da sehr gesellig und friedlich.

Zucht: Ist nicht einfach, doch liegt das vor allem daran, daß die Vögel bei der Partnerwahl nicht jeden akzeptieren. Auch hierfür bewährt sich also die gemeinsame Haltung mehrerer Paare, die sogar zusammen friedlich brüten. Balz, Brutablauf, Nestlingsdauer und Ablauf der Mauser stimmen mit denen des Gelben Schilffinken weitgehend überein.

Ernährung: Siehe Braunbrust-Schilffink und Spitzschwanz-Bronzemännchen.

Schildnonne *(Munia ferruginosa)*
auch Schwarzkehlnonne genannt

Kennzeichen: 11 cm, Kopf vom Unterschnabel bis zum Nacken weiß, sonst wie Schwarzkopfnonne.

Die Lockrufe sind kurz und scharf „pitt", der Gesang ist zuerst längere Zeit lautlos. Wir sehen nur die Bewegungen der Kehlfedern und des Schnabels. Zum Abschluß ist leises, gedehntes Pfeifen zu hören, das ein zweites oder drittes Mal wiederholt wird.

Herkunft und Lebensweise: Die Schildnonne kommt nur auf Bali und Java vor. Die Vögel bewohnen Grasland, Sumpfgebiete, Schilfgürtel, Reisfelder. Bauen das Nest tief zwischen dichtstehende Halme oder in Büsche und Bäume. Außerhalb der Brutzeit in oft großen Flügen, die vor allem die Reisfelder mit reifenden Samen heimsuchen.

Haltung: Sehr leicht einzugewöhnen, genügsam, ausdauernd, darum auch gut für den Anfänger geeignet. Nur im sehr großen Bauer oder in der Voliere halten. Im kleinen Bauer sind sie träge und bald krank. Da sehr friedlich, eignen sie sich besonders für eine Gemeinschaftsvoliere.

Zucht: Sehr zuverlässige Zuchtvögel. Wenn die Zuchten verhältnismäßig selten gelingen, dann liegt es vor allem daran, daß Vögel zusammengesetzt werden, die sich nicht sympathisch sind. Bevor die Vögel zur Brut „angesetzt" werden, sollten sie in einem kleinen Schwarm gehalten werden. Die Vögel, die sich mögen, halten bald eng zusammen und können dann in Zuchtvolieren gegeben werden. Diese müssen groß und teils dicht mit Schilf und dichtem Gestrüpp und lebenden Büschen versehen sein. Das Nest wird meistens freistehend in diese „Dickichte" gesetzt. Die Balz ähnelt der verwandter Arten, die Brutzeit beträgt 13 Tage. Die Jungen bleiben 22–25 Tage im Nest und kehren noch lange zum Schlafen zurück. Sind erst mit 6 Wochen selbständig und mit 6 Monaten ins Erwachsenenkleid gemausert.

Ernährung: Siehe Spitzschwanz-Bronzemännchen.

Schwarzbauchnonne *(Munia malacca)*
2 Rassengruppen:

1. *M. m. malacca* = Dreifarbennonne

Kennzeichen: 12 cm, Schnabel hell und blaugrau, Augen dunkelbraun, Kopf, Nacken und Kehle schwarz. Rücken und Flügel rotbraun, Oberschwanzdecken und Schwanz dunkler rotbraun, Bauchmitte, Unterschwanzdecken und Füße schwarz. Brust und Flanken weiß!

2. *M. m. atricapilla* = Schwarzkopfnonne

M. m. batakana, M. m. brunneiceps, M. m. deignani, M. m. formosana, M. m. gregalis, M. m. jagori, M. m. rubroniger, M. m. sinensis

Kennzeichen: 11–12 cm, wie Dreifarbennonne, doch kein Weiß im Gefieder. Brust und Flanken sind wie der Rücken rotbraun gefärbt. Je nach Rasse kann der Kopf auch braun oder dunkelgrau sein, das Rotbraun heller oder dunkler, der schwarze Bauchfleck größer oder kleiner und Bürzel wie Oberschwanzdecken von gelbbraun bis dunkelrotbraun reichen. Füße dunkel- bis blaugrau.

Herkunft und Lebensweise: Die Dreifarbennonne ist in der südlichen Hälfte Indiens und auf Ceylon zu Hause. Die Schwarzkopfnonne bewohnt mit ihren vielen ähnlichen Rassen den äußersten Norden Indiens, von dort ostwärts bis zum Süden Chinas, Formosa, die Philippinen, Celebes, Borneo, Sumatra, Malaysia und das ganze Indochina.

Haltung und Zucht: Wie Schildnonne.

Dickschnabelnonne *(Munia grandis)*
auch Riesennonne genannt
Abb. Seite 156

Rassen: M. g. destructa, M. g. ernesti, M. g. grandis, M. g. heurni

Kennzeichen: 12 cm, Kopf, Nacken und ganze Unterseite schwarz, Rücken und Flügel kastanienbraun. Bürzel, Oberschwanzdecken und Schwanzoberseite feurig gelbbraun, Schnabel hellgrau, Augen rotbraun, Füße bleigrau.

Herkunft und Lebensweise: Südöstliches und nördliches Neuguinea. Lebt in Sumpfgebieten und an Gewässern im hohen Gras und Schilf. Brütet aber in Büschen und Bäumen, oft mehrere Paare dicht beieinander.

Haltung: Wurde 1970 erstmals in die Schweiz importiert. Durch Herrn Krause 1980 nach Deutschland gebracht, und durch Herrn Ehmke, Merzig, 1981 erstmals gezüchtet.

Arfak-Nonne *(Munia vana)*

Kennzeichen: 10 cm, Schnabel blaugrau, Augen dunkelbraun. Gesicht, Wangen und Kinn weißlich, Scheitel, Nacken und Halsseiten hell graubraun, restliche Oberseite sowie Kehle und Vorderbrust dunkelbraun, hellgraues Brustband, Bauch und Unterschwanzdecken hell rotbraun, Oberschwanzdecken gelb, Füße schwärzlich.

Herkunft und Lebensweise: Nordwestliches Neuguinea, dort auf Hochland-Grasflächen des Arfak-Gebirges.

Haltung: Wurde noch nie eingeführt.

Graukopfnonne *(Munia caniceps)*

Rassen: M. c. caniceps, M. c. kumusii, M. c. scratchleyana
Kennzeichen: 10 cm, ähnelt der Weißkopfnonne sehr. Schnabel dunkler grau, Schwanz heller braun, Flanken rötlichbraun, Kopfgefieder grauer, besonders beim Weibchen.
Herkunft und Lebensweise: Küstengebiete des südöstlichen Neuguineas, dort Sumpfgebiete und hohe Ufervegetation bewohnend. Außerhalb der Brutzeit in oft großen Schwärmen.
Haltung: 1970 erstmals nach Europa gekommen. Über ihre Pflege ist bisher nichts berichtet worden.

Weißscheitelnonne *(Munia nevermanni)*
auch Nevermann-Nonne genannt
Abb. Seite 154

Kennzeichen: 11 cm, Schnabel blaugrau, Gesicht, Stirn und Scheitel weiß, beim Weibchen grauer, zum Nacken und den Halsseiten hin braun geschuppt. Rücken und Flügel braun, Bürzel und Oberschwanzdecken feurig goldgelb, ebenso die Schwanzoberseite. Kinn und Kehle, Unterschwanzdecken, Schenkel und Füße schwarz. Augen dunkelbraun.
Herkunft und Lebensweise: Südliches Neuguinea. Bewohnt Sümpfe, Ufer und Grasgebiete im Tiefland.
Haltung: Wurde 1977 zum ersten Male nach Deutschland eingeführt. Eingewöhnung und Haltung recht einfach. Es sind sehr friedliche Vögel, die sich in jede Prachtfinkengesellschaft einfügen lassen.
Zucht: Gelang 1978 Herrn Ehmke, Merzig, und einigen weiteren Züchtern. Danach regelmäßig nachgezogen. Es wurden bei Herrn Ehmke und bei Herrn E. Meyer, Bremen, (Gef. Welt 9/78) Nistkästen bezogen. Der Brutverlauf war ähnlich denen anderer Nonnen und der Schilffinken.

Hunsteinnonne *(Munia hunsteini)*
Rassen: M. h. hunsteini, M. h. minor

Kennzeichen: 10 cm, schwarz mit gelbbraunen Schwanzfedern wie die Hadesnonne, doch hat diese Art graues Oberkopf- und Nackengefieder.
Herkunft und Lebensweise: Die Insel Neu-Irland des Bismarck-Archipels, ferner die Insel Ponape und benachbarte in Mikronesien.
Haltung: Ist noch nicht eingeführt worden.

Mohrennonne *(Munia nigerrima)*

Kennzeichen: 10 cm, bis auf die dunkelbraunen Augen und die hell rotbraunen Oberschwanzdecken schwarz.
Herkunft und Lebensweise: Die Insel Neu-Hannover des Bismarck-Archipels. Noch ist nichts über ihre Lebenshaltung bekannt.
Haltung: Ist noch nie nach Europa eingeführt worden.

Forbesnonne *(Munia forbesi)*

Kennzeichen: 10 cm, Schnabel, Kopf, Nacken, Unterschwanzdecken, Hinterbauch und hintere Flanken sowie die Füße schwarz. Rücken und Flügel rotbraun, Bürzel, Oberschwanzdecken und Schwanz gelblichbraun. Brust und Bauch hell rostbraun, etwas quergewellt wirkend. Augen dunkelbraun.
Herkunft und Lebensweise: Die Insel Neu-Irland des Bismarck-Archipels. Bewohnt Grasland und ähnelt im Verhalten sehr der nahe verwandten Prachtnonne.
Haltung: Bisher noch nicht eingeführt.

Prachtnonne *(Munia spectabilis)*
auch Weißbauchnonne genannt
Abb. Seite 156

Rassen: M. s. gajduseki, M. s. mayri, M. s. spectabilis, M. s. wahgiensis
Kennzeichen: 10 cm, Schnabel hellgrau, Augen braun, Kopf, Kehle, Nacken, Unterschwanzdecken, hintere Flanken und Schenkel schwarz. Rücken und Flügel kastanienbraun, Oberschwanzdecken und Schwanzsäume gelbbraun. Brust und Bauch weiß, manchmal mit gelblicher oder bräunlicher Tönung. Füße dunkelgrau. Der Gesang ist teils nicht hörbar und nur an den Bewegungen der Kehlfedern festzustellen, teils mehrfach wiederholtes Pfeifen in verschiedener Tonlage. Der Lock- und Kontaktruf ist „gig".
Herkunft und Lebensweise: Östliches Neuguinea, die Insel Neu-Britannien und einige kleinere Inseln des Bismarck-Archipels. Ist selbst zur Brutzeit in kleinen Flügen anzutreffen und lebt in Gras- und Schilfbeständen, wo auch das Nest gebaut wird. Es kann aber auch in einem Gebüsch stehen.
Haltung: Wurde vor 40 Jahren einmal eingeführt, seitdem erst wieder 1970. Ist nicht schwer einzugewöhnen, ist ruhig und zurückhaltend. Da sehr friedlich, kann sie in Gesellschaft mit anderen Prachtfinken und mit Vögeln der eigenen Art gehalten werden. Eignet sich weniger für ein größeres Bauer, als vielmehr für eine Voliere. Sie sollte mit Schilf, Ginster und anderem aufrecht stehendem Gezweig eingerichtet sein. Die Prachtnonne kann im Sommer auch gut in der Außenvoliere mit angeschlossenem, heizbarem Schutzhaus gehalten werden. Baut Schlafnester ins Gebüsch.
Zucht: Ist schon gelungen. Balz und Brutverlauf ähneln sehr denen von Braunbrust- und Gelbem Schilffinkèn.
Ernährung: Siehe Braunbrust-Schilffink.

Fünffarbennonne *(Munia quinticolor)*
Abb. Seite 156

Kennzeichen: 11 cm, Kopf rötlich hellbraun, an den Wangen weiß gestrichelt, Kehle und Nacken dunkelbraun, letzterer mit weißen „Schuppen". Rücken und Flügel bräunlichgelb, Bürzel, Oberschwanzdecken und Schwanzoberseite feurig gelbbraun. Unterschwanzdecken, hintere Flanken und Hinterbauch schwarz, Brust und Bauch weiß. Füße und Schnabel hellgrau, Augen braun.
Herkunft und Lebensweise: Kleine Sunda-Inseln sowie die Inseln Babar und Sermata in der Banda-See. Lebt im Hochgras, Schilf und lichtem Gebüsch.
Haltung: Wurde 1939 einmal nach England gebracht, dann 1976 zu Dr. R. Burkard in die Schweiz. Weitere Importe kamen 1979 nach Deutschland. Ist ein lebhafter, friedlicher Vogel, der die Geselligkeit liebt. Ist am besten in einem arteigenen Schwarm in einer Voliere zu pflegen. Auch mit anderen Prachtfinken kann er gut vergesellschaftet werden. Am wohlsten fühlt sich die Fünffarbennonne in einer gut bepflanzten Gartenvoliere, in die sie im Sommerhalbjahr gelassen werden kann. Ist anfangs sehr scheu.
Zucht: Gelang Herrn R. Ehmke, Merzig, 1979 (Gef. Welt 1/80), danach verschiedenen Liebhabern ziemlich leicht. Die größte Schwierigkeit besteht im Erkennen der Geschlechter. Darum sollte ein kleiner Schwarm der Fünffarbennonne in einer geräumigen Voliere gehalten werden. Die Paare können sich dann finden.

Gattung Lonchura, Bronzemännchen

Perlenbronzemännchen *(Lonchura leucosticta)*
auch Schuppenbrust-Bronzemännchen und Weißgezeichnete Nonne genannt.
Abb. Seite 158

Kennzeichen: 10 cm, dunkelkastanienbraun, auf der Unterseite heller rostbraun, Unterschwanzdecken schwärzlich. Das dunkelbraune Kopfgefieder hat dicht an dicht isabellfarbene Strichel, die sich über den Augen zu Streifen verdichten und Wangen wie Kehle mehr oder weniger isabellbraun erscheinen lassen. Die Strichel setzen sich über Rücken, Halsseiten und Brust fort und vergrößern sich dort zu fast weißen „Perlen"; es sind die Spitzen der einzelnen Federn, die so hell gefärbt sind. Selbst über die Flügeldecken laufen zwei weiße Perlenreihen. Der Bürzel und die Oberschwanzdecken sind strohgelb gefärbt. Die Augen sind dunkelbraun, Schnabel und Füße bleigrau. Männchen und Weibchen sind äußerlich nicht zu unterscheiden. Jungvögel sind dunkler und matter braun gefärbt. Ihnen fehlen die Strichel fast ganz, und auch von den Perlen sind nur wenig hellere Andeutungen zu sehen. Füße und Schnabel sind schwarz, die Schnabelrandwülste weißlichgelb. Die Rufe sind ziemlich breit und etwas quäkend „det" und „deterätet". Der Gesang des Männchens ist etwas leierndes, doch recht hübsches Zwitschern.

Herkunft und Lebensweise: Ist im Süden Neuguineas beheimatet, und zwar in den Niederungen zwischen Fly River und Noord-Fluß. Lebt in Hochgrasbeständen der Ufer, an Waldrändern und auf buschreichen Lichtungen. Ist gesellig und daher meistens in kleinen Flügen, oft aber auch in Schwärme von mehr als einhundert Vögeln anzutreffen. Das Nest soll sowohl dichtes Gebüsch, als auch zwischen hohen Grasbüscheln errichtet werden.

Haltung: Das Perlenbronzemännchen wurde 1980 von Herrn Krause in größerer Zahl gefangen und nach Deutschland gebracht. Die Eingewöhnung erfolgte durch Herrn Ehmke, Hilbringen, von dem ich auch acht Vögel erwarb. Zuerst hielt ich sie mit anderen Prachtfinken in einer größeren Voliere. Sie waren recht scheu, sind aber bald vertrauter geworden. Den Mitbewohnern gegenüber sind sie friedlich. Meistens sitzen sie paarweise zusammen, kraulen sich gegenseitig viel und sind lebhaft und munter.

Zucht: Schon nach wenigen Tagen bei mir waren zwei der Perlenbronzemännchen stets beisammen und zeigten deutlich das Verhalten eines Paares. Ich setzte sie deshalb in eine kleine Zuchtvoliere der Maße 110×90×55 cm um. Sie bekamen ein mit Douglastannengrün verkleidetes Kaisernest und einen halboffenen Nistkasten angeboten. Die Vorderseite der Voliere wurde mit Tannengrün behängt, damit die Vögel sich wohler und sicherer fühlen sollten. Das taten sie auch und begannen im Kaisernest zu bauen. Es wurden Gräser und Kokosfasern genommen. Das Nest wurde sehr fest und dickwandig gebaut. Als Einschlupf blieb nur ein breiter waagerechter Schlitz übrig. Ich konnte nun häufig den Gesang hören und auch die Kopula beobachten. Das Beobachten war anfangs sehr schwierig, weil die Vögel doch sehr heimlich taten und scheu waren. Vom 5.–8. 8. 1981 wurden vier Eier gelegt. Sie waren weiß, ziemlich länglich und hatten die Maße 16×11 mm. Es wurde sehr fest und zuverlässig gebrütet. Die Vögel legten ihre Scheu weitgehend ab. Einzeln oder zu zweit saßen sie auf den Eiern und beobachteten nur aufmerksam, wenn ich in der Voliere hantierte. Nach Nestkontrollen dauerte es nur Sekunden bis weitergebrütet wurde. Am 23. 8. fand ich neben drei Eiern einen Jungvogel im Nest, dem die Füße ab- und der Bauch aufgeknabbert war. Er war tot und meine Hoffnung auf Zuchterfolg gesunken. Die drei Jungen, die am 24. und 25. 8. schlüpften, waren jedoch gefüttert und gut gehudert. Nun nahmen die Eltern viele Mehlwürmer, und zwar weiße lebende sowie überbrühte, die ich kleinschnitt. Sonst wurde vor allem dem Keim- und Grünfutter gut zugesprochen. Die Jungen gediehen gut, Nestkontrollen wurden nicht übelgenommen, so daß ich es wagte, die Jungen zu beringen. Sie blieben bis zum 18. 9. im Nest, also 24 und 25 Tage. Das ist ziemlich lange, doch waren die Jungen gut befiedert und gut flugfähig, wenn anfangs auch etwas unbeholfen in der Voliere. Jetzt (1.10.) nehmen sie schon selbständig Futter auf, werden aber auch noch gefüttert. Nirgends in der Literatur steht etwas über die Zucht des Perlenbronzemännchens. Herr Ehmke teilte mir (mündlich) mit, daß ein Liebhaber in der Schweiz bei einem Paar zwar ein Gelege, jedoch keine Jungen gehabt hatte. Auch Herr Kirschke, Wilhelmshaven, der selbst einige Paare hält, hat von einer Zucht vor meiner nichts gehört.

Ernährung: Trockenes Exoten-Körnerfutter wird nur ungern genommen. Keim- und Grünfutter ist dagegen sehr beliebt, für die Aufzucht der Jungen auch Weich- und Lebendfutter.

Trauer-Bronzemännchen *(Lonchura tristissima)*

Rassen: L. t. calaminores, L. t. hypomelaena, L. t. tristissima
Kennzeichen: 10 cm, Schnabel und Füße dunkelgrau, Augen dunkelbraun. Sonst fast ganz schwarzbraun gefärbt. Stirn, Nacken, Wangen und Halsseiten mit gelblichen Schaftstrichen. Auf den Flügeldecken ein helles braunes Band. Bürzel und Oberschwanzdecken goldgelb, der Rücken davor schwarz. Körperseiten rotbraun gefleckt, beim Weibchen besonders deutlich. Jungvögeln fehlt das Goldgelb.
Herkunft und Lebensweise: Neuguinea. Bewohnt Gras-, Schilf- und Bambusdickichte an Waldrändern, Lichtungen und Ufern. Lebt außer von Grassamen auch von denen des Bambus. Baut das Nest in Büsche und Bäume. Nach der Brutzeit oft in Schwärmen.
Haltung: Wurde vor 40 Jahren einmal nach England gebracht, doch ist über die Pflege nichts bekannt.

Muskatfink *(Lonchura punctulata)*
auch Muskatamadine genannt

Rassen: L. p. baweana, L. p. blasii, L. p. fortior, L. p. fretensis, L. p. jagori, L. p. nisoria, L. p. particeps, L. p. punctulata, L. p. subundulata, L. p. sumbae, L. p. topela, L. p. yunnanensis
Kennzeichen: 12 cm, Schnabel schwarz, Kopf mehr oder weniger ausgedehnt und Oberseite rotbraun, Federn oft mit weißen oder gelbbraunen Schaftstrichen. Unterseite weiß, jede Feder braun eingefaßt oder längsgebändert, so daß eine Schuppen- oder Streifenzeichnung entsteht. Bauchmitte meistens ganz weiß, Unterschwanzdekken gelblich, bei einigen Rassen ebenfalls braun gewellt. Bürzel oft weiß oder gelblich quergebändert, sonst wie Oberschwanzdecken und Schwanz gelbbraun bis olivfarben. Augen dunkelbraun bis rotbraun, Füße blaugrau. Jungvögel sind unterseits einfarbig bräunlichgelb, oberseits graubraun. Gesang leises Trillern, Schnurren und Pfeifen, wird nur vom Männchen vorgetragen, daher einziges sicheres Unterscheidungsmerkmal der Geschlechter. Ruf ein- oder zweisilbig „ti" oder „ti-li".
Herkunft und Lebensweise: Große Gebiete Südost-Asiens, von Indien und Ceylon bis Süd-China, den Philippinen, Celebes, den Kleinen Sunda-Inseln, Java, Sumatra und Malaysia. Im Osten Australiens eingebürgert. Paßt sich allen Lebensräumen, mit Ausnahme geschlossenen Waldes, an. Ist vielfach zum Kulturfolger geworden, kommt in die Reisfelder, in Gärten und Ortschaften. Brütet sogar unter Hausdächern, sonst in Büschen und Bäumen, oft zu vielen Paaren recht dicht nebeneinander. Lebt von Grassamen und Reis.

Haltung: Ist leicht einzugewöhnen und gut im größeren Bauer wie in der Voliere zu halten. Da sehr verträglich, besonders für eine Gemeinschaftsvoliere geeignet, wobei er sowohl mit anderen Prachtfinken wie mit weiteren Paaren der eigenen Art zusammen gehalten werden kann. Im kleinen Schwarm ist beim Muskatfinken das interessante Sozialverhalten dieser Art besonders gut zu beobachten. Ungerichteter Gesang mit „Zuhörern", gemeinsames Singen mehrerer Männchen und Kontaktsitzen der ganzen Gesellschaft sind hervorragend ausgeprägt.

Zucht: Gelingt nur in der Voliere. Wichtig ist, daß sich sympathische Partner finden. Darum ist mindestens vor Brutbeginn die Haltung im kleinen Schwarm zu empfehlen. Setzen wir nur je ein Männchen und Weibchen zusammen, kann es sein, daß sie nie zur Brut schreiten. Das sehr große Nest wird meistens in Büschen und dichtem Gezweig, seltener in Nistkästen angelegt. Der Brutverlauf ähnelt sehr dem des Spitzschwanz-Bronzemännchens.

Ernährung: Wie Spitzschwanz-Bronzemännchen.

Weißbauch-Bronzemännchen *(Lonchura leucogastra)*

Rassen: L. l. castanonota, L. l. everetti, L. l. leucogastra, L. l. manueli, L. l. palawana, L. l. smythiesi

Kennzeichen: 11 cm, insgesamt schwarzbraun. Wangen, Brust und Flanken mehr kastanienbraun. Flügeldecken mit weißlichen Schlafstrichen. Der Bauch ist weiß, nach allen Seiten fleckig braun begrenzt. Schnabel und Füße dunkelgrau, Augen dunkelbraun.

Herkunft und Lebensweise: Malaiische Halbinsel, Sumatra, Borneo, Philippinen. Lebt etwas versteckt an Waldrändern, in Dickichten und in Hecken. Brütet dort gesellig.

Haltung: Ist wahrscheinlich schon öfter eingeführt worden, ohne als besondere Art erkannt worden zu sein. Ist leicht mit Bergbronzemännchen, Java-Bronzemännchen und Spitzschwanz-Bronzemännchen zu verwechseln.

Wellenbauch-Bronzemännchen *(Lonchura molucca)*
Abb. Seite 158

Rassen: L. m. molucca, L. m. propinqua, L. m. vagans

Kennzeichen: 13 cm, Kopf und großer, rundlicher Kehlfleck schwarz, ebenso der Schwanz und Oberschnabel. Unterschnabel und Füße grau. Rücken und Flügel hellbraun, Bürzel und Oberschwanzdecken schwarzweiß quergebändert, ebenso die Unterseite. Die Bänderung ist jedoch nicht gleichmäßig, sondern erscheint unvollständig und sehr gewellt. Die Augen sind dunkelbraun. Bei Jungvögeln sind Kopf und Kehle braun. Lockruf „dät".

Herkunft und Lebensweise: Kleine Sunda-Inseln, Celebes, Molukken. Bewohnt Grasgebiete und Gebüsch, kommt in Felder und Gärten.

Haltung: Soll vor fast 100 Jahren einmal eingeführt worden sein, seitdem nur 1969 etwa 20 Vögel, die leider unerkannt blieben, bis nur noch zwei Männchen übrig waren. Weitere Vögel kamen 1976 zu Dr. R. Burkard, Schweiz. Im Jahre 1980 wurden wieder Wellenbauch-Bronzemännchen angeboten.

Zucht: Soll schon mehrfach gelungen sein, doch finden sich keine Zuchtberichte in der Fachliteratur. Darum möchte ich hier etwas über die Zucht eines Pärchens bei mir berichten. Im Sommer 1981 erhielt ich zusammen mit den Perlenbronzemännchen von Herrn Ehmke, Hilbringen, ein Pärchen dieser Art. Sie waren bald sehr vertraut und bauten ein Nest in einem vorn halboffenen Nistkasten aus Korkrinde. Es wurden vom 7.–11. 8. 1981 fünf Eier gelegt, die sehr schlank waren und die Maße 16×11 mm hatten. Drei davon waren befruchtet, aus denen auch die Jungen schlüpften. Das war nach einer 15–16tägigen Brutzeit am 26. und 27. 8. Die Jungen ähnelten denen der Perlenbronzemännchen, hatten auf dem Rücken jedoch einige weiße Dunen. Ihre Rachenzeichnung war ebenfalls ähnlich, doch waren die Zunge und der Rachen in der Mitte lebhaft gelb. Da die Jungen mit nur 1–2 Tagen Unterschied zu den Perlenbronzemännchen-Jungen schlüpften, war es interessant, ihre unterschiedliche Entwicklung zu beobachten. Die Wellenbauch-Bronzemännchen waren viel schnellwüchsiger und flogen schon mit 18–19 Tagen aus. Sie konnten auch gleich recht gut fliegen. Nach weiteren 10 Tagen waren sie selbständig.

Ernährung: Wie Spitzschwanz-Bronzemännchen. Vor allem wurde gekeimtes Körnerfutter und Grünfutter genommen, zur Jungenaufzucht auch Weich- und Lebendfutter. Überbrühte, kleingeschnittene Mehlwürmer waren besonders begehrt.

Java-Bronzemännchen *(Lonchura leucogastroides)*

Kennzeichen: 11 cm, Oberschnabel, vordere Kopfhälfte, Kehle und Brust schwarz, ebenso die hinteren Bauchseiten und die Füße. Unterschnabel grau, Augen, hintere Kopfhälfte, Rücken und Flügel braun, auf den Flügeln etwas gestrichelt. Bürzel, Oberschwanzdecken und Schwanz dunkelbraun, Unterschwanzdecken etwas heller braun, Bauch weiß. Nur das Männchen singt leise zwitschernd.

Herkunft und Lebensweise: Java und Kleine Sunda-Inseln. Bewohnt Grasland, Feldränder, Gärten und brütet in Büschen und Bäumen. Lebt von Grassamen und Reis.

Haltung: Nicht häufig, doch gelegentlich im Handel zu finden. Ist leicht einzugewöhnen und zu pflegen, friedlich und genügsam.

Zucht: Gelingt leicht, selbst in einem Bauer. Baut das Nest freistehend in Gestrüpp, nimmt aber noch lieber halboffene Nistkästen an.

Ernährung: Siehe Spitzschwanz-Bronzemännchen.

Spitzschwanz-Bronzemännchen *(Lonchura striata)*
Abb. Seite 160

Rassen: L. s. acuticauda, L. s. fumigata, L. s. phaethontoptila, L. s. semistriata, L. s. striata, L. s. subsquamicollis, L. s. swinhoei
Kennzeichen: 12 cm, Unterschnabel hell blaugrau, Oberschnabel schwarz, ebenso Gesicht und Kehle. Nacken, Halsseiten, Rücken und Flügel braun, mit gelblichen Schaftstrichen und oft mit hellen Federsäumen. Bürzel weiß oder gelblich bis braun gestrichelt. Oberschwanzdecken, Schwanz, Unterschwanzdecken, hintere Körperseiten und Brust braun. Bauch weiß bis gelblich und dann braun gestrichelt. Augen dunkelbraun, Füße blaugrün. Jungvögel matt braun, ohne jede Strichelung. Gesang wird nur vom Männchen vorgetragen. Auch an den Lockrufen sind die Geschlechter zu unterscheiden. Sie wie der Gesang ähneln denen des Japanischen Mövchens.
Herkunft und Lebensweise: Auf Ceylon und in Indien lebt das Weißbürzel-Bronzemännchen *(L. s. striata),* im südlichen Himalaja-Randgebiet, in Burma und Nord-Thailand das eigentliche Spitzschwanz-Bronzemännchen *(L. s. acuticauda).* Im südlichen China, auf Formosa, in Indochina, auf der malaiischen Halbinsel und auf Sumatra leben weitere Rassen. Bewohnt Waldränder, Feldränder, Gärten, Parks. Brütet in Gebüsch und Bäumen. Außerhalb der Brutzeit in großen Flügen in Reisfeldern.
Haltung: Leicht einzugewöhnen. Läßt sich im großen Bauer wie in einer Voliere sehr gut halten.
Zucht: Gelingt am besten bei paarweiser Haltung und viel Platz. Sie bauen gern freistehende Nester, weshalb Gesträuch oder Büsche vorhanden sein sollten. Nehmen aber auch Nistkästen an. Bei der Balz sträubt das Männchen die Bauchfedern, hüpft um das Weibchen herum, schwingt dabei den Körper hin und her und singt. Das Gelege besteht zumeist aus 4–6 Eiern. Beide Partner brüten abwechselnd und sehr fest, oft sogar gemeinsam. Die Brutdauer beträgt 15 Tage, die Jungen verlassen mit 22–24 Tagen das Nest. Sie kehren jedoch nach wenigen Stunden ins Nest zurück und verbringen die Nächte stets mit den Altvögeln zusammen darin. Etwa 14 Tage nach dem ersten Ausfliegen sind die Jungen selbständig. Das Erwachsenenkleid erlangen sie erst mit 4–6 Monaten.
Ernährung: Vor allem Hirse-Glanz-Gemisch, auch gekeimt. Viel Grünfutter und halbreife Sämereien, besonders zur Jungenaufzucht. Hartgekochtes, fein zerdrücktes Ei, altbackenes Weißbrot, mit Milch oder Wasser angefeuchtet, werden meistens genommen, kleingeschnittene, frisch gehäutete Mehlwürmer, Ameisenpuppen und andere Insekten dagegen oft nicht.

Das Japanische Mövchen *(Lonchura striata domestica)*
ist die Zuchtform des Spitzschwanz-Bronzemännchens.

Kennzeichen: 13 cm. Es gibt drei Hauptfarben: Braun, Gelb und Weiß. Die ersten beiden Farben treten zumeist mit Weiß gescheckt = „bunt" auf, werden aber auch einfarbig gezüchtet. Braun und gelb reichen von sehr hell bis sehr dunkel, die weißen

Gefiederpartien können bei den Bunten nur kleine Flecke bilden oder fast das ganze Federkleid einnehmen. Weiße Vögel sind keine Albinos, da sie nicht rote, sondern dunkle Augen haben wie die anderen Farbschläge auch. Bei dunklen Vögeln ist der Oberschnabel schwarz, der Unterschnabel rosig hornfarben. Es gibt alle Zwischenfarben. Ebenso können die Füße von graubraun bis hell fleischfarben sein. Seit etwa 40 Jahren gibt es auch gehäubte Mövchen, inzwischen auch solche mit Halskrause oder lockigem Gefieder. Für genauere Informationen über die Farbschläge des Japanischen Mövchens sollte das Buch „Prachtfinken-Züchtung" von Reinhard Jödicke aus dem Ulmer-Verlag zu Rate gezogen werden. Nur das Männchen läßt den ratternden oder schnurrenden Gesang hören. Der Lockruf des Männchens ist „böck-jöck" oder ähnlich, der des Weibchens „terr" oder „trtt".

Herkunft: Vor vielen Jahrhunderten in China aus Spitzschwanz-Bronzemännchen entstanden. Seit fast 300 Jahren in Japan gezüchtet. Dort gelang es, viele Farbspielarten, die Weißen, Gehäubten und Gelockten herauszuzüchten.

Haltung: Kennt kaum Scheu und kann im Bauer von mindestens 70 × 50 × 40 cm oder in der Voliere gehalten werden. Es ist absolut friedlich, auch gegenüber Artgenossen.

Zucht: Ist von allen Prachtfinken am leichtesten zu züchten, darum auch für den Anfänger bestens geeignet. Gelingt am besten bei paarweiser Haltung im Bauer. Ihr lockeres Nest aus Gräsern, Kokosfasern und vielerlei anderem Material wird in Nistkästen und -körbchen, seltener freistehend errichtet. Sind gegenüber Nestkontrollen ganz unempfindlich. Der Brutverlauf stimmt mit dem des Spitzschwanz-Bronzemännchens überein. Inzucht ist möglichst zu vermeiden, da schwächlicher Nachwuchs oft die Folge ist, besonders bei den Weißen. Zwei Haubenvögel dürfen nicht miteinander verpaart werden, sonst gibt es häufig Schädel- und Fußdeformierungen.

Ernährung: Siehe Spitzschwanz-Bronzemännchen.

Besonderes: Mövchen wurden und werden als Ammenvögel benutzt. Ihnen werden die Eier oder kleinen Nestlinge „wertvollerer" Prachtfinkenarten untergelegt, die sie meistens auch zuverlässig aufziehen.

Leider wird diese „Ammenzucht" meistens aus Gewinnsucht betrieben, oft auch aus Bequemlichkeit. Die Mövchen ziehen ja die Jungen schwierig zu züchtender Arten mit einfachem Keim- und Eifutter groß, und das in oft winzigen „Käfigen". Für den, der keine Skrupel kennt, ist das eine lukrative Sache. Die „teuren" Prachtfinken werden als „Legemaschinen" benutzt (bis zu 60 Eiern im Jahr), die von den Mövchen aufgezogenen Jungen zu hohen Preisen verkauft.

Den so ausgenutzten Prachtfinkenarten wird damit großer Schaden zugefügt: Die Altvögel werden durch das viele Eierlegen erschöpft, die Jungen fehlgeprägt und damit für die Zucht untauglich, vor allem, wenn die Ammenzucht über mehrere Vogelgenerationen betrieben wird. Sie erkennen ihre Artgenossen dann entweder gar nicht mehr als solche, oder sie verstehen es nicht, mit ihnen erfolgreich Junge aufzuziehen. Solche Vögel, die von arteigenen Eltern überwiegend mit Insekten aufgezogen werden, sind bei Mövchenzucht schwächlich, da unzureichend ernährt.

Den Käufern, hoffnungsvolle Prachtfinkenliebhaber, wird nicht nur viel Geld für die Jungen abgenommen, sondern auch verschwiegen, daß diese von Mövchen aufgezogen wurden. Außer dem finanziellen Verlust müssen sie auch viele Enttäuschungen hinnehmen. Es kann nicht eindringlich genug davor gewarnt werden, Prachtfinken zu kaufen, die aus Mövchenzuchten stammen. Es gibt genügend Züchter, die ihre Vögel nur in Naturbruten (von artgleichen Eltern) heranziehen. Nur an diese sollten wir uns zum Kauf von Zuchtvögeln wenden. Wir helfen damit, die Ammenzucht verschwinden zu lassen zum Wohle unserer Prachtfinken. Die einzige Ausnahme könnte für die Rettung von Gelegen oder Nestlingen ganz seltener Arten gemacht werden, wenn dadurch vielleicht eine Art in der Hand von Liebhabern erhalten werden kann. Die Jungen müssen sofort nach ihrem Selbständigwerden von den Ammen fort und zu arteigenen Vögeln gesetzt werden. Dann könnte es sein, daß sie sich noch zu tüchtigen Brutvögeln entwickeln.

Borneo-Bronzemännchen *(Lonchura fuscans)*

Kennzeichen: 11 cm, Unterschnabel und Füße bleigrau, Augen dunkelbraun, sonst bräunlichschwarz.
Herkunft und Lebensweise: Borneo. Bewohnt Grasland, Reisfelder, Wegränder, Gärten, lichtes Waldgelände. Brütet zumeist recht hoch in Bäumen und sogar unter Dächern. Ist sehr gesellig.
Haltung, Zucht und Ernährung: Wie beim Spitzschwanz-Bronzemännchen beschrieben. Die Zucht gelang erst wenige Male und stets nur in einer Voliere. Kreuzungen mit Japanischen Mövchen sind leichter zu erzielen und die Mischlinge stets fruchtbar.

Bergbronzemännchen *(Lonchura kelaarti)*,
auch Jerdonbronzemännchen genannt

Rassen: L. k. jerdoni, L. k. kelaarti, L. k. vernayi
Kennzeichen: 12 cm, Unterschnabel hell blaugrau, Oberschnabel, Stirn, Gesicht, Kinn und Kehllatz schwarz, Scheitel, Nacken, Rücken und Flügel dunkelbraun, ebenso der Bürzel, der gelbbraun gefleckt ist. Oberschwanzdecken rostbraun. Halsseiten, Brust, Bauch und Unterschwanzdecken hell orangebraun, an Hals und Brust mit vielen weißen Schaftstrichen, und von der Brust zum Bauch hin zunehmende schwarzbraune Federsäume, die Längsreihen umgekehrter „V"s bilden. Die Augen sind schwarzbraun, die Füße hell hornbraun. Der Gesang ist ein schnurrendes Zwitschern, der Lockruf „dät".
Herkunft und Lebensweise: Kleine Verbreitungsgebiete im Osten und Süden Indiens und auf Ceylon. Lebt in lichten Bergwäldern, besonders an deren Rändern, ferner in Teeplantagen, im dichten Gebüsch von Wegrändern und in Gärten.

Haltung: Erst 1971 nachweislich nach Deutschland importiert. Sehr schwer einzugewöhnen, da die Vögel kaum irgendeines der bekannten Futtermittel annehmen wollten. Zuerst auch sehr scheu. Im November 1972 hat ein Paar mit der Brut begonnen. Die Erstzucht gelang Herrn Steitz, Mülheim/Ruhr, 1973. Seitdem konnte die Art von mehreren Liebhabern erfolgreich nachgezogen werden.

Gattung Lepidopygia, Zwergelsterchen

Zwergelsterchen *(Lepidopygia nana)*

Kennzeichen: 9 cm, Oberschnabel schwarz, Unterschnabel hornbraun, Augen braun. Stirn, Zügel und Kehllatz schwarz, ebenso der Schwanz. Scheitel grau, Wangen hellgrau, Nacken, Rücken und Flügel braun, Bürzel und Oberschwanzdecken olivgrün. Brust und Bauch hell rötlichbraun, Unterschwanzdecken schwarz, gelblich quergewellt. Füße gelbbraun. Jungvögel haben einen schwarzen Schnabel, schon das schwarze Kehllatz, sonst aber ein mattbraunes Gefieder. Der Gesang des Männchens, neben der Balz das einzige Unterscheidungsmerkmal zum Weibchen, ist ein leises Zwitschern.

Herkunft und Lebensweise: Madagaskar. Bewohnt Grasland, Waldränder und Ufergebüsch. Baut das Nest meistens niedrig in dichtes Gebüsch.

Haltung: Seit den 30er Jahren besteht eine Ausfuhrsperre von Madagaskar. In den letzten 20 Jahren wurden allerdings sehr vereinzelt Zwergelsterchen für den Export freigegeben. Die Haltung ist sehr einfach, da anspruchslos, wenig empfindlich und ausdauernd. Wie die anderen Elsterchen ist auch dieses recht streitlustig, weshalb es in einem großen Bauer oder in einer kleinen Voliere paarweise gehalten werden sollte.

Zucht: Gelingt recht leicht, die Jungen werden zuverlässig aufgezogen. Leider ist es versäumt worden, Zuchtstämme dieser Art aufzubauen.

Ernährung: Wie Silberschnäbelchen, doch werden von den meisten Paaren auch Mehlwürmer und Ameisenpuppen gern genommen, vor allem zur Aufzucht der Jungen.

Gattung Spermestes, Elsterchen

Kleinelsterchen *(Spermestes cucullatus)*
Abb. Seite 160

Rassen: S. c. cucullatus, S. c. scutatus, S. c. tessellatus

Kennzeichen: 9 cm, Augen schwarzbraun, Unterschnabel hell blaugrau, Oberschnabel, Füße, Schwanz, Kopf und Kehle schwarz, letztere lila glänzend. Rücken und Flügel dunkelbraun, auf den Schultern und auf den Brustseiten je ein lila bzw. grünlich glänzender Fleck. Brust und Bauch weiß, Flanken, Unterschwanzdecken, Bürzel und Oberschwanzdecken braunweiß bis schwarzweiß grob gebändert oder nur gefleckt. Jungvögel sind oberseits matt braun, unterseits heller graubraun, der ganze Schnabel ist schwarz. Nur das Männchen läßt den leise und schnell zwitschernden Gesang hören. Ruft „tick".

Herkunft und Lebensweise: Fast ganz Afrika südlich der Sahara mit Ausnahme des äußersten Südwestens, eingebürgert auf den Komoren und auf Puerto Rico. Lebt in Steppen wie in Waldgebieten, auf Plantagen und Feldern, in Gärten und Ortschaften. Baut das Nest niedrig in Büsche und Bäume sowie unter Hausdächer.

Haltung: Leicht einzugewöhnen, anspruchslos und ausdauernd. Wenig kälteempfindlich, doch sollte die Art nicht unter 15 °C gehalten werden. Leider sehr streitsüchtig, besonders im Bauer und in kleineren, übersetzten Volieren. Darum besser paarweise im größeren Bauer oder in Voliere.

Zucht: Gelingt bei paarweiser Haltung recht leicht. Nistkästen mit Einschlupfloch von 4–5 cm Durchmesser werden am liebsten angenommen, an Nistmaterial weiche Gräser, Kokosfasern und Federn.

Ernährung: Wie Silberschnäbelchen.

Glanzelsterchen *(Spermestes bicolor)*
Abb. Seite 160

2 Rassengruppen:
1. *S. b. bicolor* = Glanzelsterchen
   S. b. poensis = Gitterflügelelsterchen
   S. b. stigmatophorus
2. *S. b. minor*
   S. b. nigriceps = Braunrückenelsterchen
   S. b. rufodorsalis = Rotrückenelsterchen
   S. b. woltersi

Kennzeichen: 9 cm, die Nominatform, das Glanzelsterchen, ist oberseits glänzend schwarz, nur Hinterbrust, Bauch und Unterschwanzdecken sind weiß. An den Flanken ist nur eine grobe und unvollständige Schwarzweiß-Zeichnung. Das Gitterflügelelsterchen unterscheidet sich durch seine feine schwarzweiße Gitterzeichnung auf den Flügeln sowie auf Bürzel und Oberschwanzdecken. Auch die Rassen des Braunrückenelsterchens zeigen diese Gitterzeichnung, haben aber als Hauptmerkmale braune Rückenpartien und Flügeldecken. Bei allen Rassen ist der Schnabel hell blaugrau, die Augen sind dunkelbraun und die Füße schwarz. Jungvögel haben ein matt grauschwarzes, unterseits graubraunes Gefieder und schwarzen Schnabel. Männchen sind nur an ihrem Gesang zu erkennen, ein leises Zwitschern. Lockruf leise und sanft, Warnlaut hart „teck".

Herkunft und Lebensweise: Von Guinea bis Süd-Äthiopien, von Somalia bis Natal und von Uganda durch die nördliche Hälfte des Kongos bis Nord-Angola, ferner im Südosten des Kongos und in Sambia. In West-Afrika lebt das eigentliche Glanzelsterchen, vom nördlichen Angola und Kongo bis Süd-Äthiopien das Gitterflügelelsterchen, in Ost- und Süd-Afrika einschließlich des südöstlichen Zaire leben die 4 Rassen des Braunrückenelsterchens. Wie ihr riesiges Verbreitungsgebiet sind auch die Lebensräume dieser Art sehr verschieden. Von Waldgebieten, Waldrändern und Ufervegetation über Plantagen, Feldern, Ortschaften bis hin zu Steppen sind die Vögel zu finden. Sie leben außerhalb der Brutzeit sehr gesellig. Ihr Nest bauen sie in Gebüsch, in kleinere Bäume, in Hecken und auch unter Grasdächer.

Haltung: Nicht zu schwer einzugewöhnen, wenn eine gleichbleibende Temperatur von 20 °C eingehalten wird. Später werden bis 15 °C gut vertragen, die Vögel sind sehr ausdauernd und genügsam. Nicht immer friedlich gegenüber anderen Prachtfinken, mit weiteren Paaren der eigenen Art und Gattung in fast ständigem Streit lebend.

Zucht: Gelingt im großen Bauer bei paarweiser Haltung wie in einer sehr großen, gut mit Pflanzen ausgestatteten Voliere bei schwacher Besetzung. Die Balz ist sehr ausgeprägt und interessant. Dabei „züngelt" das Männchen bei weit aufgerissenem Schnabel und sehr hochgestellter Zunge, wenn in der Nähe des Weibchens. Diese Bettelbewegung der Nestlinge wurde in die Balzzeremonie aufgenommen, übrigens bei allen Elsterchen-Arten. Das Nest wird in dichtes Gebüsch gebaut oder ein halboffener Nistkasten oder ein Körbchen bezogen. An Nistmaterial werden Gräser aller Art, Fasern, Scharpie und Federchen genommen. Die Brut verläuft mit normalen Daten.

Ernährung: Wie Silberschnäbelchen.

Riesenelsterchen *(Spermestes fringilloides)*

Kennzeichen: 12 cm, Oberschnabel schwarz, Unterschnabel hell blaugrau, Augen braun. Kopf, Kehle, Halsseiten, Bürzel, Oberschwanzdecken und Schwanzfedern schwarz, grünlich glänzend. Rücken und Flügel braun, auf den Flügeldecken einige weiße Strichel. Brust, Bauch und Unterschwanzdecken weiß. Brustseiten und Flanken schwarz, auf den Flanken je ein brauner Fleck. Die Füße sind dunkelgrau. Jungtiere sind matter gefärbt und unterseits hell graubraun. Es fehlt noch die klare Schwarzweiß-Zeichnung. Das Männchen ist nur an seinem leisen, schnurrenden und klingelnden Gesang zu erkennen. Der Lockruf ist leises „tju".

Herkunft und Lebensweise: Tropisches Afrika, jedoch vereinzelt vorkommend. Lebt in Steppen, an Ufern, Waldrändern, besonders in der Nähe von Plantagen und Feldern. Baut sein großes Nest hoch in Büsche und Bäume.

Haltung: Wird nicht sehr häufig angeboten. Ist leicht einzugewöhnen und im großen Bauer wie in der Gesellschaftsvoliere gut zu halten. Ist viel friedlicher als die anderen Elsterchen.

Zucht: Ist nicht schwierig und gelingt im großen Bauer wie in der Voliere gleichermaßen. Es werden freistehende Nester im Gestrüpp angelegt, halboffene Nistkästen und solche mit weitem Einschlupfloch jedoch vorgezogen. An Nistmaterial werden Gräser und Fasern aller Art genommen.

Ernährung: Wie Silberschnäbelchen, außerdem milchreife Haferrispen.

Gattung Odontospiza, Perlhalsamadinen

Perlhalsamadine *(Odontospiza caniceps)*
Abb. Seite 160

Kennzeichen: 12 cm, Oberschnabel schwärzlich, Unterschnabel blaugrau, Augen schwarzbraun. Kopf, Kehle und Nacken grau, an Stirn, Wangen und Kinn mit weißer Perlzeichnung. Rücken und Flügeldecken braun, Bürzel und Oberschwanzdecken weiß. Schwingen, Schwanz und Füße schwärzlich. Brust und Bauch hell rötlichbraun, Unterschwanzdecken gelblichweiß. Weibchen sind meistens etwas heller und haben nicht schwarze, sondern schwarzbraune Schwungfedern. Jungvögeln fehlen die weißen Punkte im graubraunen Kehl- und Wangengefieder. Der Gesang ist nur vom Männchen zu hören und steigert sich von leisem Perlen zu einem recht lauten Zwitschern.

Herkunft und Lebensweise: Vom südlichen Sudan und Äthiopien bis Kenia, Tansania und dem nördlichen Moçambique. Bewohnt niedrige Bäume und Gebüsch, besonders in der Nähe von Wasserstellen. Das Nest wird meistens in dichtes Dorngestrüpp gebaut, ist recht groß und mit einer langen Einschlupfröhre versehen.

Haltung: Kann sowohl im großen Bauer wie in der Voliere gehalten werden. Ist bald ganz zutraulich und stets sehr friedlich allen anderen Prachtfinken gegenüber. Darum gut für eine Gemeinschaftshaltung geeignet. Sucht zur Nacht ein Schlafnest auf.

Zucht: Gelingt in der Voliere recht leicht. Es werden freistehende Nester in Gestrüpp gebaut oder Nistkästen angenommen. Diese sollten möglichst groß sein (14 × 14 × 20 cm), damit bei dem starken Bautrieb das Nestinnere nicht zu klein wird. Lange Gräser in grünem wie trockenem Zustand, aber auch Kokos- und Agavefasern werden verwendet, zur Auspolsterung weiche Grasrispen und Fasern sowie Federchen. Die Brutdauer ist mit 15–16 Tagen etwas länger als bei den meisten Prachtfinken.

Ernährung: Wie Silberschnäbelchen, außerdem wird gern tierische Nahrung genommen, besonders für die Aufzucht der Jungen.

Gattung Euodice, Fasänchen

Silberschnäbelchen *(Euodice cantans)*

Rassen: E. c. cantans, E. c. orientalis
Kennzeichen: 11 cm, Schnabel silbrig blaugrau, der Oberschnabel etwas dunkler. Die Lidringe der dunkelbraunen Augen sind hellblau. Kopf, Kehle, Vorderbrust und Nacken hell rostbraun. Durch helle Säume der dunkler braunen Federn wirkt das Gefieder auf Stirn und Oberkopf geschuppt, auf dem Nacken gewellt. Rücken und Flügel dunkelbraun, Bürzel, Oberschwanzdecken und Schwanz schwarz. Bauch und Unterschwanzdecken gelblichweiß bis reinweiß, Füße hell blaugrau mit rosigem Anflug. Männchen und Weibchen sind gleich gefärbt. Jungvögel haben ein matteres, mehr

graubraunes Gefieder und einen braunen Schnabel. Der Gesang des Männchens, einziges sicheres Unterscheidungsmerkmal der Geschlechter, ist leise klingelnd und wispernd.

Herkunft und Lebensweise: Von Senegal bis zum Roten Meer und darüber hinaus im angrenzenden Teil Arabiens in schmalem Verbreitungsstreifen quer durch Afrika. Ferner in Ost-Afrika, vor allem in Somalia und Kenia. Bewohnt Grasland mit vereinzelten Büschen und Bäumen, am liebsten Ufervegetation. Kommt auch in Felder, Weiden, Gärten und Ortschaften. Baut das Nest in dichtes Gebüsch, in Hecken, in Hüttenwände und unter Dächer. Auch verlassene Nester anderer Vögel, vor allem verschiedener Weber, werden als Grundbau für das eigene Nest benutzt.

Haltung: Leicht einzugewöhnen, hart, ausdauernd und sehr schnell zutraulich. Ist friedlich zu allen Mitbewohnern, selbst Artgenossen gegenüber. Kann im großen Bauer und in Innen- wie Außenvolieren gehalten werden. Wenn auch nicht kälteempfindlich, 15 °C als Haltungstemperatur sollten nicht unterschritten werden.

Zucht: Gelingt sehr leicht in Bauer wie Voliere. Manchmal wird ein freistehendes Nest gebaut, meistens ein halboffener Nistkasten oder ein Körbchen bezogen. Weiche Gräser und Kokosfasern werden vor allem verarbeitet, Moos, Haare und Wollfäden zum Auspolstern genommen. Störungen und Nestkontrollen werden gut ausgehalten. Brutverlauf und Aufzucht sind normal.

Ernährung: Wenn viel Keimfutter und Grünes, zur Aufzucht auch Eifutter, Eibiskuit oder eingeweichtes Weißbrot gegeben werden, sind Silberschnäbelchen zufrieden. Mehlwürmer und andere tierische Nahrung werden meistens nicht beachtet.

Malabarfasänchen *(Euodice malabarica)*

Kennzeichen: 11 cm, wie Silberschnäbelchen, jedoch auf Stirn, Kopf und Nacken kräftiger braun, Gesichtsseiten grauer. Bestes Unterscheidungsmerkmal ist das weiße Bürzelgefieder, das beim Silberschnäbelchen schwarz ist. Der Gesang ist schnurrender.

Herkunft und Lebensweise: Indien und Ceylon. Lebt an Feldrändern, in Gärten und Ortschaften ebenso wie in Steppen und in Grasdickichten der Ufer. Brütet im freistehenden Nest in niedrigem Gebüsch und in Hecken.

Haltung: Selbst dem Anfänger ist das Malabarfasänchen sehr zu empfehlen, denn es ist leicht einzugewöhnen, anspruchslos, friedlich gegenüber anderen Prachtfinken und Artgenossen. Es eignet sich ebenso gut für eine paarweise Haltung im größeren Bauer wie für die Voliere.

Vereine, Ausstellungen, Zeitschriften

Die Prachtfinken fanden schon mit ihrem ersten Erscheinen in Europa viele Freunde. Ihre Haltung und Zucht nahm mit der Einfuhr immer neuer Arten innerhalb der letzten hundert Jahre ständig zu. Um Erfahrungen über ihre Pfleglinge austauschen zu können, fanden sich viele Liebhaber in Vereinen zusammen. Außer örtlichen Vereinen gibt es auch solche, die im ganzen Bundesgebiet und über die Grenzen hinaus Mitglieder haben.

Da ist zuerst die Vereinigung für Artenschutz, Vogelhaltung und Vogelzucht (AZ) e.V. zu nennen, die über 23 000 Mitglieder hat, inbegriffen die Liebhaber von Wellensittichen, Großsittichen, Kanarien und von anderen Ziervögeln. Die Prachtfinkenfreunde können über gemeinsame Interessen in der „Arbeitsgemeinschaft der Liebhaber exotischer Körner- und Weichfresser" innerhalb der AZ mit Zuchtfreunden, in Ortsgruppen und auf Tagungen diskutieren. In den AZ-Nachrichten können monatlich interessante Beiträge gelesen, aber auch eigene Erfahrungen veröffentlicht werden.

Von der AZ können geschlossene Fußringe für die Vögel angefordert werden. Sie werden den Nestlingen im Alter von 8–12 Tagen über den Lauf gestreift und können später, bei Dickerwerden des Knöchels, nicht mehr abgestreift werden. Diese Ringe dienen als Beweis der eigenen Zucht des betreffenden Vogels. Sie tragen eine laufende Nummer, die Jahreszahl und die AZ-Mitgliedsnummer des Züchters. Die Jahreszahl weist das Alter des Vogels aus. Für die Leistungs-Ausstellungen der AZ (Orts-, Landes- und Bundesschauen) werden zur Bewertung nur Vögel mit geschlossenen AZ-Ringen zugelassen. Es wird nach einem Standard bewertet, der für die einzelnen Arten ausgearbeitet wurde. Besonders domestizierte Prachtfinken (Zebrafinken, Japanische Mövchen, Reisfinken) in all ihren Farbspielarten verlangen sehr detaillierte Beschreibungen und Richtlinien. Dies ist ein Spiel mit Zuchtrassen, in dem um die kräftigsten Tiere, um die schönsten Farben und Farbkombinationen gewetteifert wird.

Die „Estrilda" ist eine noch relativ junge Interessengemeinschaft für die Haltung und Zucht exotischer Kleinvögel (1967 gegründet). Die Gemeinschaft setzt sich zum Ziel, exotische Kleinvögel so zu halten, daß die Haltungs-, Ernährungs- und Zuchtbedingungen den natürlichen Lebensbedingungen der betreffenden Arten so weit wie irgend möglich angenähert werden. Sie strebt ferner die Erweiterung der Kenntnisse über die Lebensweise und das Verhalten dieser Artengruppen an. Die Gemeinschaft lehnt jede Standardisierung und Ausstellungsbewertung ab. Es ist ihr Ziel, die Art in ihrer ursprünglichen Form (Wildform) zu züchten. Die „Estrilda" lehnt grundsätzlich jede Ammenaufzucht ab und verlangt von ihren Mitgliedern, daß sie keine Japanischen Mövchen halten.

Die zweimal im Jahr stattfindenden „Estrilda"-Treffen stellen die Höhepunkte im Vereinsgeschehen dieser Interessengmeinschaft dar. Bei diesen Treffen wird die meiste Zeit für Diskussionen und den Erfahrungsaustausch über unsere Vögel genutzt. Die gewollt geringe Mitgliederzahl ermöglicht es. Die „Estrilda" sieht sich nicht als Konkurrenz zu anderen Organisationen. Vielmehr will sie bewußt einen Weg beschreiten, der sich deutlich von dem unterscheidet, was bisher in der Vogelliebhaberei praktiziert wurde. Die Erhaltungszucht seltener Vogelarten ist nur dann sinnvoll, wenn sie ausschließlich mit völlig intakten Vögeln betrieben wird, worunter man nicht nur das Erscheinungsbild des Vogels, sondern auch seine brut- und erbbiologischen Eigenschaften verstehen muß.

Der 1. Vorsitzende der „Estrilda" ist Herr Heinz A. Pajain, Gustav-Mahler-Straße 89, 4010 Hilden.

Zeitschriften, die in Deutschland erscheinen:

Die Gefiederte Welt, Herausgeber Dr. Joachim Steinbacher, erscheint monatlich im Eugen Ulmer Verlag, Wollgrasweg 41, 7000 Stuttgart 70. Diese Fachzeitschrift mit über 100jähriger Tradition ist ein Begriff für jeden Vogelliebhaber und -züchter. Interessante Beiträge und Fotos aus allen Bereichen der Ornithologie, der Vogelpflege und Zucht sowie Mitteilungen, eine Schriftenschau und An- und Verkaufsanzeigen sind in jedem Heft.

Geflügel-Börse, Verlag Jürgens KG, Industriestraße 5, 8034 Germering b. München. Erscheint (ab 1980 in einem neuen Format und Gesicht) monatlich zweimal. Stets sind Beiträge und Verkaufsanzeigen über exotische Kleinvögel in ihr zu finden.

Die Vogelpost, Verlag und Herausgeber: A. K. Möller, Friedrich-Alfred-Straße 62, 4100 Duisburg 14. Erscheint monatlich. Für Liebhaber exotischer Finkenvögel enthält sie stets interessante Artikel sowie Verkaufsanzeigen.

Die Voliere ist eine seit 1978 (Verlag M. & H. Schaper, Grazer Straße 20, 3000 Hannover 81) herausgegebene Zeitschrift für Vogelzüchter, -halter und -liebhaber. Sie erscheint sechsmal jährlich und bringt in jeder Ausgabe viele interessante Beiträge und Farbfotos aus allen Bereichen der Vogelhaltung und -zucht. Mitteilungen, Leserbrief-Beantwortungen sowie An- und Verkaufsanzeigen runden das Bild jeder Ausgabe ab.

Kanarienfreund, Hanke-Verlag GmbH, Postfach 1040, 7530 Pforzheim, heißt eine Zeitschrift, die sich überwiegend der Haltung und Zucht des Kanarienvogels widmet, aber auch Beiträge über andere Vögel bringt. Sie erscheint zweimal monatlich.

Literaturverzeichnis

Ali, S.: Indian Hill Birds. Oxford Univ. Press, 1949.
Aschenborn, C.: Fremdländische Stubenvögel – Körnerfresser. Albrecht Philler Verlag, Minden 1952 und 1966.
Baker, E. C. S.: The Fauna of British India including Ceylon and Burma. London 1926.
Bielfeld, H.: Weber, Witwen, Sperlinge. Verlag Eugen Ulmer, Stuttgart 1976.
– Ziervögel in Haus und Voliere. Falken-Verlag, Niedernhausen 1977.
– Atlas Prachtfinken. Horst Müller-Verlag, Walsrode 1982.
– Gouldamadinen. Verlag Eugen Ulmer, Stuttgart 1985.
Campbell, B.: Das große Vogelbuch. Verlag Eugen Ulmer, Stuttgart 1976.
Enehjelm, C. af: Australian Finches. T. F. H. Publications Inc. Ltd. Neptune, N. J. 1979.
Goodwin, D.: Estrildid finches of the world. British Museum (Natural History). Oxford University Press 1982.
Grzimek, B.: Grzimeks Tierleben, 9. Band (Vögel 3). Kindler Verlag, Zürich 1970.
Immelmann, K.: Die Vogelwelt Australiens. Verlag Eugen Ulmer, Stuttgart 1983.
Immelmann/af Enehjelm/Radtke: Der Zebrafink, Sonderheft der Gefiederten Welt. Verlag Jacob Helène, Pfungstadt, 2. Auflage 1967.
Jödicke, R.: Prachtfinken-Züchtung. Verlag Eugen Ulmer, Stuttgart 1978.
King, B., Woodcock, M., Dickinson, E. C.: A Field Guide to the Birds of South-East Asia. Collins, Glasgow 1975.
Knoblauch, D.: Die Gouldamadine. Ornibook-Verlag, Köln 1982.
König, E. und Ertel, R.: Vögel Afrikas. Belser Verlag, Stuttgart und Zürich 1979.
Koepff, C.: Das neue Prachtfinken-Buch. Gräfe und Unzer, München 1983.
Kraus, K.: Die Prachtfinken, Sonderheft der Gefiederten Welt. Verlag Jacob Helène, Pfungstadt 1970.
Mackworth-Praed, C. W. and Grant, C. H. B.: African Handbook of Birds. Birds of West Central and Western Africa, 2 vols., Birds of Eastern and North-eastern Africa, 2 vols., Birds of the Southern Third of Africa, 2 vols. Longmans, Green and Co., London 1952–1963.
Neunzig, K.: Fremdländische Stubenvögel. Asher & Co., Amsterdam 1965.
Nicolai, J.: Vogelhaltung – Vogelpflege (Das Vivarium). Kosmos-Gesellschaft der Naturfreunde, Franckh'sche Verlagshandlung, Stuttgart 1965.
Reader's Digest Complete Book of Australian Birds. Reader's Digest Services PTY LTD 1976.
Roberts, A.: The Birds of South Africa. McLachlan and Liversidge, Johannesburg 1970.
Robiller, F.: Prachtfinken. VEB Deutscher Landwirtschaftsverlag, Berlin 1978.
– Käfige, Volieren. VEB Deutscher Landwirtschaftsverlag, Berlin 1983.

Rogers, C.: Das Buch der Stubenvögel. Verlag Eugen Ulmer, Stuttgart 1976.

Ruß, K.: Die Fremdländischen Stubenvögel. Creutz'sche Verlagsbuchhandlung, Magdeburg 1901.

Rutgers, A.: Handbuch für Zucht und Haltung fremdländischer Vögel. Verlag J. Neumann-Neudamm, Melsungen 1969.

– Enzyklopädie für den Vogelliebhaber. Verlag Littera Scripta Manet, Grossel (Niederlande) 1967–1970.

Sabel, K.: Naturgemäße Finkenzucht. Joko-Verlag, Bassum 1983.

Schnabl, H.: Vogelernährung. Ornibook-Verlag, Kürten 1984.

Serle, W., Morel, G. J., Hartwig, W.: A Field Guide to the Birds of West Africa. Collins, London 1977.

Steinbacher/Wolters: Vögel in Käfig und Voliere – Prachtfinken, 2 Bände. Verlag Hans Limberg, Aachen, 2. Auflage 1965 bis 1973.

Whistler, H.: Popular Handbook of Indian Birds. Gurney and Jackson, London 1949.

Williams, J. G.: Die Vögel Ost- und Zentralafrikas. Verlag Paul Parey, Hamburg und Berlin 1973.

– Säugetiere und seltene Vögel in den Nationalparks Ostafrikas. Verlag Paul Parey, Hamburg und Berlin 1971.

Woolham, F.: Vögel für Käfig und Voliere. BLV Verlagsgesellschaft, München 1975.

Wolters, H. E.: Die Vogelarten der Erde. Verlag Paul Parey, Hamburg und Berlin 1975–1981.

Ziegler, G.: Die Gouldamadine, Sonderheft der Gefiederten Welt. Verlag Jacob Helène, Pfungstadt 1963.

Ziswiler, V., Güttinger H. R., Bregulla, H.: Monographie der Gattung *Erythrura* Swainson 1837 (Aves, Passeres, Estrildidae). Bonner Zoologische Monographien, No. 2, 1972.

Bücher über Vogelkrankheiten:

Ebert, U.: Vogelkrankheiten. Verlag M. & H. Schaper, Hannover 1972.

Gylstorff, I., Grimm, F.: Vogelkrankheiten. Verlag Eugen Ulmer, Stuttgart 1986.

Kemna, A.: Krankheiten der Stubenvögel. Lehrmeister-Bücherei Nr. 973, Albrecht Philler Verlag, Minden 1966.

Kronberger, H.: Haltung von Vögeln – Krankheiten der Vögel. VEB Gustav Fischer Verlag, Jena 1973.

Raethel, H.-S.: Krankheiten der Vögel (Das Vivarium). Kosmos-Gesellschaft der Naturfreunde, Franckh'sche Verlagshandlung, Stuttgart 1966.

Robiller, F.: Kranke Stubenvögel. VEB Deutscher Landwirtschaftsverlag, Berlin 1969.

Register

Die mit * versehenen Seitenzahlen verweisen auf Abbildungen

192

Prachtfinkenzüchtung
Domestizierung, Vererbung und Farbschläge bei Zebrafink, Jap. Mövchen und Reisfink. Von ⟶ **R. Jödicke, Düsseldorf.** Erw. u. verb. 2. Aufl. 1984. 193 Seiten, 49 farb. Fotos, 12 Zeichn., 9 Vererbungsschemata. Kst. ⟶ **DM 42,-**

Der Kanarienvogel
Von ⟶ **H. Bielfeld, Hamburg.** 127 Seiten, 46 Farbfot., 30 Zeichn. Kt. ⟶ **DM 14,80** (Ulmer Taschenbuch 24)

Weber, Witwen, Sperlinge
als Volierenvögel. Von ⟶ **H. Bielfeld, Hamburg.** 1976. 160 Seiten mit 47 Farbf. Kst. ⟶ **DM 32,-**

Kanarien
Gesangskanarien, Farbenkanarien, Positurkanarien, Mischlinge. Von ⟶ **H. Bielfeld, Hamburg.** Erweit. 3. Aufl. 1983. 232 Seiten mit 65 Farb-, 13 SW-Fotos. Pp. ⟶ **DM 36,-**

Gouldamadine
Haltung, Zucht und Farbspielarten. Von ⟶ **H. Bielfeld, Hamburg.** 1985. 110 Seiten, 10 Farb- und 25 SW-Fot., 17 Zeichn. Kst. ⟶ **DM 28,-**

Zeisige, Kardinäle und andere Finkenvögel
Von ⟶ **H. Bielfeld, Hamburg.** 1981. 231 Seiten mit 58 Farbf., 3 SW-Fotos, 1 Zeichn. Kst. ⟶ **DM 46,-** (Reihe Exotische Ziervögel)

Einheimische Singvögel
Schutz, Pflege und Zucht. Von ⟶ **H. Bielfeld, Hamburg.** 1984. 128 Seiten, 54 Farbfot., 31 Zeichn. Kt. ⟶ **DM 14,80** (Ulmer Taschenbuch 9)

Insektenfresser
Von ⟶ **W. Baars, Much-Herchenrath.** 1981. 238 Seiten mit 52 Farbf. u. Zeichn. Kst. ⟶ **DM 38,-** (Reihe Exotische Ziervögel)

Fruchtfresser und Blütenbesucher
Ihre Lebensweise und Haltung. Von ⟶ **W. Baars, Much-Herchenrath.** 1986. 216 Seiten, 53 Farbfot. Pp. ⟶ **DM 48,-** (Reihe Exotische Ziervögel)

Erhältlich in Ihrer Buch(Fach)handlung oder
Verlag Eugen Ulmer
Postfach 70 05 61,
7 Stuttgart 70